CODE RED
紅色警戒

危機下的財富生存之道

約翰·墨爾丁、強納森·坦伯＿＿著
John Mauldin and Jonathan Tepper

唐祖蔭＿＿譯

華倫·巴菲特曾說
[分散投資是無知投資者的保護傘]
現在，讓我們看看在[紅色警戒]世界下的投資準則吧！

我們都是這場全球中央銀行主導的，大規模貨幣實驗下的白老鼠。量化寬鬆、零利率、名目GDP目標，及其他中央銀行端出來的「紅色教條」政策，將全球經濟從崩潰邊緣中拉回來，但因為政策持續存在，遠超出應退場的時間，反而使得可能的災難迫在眉睫；結果雖然未明，但這場大實驗的餘波，卻已影響到存款人的日常生活以及投資人對未來的願景。

謹以此書獻給我們的母親

海爾德‧D.‧墨爾丁（1917- ）

無論命運如何多舛，她始終保有慈悲與笑容。

即使沒有顯赫的背景，也能成就不凡。

她的存在，讓所有親近她的人們

如沐春風。

瑪麗‧P.‧坦伯（1945- 2012）

一位偉大的母親，

也是一位經由Betel International組織，

拯救數千名貧窮和需要幫助的人們的聖者。

經濟衰弱的惡性循環致使政府採取大動作。用撲克牌的術語來說，財政部和聯準會已經「全押」（all in）了。經濟特效藥過去是用杯子量的，最近開始用桶子了。這種難以想像的劑量將無可避免地導致難以挽救的後果。每個人都會有自己的想法，但最有可能的結果是巨大的通貨膨脹。並且，多數產業都開始依賴聯準會的挹注，然後各城市、各州也會出現難以估量的請求。如何讓這些部門「斷奶」將會是政治上的挑戰，因為沒有人會心甘情願地離開。

—— 華倫・巴菲特（Warren Buffett）
「波克夏・海瑟威」（Berkshire Hathaway）2008年致股東報告書

推薦序

　　我很榮幸應祖蔭兄之邀為本書的中文版作序。與祖蔭兄認識將近十年，他可謂台灣金融界年輕一輩中相當具有天分的專業投資人員。與多數僅專注在增進自身投資技能或金融領域理解的同業不同，祖蔭兄對投資有著天生的熱情，並且樂於與大眾分享頂尖的投資知識，從他過去自己的著作或這本《Code Red 紅色警戒》譯作都可見到。在祖蔭兄邀稿之前，我並沒有機會拜讀本書。但在翻閱數次之後，我發現本書對我自己都有極大的助益，相信對每位讀者來說，無論年齡大小、所得高低、職業類別，都會感到受益良多；原因無他，我們都身處於今日全球金融體系當中的一部分。因此，我特別向台灣的讀者極力推薦這本譯作。

　　過去二十多年本人從事於金融服務業，1990年間擔任研究分析人員，2004年擔任投資長，管理2,000億美元的投資資產，目前服務的全球資產管理公司則掌管將近4,000億美元資金。儘管自詡為一位專業投資人員，我也未曾想像會經歷2008至2009年間如此嚴峻的金融危機。我至今仍清楚地記得，2008年9月30日我應特許金融分析師協會（CFA Society）之邀，在紐奧良（New Orleans）作一場關於長期策略資產配置的演講。我在29日傍晚5點左右飛抵紐奧良，進入旅館後打開電視，當天的道瓊指數暴跌了777.68點，跌幅約5%，大約像是一間擁有7,500億美元的上市公司資產瞬間蒸發。當天全球各地哀鴻遍野，超過2兆美元資產消失無蹤。如果作個比較，2013年台灣的GDP大約為4,890億美元。不僅如此，第二天以及接下來的一週都繼續下跌，跌勢似乎無止盡。第二天我在演講時，每個人臉上盡是驚恐，我認為他們之所以願意出席我的午餐演講完全是出於

禮貌，在當時的狀況下沒有人想要來聽演講。

現在回頭看看，**金融危機幾乎傷害了每一個我所認識的人**（除了及時放空獲利的少數幸運的避險基金經理人之外），**沒有人想要再經歷一次**。如今五年過去，我幾乎已忘記那段慘痛的時光，依舊忙於工作及「新」的挑戰。五年過去，全世界似乎也回到正軌，從GDP失業率數字來看，美國經濟幾乎完全復原，通膨壓力不高，利率水準也在低點。我們似乎已忘記那段時間的教訓，更重要的是，我們遺忘了那些把我們推向危機的前因後果。

身為「業餘」的經濟研究者，在金融危機後我也曾拜讀過多本著作，讓我瞭解並思考2008至2009年間的金融危機，究竟是哪裡出了差錯。就在我們逐漸淡忘五年前的恐慌、痛苦、憤怒，以及如坐雲霄飛車般的心情激盪之時，這本《紅色警戒》讀來的確令人耳目一新。儘管沒有人願意回到過去，但為了保護自己，無論是投資散戶，為的是替自己的退休金保值／投資；或是專業投資人，為客戶的資產做出更好的投資；還是政策制訂者，為未來可長、可久的成長打好基礎……都得認真面對。

本書的閱讀價值極高，許多類似著作的分析多集中在2008至2009年間全球經濟到底是出了什麼問題，本書卻是從不同的、但更重要的角度出發；作者墨爾丁與坦伯花了許多時間細細研究2008至2009年之後發生了什麼事，並指出一些政府和中央銀行的動作的確讓全球經濟免於衰退。他們卓越的分析能力不斷提醒我們，如果不採取行動降低過多的債務和金融系統內的流動性，不久的將來就會出事。作者以充沛的知識背景，在書中多次直接點出這樣的見解。

不僅如此，作者也為**如何投資和保護個人資產提供了實務上的指引**。首先是要分辨市場中的訊息（information）與噪音（noise）。作者指出，目前市場上投資人面臨許多不必要的噪音，例如，**媒體總是強調昨天發生的短期「新聞」**。目前台灣現況也是如此，台灣媒體環境處於高度競爭，新聞工作者往往把平時隨機發生的事件刻意放大其效果，製造出「恐懼」的氛圍，以擷取觀眾的目光。這往往造成人們採取情緒性且非理

性的態度，而不是以長期投資的立場應對。進一步來說，多數媒體報導的金融市場消息，對投資散戶而言，比毫無價值的噪音還糟糕，它只會導致極差的行為模式，讓投資人損失更多。

本書的副標題：「危機下的財富生存之道」以及極具說服力的分析結果，或許讓部分投資人以為，作者在書中會拿出一些錦囊妙計，讓他們能毫無懸念的增加投資收益。只不過，如果想要從本書中找到妙方魔法或真金白銀的人，恐怕是會大失所望的。事實上，我能保證沒有人具備在每一個時期都贏過大盤的魔法，這根本不可能出現。如果真有其事，那個人也不會告訴任何人，因為就算只是具有些微地贏過大盤的能力，都能保證他或她足可獲取可觀的財富，因此不可能公諸於世。作者以其真正的專業投資人（而非一般媒體）的觀點，告訴大家只有魔法方程式，而沒有魔法解答：

1. 分散、分散、再分散。別把雞蛋放在一個籃子裡。這可以說是市場教導大家唯一的免費午餐（free-lunch）。每個人都領得到。每個人的投資組合中都應該有規劃多種類型風險—報酬的資產。

2. 專注在整個投資組合的長期風險—報酬，而非個別資產。沒有人有妙方能保證每一筆投資都是安全或都一定賺錢。因為市場存在不確定性，一定會有些投資不如人意。只要整體投資組合夠分散，且沒有過度暴露在非系統風險中，就不會出什麼大事。

3. 最簡單的莫過於控制投資成本。千萬記住，因為投資所付給某人的每一塊錢都是一種損失成本；所以，請控制看起來微小的成本，這些小小的成本隨著時間經過，卻能造成極大的投資績效差距。

4. 最後，把心力放在長期風險和報酬上。不是每年，當然也不是每個月。短期的市場行為極難預測，並且充滿噪音。只關心短期訊號不僅不可靠，更重要的是，投資成本會大幅提高。加州大學柏克萊分校的Terry Oden教授曾對台灣投資人進行研究，發現台灣投資人平

均每年額外損失2%至4%在「買高賣低」的交易上。**投資人必須要有長期的投資策略,並且降低週轉率和交易成本。**

衷心期盼市場給予各位滿意的回報。

——陳鵬(Peng Chen),Ph. D., CFA

Dimensional Fund Advisors Pte. Ltd.執行長

Dimensional SmartNest董事長

譯者序

這是我第二次翻譯墨爾丁和坦伯的著作。前一本《Endgame：終結大債時代》談的是各國政府無上限的舉債，這本《Code Red 紅色警戒》談的是各國央行無止境的印鈔。

不論是政府舉債還是央行印鈔都是舉著「救市」的大旗，理由正當，手段正確，儘管有「圖利邪惡銀行家」的反對聲音，長久以來銀行貪婪的形象不怎麼討人喜歡。像是高盛全球董事長兼執行長布蘭克梵（Lloyd Blankfein）有一次脫口而出：「高盛做的是上帝的工作。」不過，政策的大力支持的確穩住了金融體系不致全面崩潰，否則今天我們所在的世界恐怕早已極度大蕭條。有時候在危機當下的處置只能以止血為先，很難兼顧債務高漲、貨幣貶值、通貨膨脹，甚至道德風險、貧富差距、公平正義的問題。事後的指責和批評或許正確，但沒人能保證如果自己站在第一線和風暴作戰時，還能淡定地兼顧各方的要求。

不過，對抗風暴正確的政策並不代表永遠正確。各國政府步調一致地採取了印鈔和舉債政策，在穩定了局勢後，並沒有適可而止的收手，而是食髓知味的繼續下去：經濟停滯成長？印鈔！民間消費不佳？政府借錢投資！出口動能不足？中央銀行出手引導匯率貶值！政府手中原本用於短期刺激、穩定局勢的貨幣和財政政策，自2008年開始居然已用了六年！這應該不是暫時性的，而是持續性政策的一部分。美國聯準會總共印了3.8兆美元購買各式債券；歐洲央行9月宣布自2014年10月起實施歐洲版的購債計畫，到了2015年，全面的公債收購更是如火如荼展開，金額達到1.1兆歐元；在日本，除了中央政府每年破紀錄的預算之外，日本央行每年要印

60至70兆日圓的鈔票。另外還有新興國家因應自家貨幣升值壓力釋放的資金，更是無法計數。還有企業趁著低利發債，投資人瘋狂搶進，自2008年以來，全球債市規模激增逾40%，高達100兆美元！

　　經濟學的成就之一，是解釋了許多長期以來難以系統歸納的人類行為，並判斷人類面對市場變化和政策走向的反應。例如在一般情況下，價格下跌會誘發額外需求、利率下降會增加投資等等。不過，這些都僅只是短期間經濟行為的「反應」，並不涉及對未來經濟行為「變化」的判斷。直到理性預期學派（Rational Expectation School）的出現，才讓人類「洞察未來」的本能獲得了解釋。在理性預期的解釋中，人們在決定未來經濟行為，會以可能收集到的所有訊息作為依據，這包括了過去紀錄和對未來變化的判斷，在謀取最大經濟利益的前提下，會採取適當的措施因應。如果未來的變化真如當時的判斷，則因為提前採取因應措施，使得這個變化無法達到應有的行為「反應」。在理性預期的思維中，政府受到的衝擊最為強烈。因為政府對訊息的反應不如公眾那樣靈活，決策有其「遲滯性」，包括實施時間的遲滯和產生效果的遲滯，因此常態性的經濟政策對實際經濟行動產生的影響相當有限，而且會被公眾的合理預期所抵消。要讓政策出現效果，唯有讓政策的出現超出公眾的預期之外。

　　全球央行的集體印鈔行為，在2008至2009年的確震撼了全球金融市場，誰也沒料到風暴來得又急又快，也沒想到政府用這種前所未見的手段（除了日本曾在2001年採取類似政策之外）。因此我們所看到的，是金融市場崩跌之後的直線反彈。同樣的，聯準會2010年8月突如其來宣布第二次量化寬鬆；歐洲央行2011年10月面臨歐債危機高點時，推出的「長期再融資計畫」（LTRO）；日本央行於2012年宣布無限量的購債計畫，直到通貨膨脹達到2%為止；這些都是超出公眾預期的政策，也的確造成經濟活動的變化。如美國經濟自2011年中開始走穩，尤其是房市開始復甦；歐洲債務問題雖然延續，但歐豬五國引發的風暴戛然而止；而日本製造業和房地產出現過去十年少見的活力，物價膨脹率在2013年再次由負轉正（1%）。

　　只不過，自2013年下半年起，全球經濟開始欲振乏力。各國央行鈔票繼續在印，但早就不稀奇，反而因為大家都在印鈔票，導致貨幣戰爭一觸即發。經濟活動開始回到基本面：美國跌跌撞撞的低度復甦是主要國家中最佳的；歐元區的通縮壓力已抑制需求和就業；而日本，經過2013年的激情後，被消費稅一棒打回原形，日本消費稅在2014年4月從原本的5%調升至8%，導致第二季經濟年衰退6.7%，消費和投資雙雙衰退5.1%，原因是日本人在新的消費稅制實施前，把該買、想買、本來打算以後買的東西提前買完了。不僅如此，第三季繼續下滑1.9%，正式進入經濟衰退！逼得安倍政府將第二階段的消費稅調升延遲至2017年4月（原本規劃2015年4月再調升至10%），並且大動作解散國會尋求民意支持。這不啻又是一次經濟活動理性預期的活教材。

　　在一片印鈔聲中，投資者是最受惠的一群。2014年經濟狀況已放緩，IMF和OECD分別調降了全球今明兩年的經濟預測。但在利率幾乎為零的狀況持續下，滿坑滿谷的鈔票無處可去，只有往金融市場和房地產市場搶進。歐美股市場迭創歷史新高，本益比（P/E ratio）早已超過長期平均；殖利率還在持續探底，2007年時的三個月期定存單利率比現在的垃圾債殖利率還高，新興市場債券和高收益債依舊炙手可熱；美國、英國、澳洲、加拿大房價相對經濟不成比例地回升。勇於擁抱風險的投資者依舊笑開懷，眼前雖然經濟表現普普通通，但也沒有什麼立即性的大風險，美國低度但穩定的復甦似乎成為最大的信心來源，讓人刻意忽略了來自歐洲、中國、日本、新興國家的潛在危機。

　　金融市場往往用金融和經濟的角度來解釋眼下的世界，並用同樣的方法預測未來。為了維持金融市場「穩定增長」的現象（或是投資人心中願望的投射），任何事件的發生都會以中性的結局作為預期核心，也就是「不會有太偏激的事發生，一切會回歸常態的發展」。在投資的風險分析中有一種方法稱為「情境分析」（scenario analysis），也就是將一件事情未來每一種可能的發展方向作風險評估，在大多數的情況下，「基本情境」（base scenario）的發生機率往往最高，最佳情境（best scenario）和

最差情境（worst scenario）發生的機率往往很低。過去幾年間，全球發生許多經濟或非經濟事件，如希臘會不會脫離歐元區、歐元會不會瓦解、西班牙會不會要求歐盟紓困、義大利大選會不會變天、克里米亞銀行危機會不會擴散、美國會不會攻打敘利亞、伊朗禁運會不會推升油價、南北韓會不會開戰、釣魚台問題會不會引發中日戰爭、美國會不會掉入「財政懸崖」、美債會不會違約、還有中國房地產會不會泡沫化等等。從事後諸葛來看，這些事件最後的結果往往和基本情境相去不遠，最壞的情況終究沒發生。但這並不代表從金融和經濟出發的分析和預期方式是對的，金融市場最不願意看到的就是不確定性，絕大多數的投資者都有「風險趨避」的傾向，用「天下本無事」的態度來面對。只是，當爆發危機的那一次，勢必是最差的情境，也許就是在九十九次準確預測基本情境發生後，在第一百次偏就遇上了「黑天鵝」。

下一個危機為何爆？在哪兒爆？何時爆？老實說，沒有人知道。本書作者認為，在判斷能力差，卻又大權在握的中央銀行領導下，大量印鈔最終必然導致各國貨幣戰爭、貿易保護、通貨膨脹的結果。讀者如果要從書中得知下一場風暴究竟在哪，也許又會大失所望。或者，這種期待根本得不到答案，直到風暴真正開始。有可能是大量印鈔，通膨和債信都在崩壞邊緣的美國；有可能是經濟疲態已現的歐洲；當然也有可能是作者長期看空的「飛向擋風玻璃」的日本（在此順道提一下，作者長期看空日圓目前看來完全正確，想必也從中獲利頗豐）。不過，這些都是經濟問題導致的危機，我天馬行空的想像，也許這次的黑天鵝並非經濟因素呢？

像是：美歐和俄羅斯在烏克蘭的爭端，經濟制裁已影響到俄羅斯的企業民生，普丁還有什麼籌碼可用？（像是……天然氣禁運至西歐？）別忘了石油危機的發生，是因為埃及和中東產油國不滿美國支持以色列的立場所導致的禁運。伊斯蘭國（Islamic State, IS）的崛起，從中東擴散到全球，恐怖攻擊已在加拿大、澳洲、法國出現，會不會出現更意想不到的事件？中日、中越、中菲在東海、南海的領土爭議有沒有可能因為一件小事而擦槍走火？美國倡議環太平洋伙伴協議（TPP）圍堵中國，對中國出

口的鋼管、橡膠、太陽能產品課以反傾銷稅，中國反制控告歐洲汽車壟斷、藥廠行賄，並禁用微軟（Microsoft）和高通（Qualcomm）的產品，大國間的貿易戰嘴上不說，實際上早已開打，會不會引爆全球貿易的大災難？還有，產油國間另類貿易戰爭導致油價在2014年底直線下挫，印尼、委內瑞拉、奈及利亞、俄羅斯的財政經濟能支撐得下去？石油業者的公司債價格已經下跌，全球瘋狂的債市是否有所準備？甚至，伊波拉（Epola）病毒會不會擴散到西非以外，重演十一年前SARS的恐慌？信心崩潰是風暴發生的根源，但崩潰的原因有時並非是經濟議題。

最後，我特別推薦讀者詳讀本書十至十二章，作者對眼下危機的投資策略作了相當詳盡的說明。本人從事投資十餘年，讀到本段實心有戚戚焉之感。投資大眾和客戶往往接收到的是每日無止境變化的市場訊息，以及各方推薦琳瑯滿目的投資商品。往往沒有把心思放在根本的投資哲學（investment philosophy）和自身投資需求上。這些看似形而上的課題才是造就長期投資績效差異的根本所在。作者不僅把釣竿放到讀者手中，也給了幾條魚，像是哈瑞‧布朗（Harry Browne）的「永久性投資組合」（第十章），以及通膨環境下的五條護城河（第十一章）。讀者應從中思考這些投資翹楚的投資思維，而不是得到明牌的沾沾自喜。

其他的，就請讀者心領神會。

唐祖蔭

2015年1月

致謝

在此感謝所有對本書提供協助的人們。

大衞・齊佛斯（David Zervos）以他充滿幽默和深邃的市場觀察力建議了本書書名。著作權工廠（Rights Factory）的經紀人山姆・海耶特（Sam Hiyate）則催生了本書。許多友人在本書初稿完成期間就提供了寶貴的意見。還有墨爾丁投顧公司（Mauldin Economics）的查理和麗莎夫婦（Charlie and Lisa Sweet）負責本書的編輯，Wiley出版社的依凡・巴頓（Evan Burton）則協助本書順利送到各位讀者的手中。

強納森・坦伯特別要感謝經濟研究與分析公司Variant Perception裡的同僚，他們給予本書許多實用的想法和建議。柯爾・麥克吉尼斯（Keir McGuinness）和傑克・柯克蘭（Jack Kirkland）在本書〈商品、黃金和房地產〉一章中提供了鞭辟入裡的看法。位於以色列台拉維夫（Tel Aviv）雷蒙基金（Rimon Funds）的基甫・吉爾（Ziv Gil）和維・里蒙（Zvi Limon）則提出了有趣且寶貴的建議。

墨爾丁另外要感謝墨爾丁投顧公司同事們的幫助，特別是沃斯・銳（Worth Wray）。Altegris投資公司的事業伙伴瓊・桑特（Jon Sundt）在本書的完成期間展現無比的耐心。此外。還有許多朋友在本書的各個階段提供不同的幫助，包括Rob Arnott, Martin Barnes, Kyle Bass, Jim Bianco, Ian Brenner, Art Cashin, Bill Dunkelberg, Philippa Dunne, Albert Edwards, Mohammed El-Erian, Niall Ferguson, George Friedman, Lewis and Charles Gave, Dylan Grice, Newt Gingrich, Richard Howard, Ben Hunt, Lacy Hunt, John Hussman, Niels Jensen, Anatole Kaletsky, Vitaly Katsenelson, David

Kotok, Michael Lewitt, Paul McCulley, Joan McCullough, Christian Menegatti, David McWilliams, Gary North, Barry Ritholtz, Nouriel Roubini, Tony Sagami, Kiron Sarkar, Gary Shilling, Dan Stelter, Grant Williams, Rich Yamarone，以及其他對作者完成本書的過程產生深遠影響的人們。

最後，沒有強納森‧坦伯的毅力，本書不可能付梓問世。他是一位不可多得的寫作伙伴，而這樣的讚美並非過譽。

本書如有任何錯誤及疏漏（我們相信一定會有），皆由作者自負全責。

——約翰‧墨爾丁（John Mauldin）

CONTENTS 目錄

推薦序   4

譯者序   8

致謝   13

引言：紅色警戒   17

Part One

Chapter 1　大實驗   28

Chapter 2　二十世紀的貨幣戰爭：野蠻遺跡與布列頓森林體系   49

Chapter 3　日本大海嘯：貨幣戰爭的開端   71

Chapter 4　金融抑制的世界   103

Chapter 5　做賊的喊捉賊   129

Chapter 6　經濟學家沒有魔法   145

Chapter 7　逃逸速度   183

Chapter 8　一切都不對勁時會怎樣？   209

CONTENTS 目錄

Chapter 9　從快錢泡沫中獲利　　　　　　　　　229

Part Two　理自己的財　　　　　　　　　259

Chapter 10　分散投資以保護資產　　　　　261

Chapter 11　通膨下的生存之道　　　　　　279

Chapter 12　商品、黃金，以及其他實體資產　307

結語　　　　　　　　　　　　　　　　　　325

後記　墨爾丁的一些投資感想　　　　　　329

引言：紅色警戒

2008年秋天，當雷曼兄弟破產，AIG被美國政府接管之際，彷彿世界末日降臨。僅僅數週，股票市場像自由落體般重挫，數兆美元的財富從人間蒸發。然而，原本應該更顯混亂的全球貿易和商業體系卻異常寂靜。國際貿易急凍，船隻空盪盪地停泊在港口，因為銀行已經不再簽發信用狀；工廠關門，數以百萬計的勞工被資遣；原本用來調度工資發放的商業本票和貨幣市場基金也停擺。美國和英國的主要銀行距離關門僅一線之隔。自動提款機裡的現金被提領一空，銀行間也不再擔保彼此的信用，因為拆款市場也凍結了。原因是沒有人知道誰破產了，而誰還沒有。每間銀行看看自己的資產負債表，只見到一堆爛資產，同理推測其他交易對手銀行恐怕也是滿手爛牌。

全世界陷入了通貨緊縮的恐慌，這樣重大的危機在過去一個世紀僅出現過二次。家庭和政府背負了滿身債，卻沒有足夠的錢還。此時中央銀行和政府採取大印鈔票的方式，提供幾乎無上限的流動性，維持金融體系最後一口氣。就像醫生對著瀕死的病人施以極大電壓的電擊，用極端的手段維持病人的心跳。

雷曼兄弟倒閉後，中央銀行的印鈔舉動的確避免了二次大蕭條，然而聯準會和中央銀行的作為僅抵消了急凍的銀行放款市場中的一小部分而已。

如今，當時的危機早已遠離，但非常規措施仍在。危機結束了，全世界反而陷入了高債務和低成長的窘境。為了對抗通縮和衰退的巨大陰影，中央銀行抓狂了，持續不斷地印鈔票。當量化寬鬆（Quantitative

Easing）第一次出現時，的確帶來一些市場震撼的效果，但之後的幾次宣布量化寬鬆時，市場反應就冷淡多了。如今，市場反而擔心萬一有一天市場失去了這一劑金融特效藥，真正退場時會是什麼光景？

中央銀行憑空創造出來的鈔票實行起來也是跌跌撞撞。在量化寬鬆下，中央銀行幾乎買下了市場上所有看得到的政府公債，將自己的資產負債表規模暴增了超過9兆美元——是的，9,000,000,000,000，十二個零！（本書出版時，可能又會多個幾兆了，但誰還算得清楚？）數字大到一般人根本無法想像。參議員艾佛瑞・德克森有一句非正式的名言：「這兒10億，那兒10億，你們講的可是錢吶。」[1]用日常的話來說，如果你的信用卡有9兆美元的額度，你可以幫全世界每個人各買一台MacBook Air！也可以讓所有人坐飛機來回紐約和倫敦一趟，甚至來回二趟眼皮也不會眨一下！你還可以舉其他的例子，但我想你已瞭解：這是一筆天文數字。

雷曼兄弟破產後的四年以來，中央銀行早已逾越了既有的規範，朝向一條他們從未嘗試過的道路。在過去，利率的起伏通常與經濟成長和通貨膨脹相關，高成長和高通膨意味著高利率，低成長則代表低利率，這些都是過去累積的常識。如今，美國、日本、歐洲的中央銀行把利率釘在接近零的水準，並且宣示將維持數年。利率已經不能再低了，因此中央銀行必須想出一些新點子。過去，中央銀行會對銀行的隔夜現金存款（overnight cash deposit）支付利息，現在卻不再有了。甚至像瑞士國家銀行（Swiss National Bank）和丹麥國家銀行（Danish National Bank）更首創負存款利率（negative deposit rate）。我們如今活在一個顛倒世界：存款反而會被課稅（被中央銀行，而不是政府），強迫人們去消費而不是存錢。

這些非常規的政策對大銀行、政府、借款者來說是個好消息（誰不要

---

[1] 艾佛瑞・德克森（Everett M. Dirksen, 1896-1969），曾任美國共和黨伊利諾州眾議員及參議員，以推動人權法案和支持越戰著稱。引用的這句話："A billion here, a billion there, pretty soon, you're talking real money."並非出現在他的正式談話紀錄中，但一般推估是他在某個談話性節目的發言。意思是政府談論預算金額時說得輕鬆，但龐大的資金從何而來卻沒有人關心。

免費借錢？），但是對存款者而言可就不大好了。近乎零利率的環境加上政府高額補助的放款計畫，讓銀行用老方法就可以賺錢：借廉價資金，然後高利放款。同時也幫助瀕臨破產的政府用極低的成本取得資金。相反地，**零利率幾乎不提供任何收入，等於懲罰了存款人、退休人員及年長者。**此時靠著畢生積蓄維持退休生活的人們，在零利率的環境下勢必得考慮其他的收入計畫。

在這樣特殊的政策環境下，中央銀行和政府一方面把錢從存款者的口袋中拿走，一方面試著引導他們要多消費以提振經濟。結果可能適得其反，存款者為了在他們遲暮之年還有錢花，今天反而被迫花得更少。

在已開發國家中，存款者和投資者如同身處在前所未有的貨幣實驗中的白老鼠。存款者兢兢業業存下來的財富被拿來紓困債務纏身的借款者，贏家輸家一目了然。在美國、英國、日本和大部分的歐洲國家，存款者幾乎得不到任何利息，但眼睜睜看著汽油、雜貨店、租金不斷上漲。多數人生活水準下降，經濟成長率成了虛幻的數字。如今是一個「金融抑制」的時代，中央銀行把利率壓得比通貨膨脹還低，意味著拿利息的存款者無法跟上高漲的生活成本。大型銀行獲得紓困的同時還在大發紅利，年長的存款者則遭受無情的懲罰。

電影《軍官與魔鬼》中，傑克・尼克遜飾演的海軍陸戰隊上校納森・傑瑟普（Nathan Jessup）制定了所謂的「紅色教條」（Code Red），命令他的士兵接受非正規並且極為嚴格的訓練方式[2]。在影片結尾時，傑瑟普上校向軍事法庭陳述，實施這種不合常規的方式，在維護國家安全和保障自由的前提下是必要的。

中央銀行的「紅色教條」也是非正統的政策，甚至令人感到不舒服。許多經濟學家相信，這種驅動全球經濟並且抵擋債務重擔的政策是

---

[2] 《軍官與魔鬼》（*A Few Good Men*），1992年美國劇情片，由湯姆・克魯斯（Tom Cruise）、黛咪・摩兒（Demi Moore）、傑克・尼克遜（Jack Nicholson）、凱文・貝肯（Kevin Bacon）主演。描述二名被控謀殺同袍的美國海軍陸戰隊員的審訊，以及所謂「紅色教條」（Code Red）的軍中潛規則現象。

必要的。傑弗瑞公司（Jefferies & Co.）的市場策略主管大衛・齊佛斯（David Zervos）有一次戲稱聯準會主席為「柏南克上校」（Colonel Ben Bernanke），同樣說出真話並且堅稱這個極端作法是絕對必要的。

我們不禁懷疑電影中傑瑟普上校的供詞彷彿是為了中央銀行家而寫的，也許真有那麼一點兒相近（以下改寫自傑克・尼克遜的台詞）：

你要聽真相？你接受不了的！孩子，我們生活在一個難以想像的複雜經濟世界中，這些經濟體和位於其核心的銀行被眾人用複雜的模型和印鈔政策團團保護著。誰能代替我？你？墨爾丁中尉？就算你擁有我們所有的資源，身處邊緣的你能維持整個系統的平衡嗎？

我所擔負的責任你根本無法想像！你只為存款者和放款者感到悲哀，詛咒中央銀行和量化寬鬆。你大可以這麼做，因為你根本不知道我所知道的事：存款者固然被通膨和低利率所戕害，但至少他們存活了下來。我的存在，對你而言雖然可笑且難以理解，但我救了工作、救了銀行、救了企業，以及整個經濟！

你不願面對真相，因為內心深處你不願談論這件事：你需要我在中央銀行！你需要我在委員會[3]中！如果不是我們暗地裡運作，通貨緊縮早已排山倒海而來，整個國家乃至世界將深受浩劫。我不容許1930年代災難性的失業和生靈塗炭在我眼皮底下重演。

我們拿完全就業、通貨膨脹、經濟安定這些字眼，視為捍衛生存抵禦災難的支柱。而你只是拿它們當作玩笑而已！

我無意向那些生活在我所創造出來的環境下每天安樂度日，然後還質疑我的人多作解釋！我寧願你只說聲「謝謝你」，然後就此罷手。

---

[3] 此處指的是聯邦準備理事會中聯邦公開市場操作委員會（FOMC），制訂未來一段時間美國的貨幣政策及利率水準。

中央銀行家們必須要隱藏實情以便好做事。盧森堡總理及歐盟領袖尚·克勞德·容克（Jean-Claude Juncker）有一次見面時告訴我：「**當事情嚴重時，你只能說謊。**」（"When it becomes serious, you have to lie."）我們也許不喜歡他們的所作所為，但如果政客們不想要大規模違約，這個世界就需要寬鬆貨幣和印鈔。

柏南克和其全世界的同僚們早已簽署並實行貨幣政策的「紅色教條」。他們的經濟理論和實務告訴他們這是正確且必要的——事實上，他們也認為這是唯一的辦法！

柏南克主席當然不太可能是納森·傑瑟普上校，但他們二人都是具有使命感的人。傑瑟普上校被自己在「關那塔摩灣」（Guantanamo）所受的軍事訓練深深影響著[4]，他曾親身經歷過戰爭，以致對軍紀方面從不鬆手。身為陸戰隊的一員，他會毫不猶豫對敵人痛下殺手。他對人並不和善，反而令人感到懼怕而崇敬。而相反地，柏南克是一位語氣溫和的學者，你幾乎不曾聽過有人批評他人格上的缺陷；他的成長經歷值得一提：柏南克生長在南卡羅萊納州的狄龍縣（Dillon）南區，一個猶太人極少的小鎮，由於他的天份和勤學，大學時他進入了哈佛就讀，並以優異的成績畢業；不久他在麻省理工學院（MIT）和普林斯頓大學展開他傑出的學術生涯。他演講時的音調略帶沙啞。對他來說，寫學術論文或在研究所上課要比周旋在一群搞不清楚狀況的參議員要好得多。但是柏南克本身是全世界研究經濟大蕭條（Great Depression）[5]最具權威的專家之一，歷史告訴他，大量的債務負擔足以致命！因此，他直覺地認為若不採取「紅色教條」般的政策，美國將會重現領救濟品的長長人龍，以及面臨銀行倒閉，他期許自己不讓通貨緊縮和另一次大蕭條在美國出現。他所做的就如同傑瑟普上校，站在第一線為人們奮鬥，但卻贏不了多數人的尊敬。

---

[4] 關那塔摩灣，位於古巴東南方，為一美國海軍基地。是美國唯一在敵對國家領土上的軍事基地。

[5] 即1929年的美國經濟大恐慌。

　　柏南克很清楚全世界承受了根本還不起的債。不幸的是，債務只能以下面幾種方式消失：(1)違約（或是實際上違約，但不是使用這二個字眼）；(2)經濟重新成長，順利還債；(3)利用通貨膨脹和貨幣貶值損害債務價值。在我們祖父母那個年代曾經見識過債務違約，那可一點也不好受，沒有人想再來一次。我們如今過著富裕和快樂的日子，沒有人想要受苦。

　　靠經濟成長來解決問題當然是好點子，但問題是，這不是個解決問題的選項。經濟成長對任何人來說都是看不見、摸不著的，因此中央銀行家們別無選擇，只有創造通貨膨脹和貨幣貶值。

　　沒有人想受高通膨之苦，它既不受歡迎，也不是中央銀行家們的目標。但人們無法接受的真相是，通膨的確是中央銀行家們為我們準備的菜色。有些人可能受到違約之苦，有些人則必須忍受低報酬率。但是一旦大型銀行和政府違約，則所有人必須面對不止是低，而（通常是）直線重挫的負報酬。我們在《Endgame：終結大債時代》[6]一書中曾說，我們根本沒有好的選項，只有從很困難到大災難之間作選擇而已。全世界的現況讓我們想起伍迪‧艾倫（Woody Allen）曾說過：「回顧歷史，人類永遠面對著十字路口。一條路走向絕望，另一條走向滅絕。祈禱我們有大智慧能做出正確的選擇。」對某些國家來說，選項只剩下災難A和災難B。

　　時至今日，打擊通縮需要的是持續的警覺和運用「紅色教條」。不幸的是，如同《軍官與魔鬼》一片，「紅色教條」並不是標準作業流程或傳統使用的政策。班‧柏南克（Ben Bernanke）、瑪利歐‧德拉吉（Mario Draghi）[7]、黑田東彥（Haruhiko Kuroda）[8]，以及其他中央銀行家們在這

---

[6] 《Endgame：終結大債時代》為本書作者的另一本中文書，2013年12月由生智出版。

[7] 瑪利歐‧德拉吉為現任歐洲央行（ECB）總裁，在台灣常被戲稱為「超級瑪利歐」。

[8] 黑田東彥為現任的日本央行（BOJ）總裁。

場戰役中使用三流的武器，奢望著能打勝仗。他們懲罰了存款人，鼓勵大家多借錢，製造大量的流動性，以及貶低貨幣的價值。

這場前所未見的全球貨幣大實驗只是剛開始，各中央銀行紛紛搶進，在這場貨幣武器競賽中誰也不想落於人後。英格蘭銀行（Bank of England）早已讓英鎊貶值，允許物價上揚和維持零利率以增加出口；聯準會則壓低美元匯價以提升製造業和出口；不想缺席的日本央行採取更激進的手段讓日圓貶值。中央銀行藉著弱勢貨幣政策期望增加國家的出口，在競爭對手面前搶占先機。然而，在這場貨幣貶值競賽中，沒有人是贏家，但許多人都輸了。

新興國家像是巴西、俄羅斯、馬來西亞、印尼在已開發國家相繼貶值的過程中不會坐以待斃，他們同樣會竭力避免本國貨幣升值，譬如對本國貨幣投資和存款課稅。照這樣下去，所有國家都將成為保護主義者。這場戰役揭開了序幕，必然會成為大規模，並且醜陋的貨幣戰爭。如果1930年代和1970年代的貨幣戰爭具有任何啟示，現在距離那時的狀況也不遠了。政府會顯露出真面目——課徵關稅、限制或實施資本管制。這些已經發生，未來還會更多。

這些新興國家央行的應對措施，就只是在身上安上一把尖刀而已。這讓我們回想起電影《法櫃奇兵》（*Raiders of the Lost Ark*）[9]中的印地安那·瓊斯（Indiana Jones），面對高頭大馬、手舞大刀的對手時，只是拿出手槍，朝他開槍，然後掉頭就走。當然，有些中央銀行手中擁有比較好的裝備。確實，你可以說四大央行——美國聯準會（Fed）、英格蘭銀行（BoE）、歐洲央行（ECB）和日本央行（BoJ）——擁有的是核子武器。在這些危機發生的國家面臨生死存亡之戰時，中央銀行家們當然可能會選擇核彈；難道他們會放棄「紅色教條」嗎？這必然會引發區域內的衝突。

---

[9] 《法櫃奇兵》（*Raiders of the Lost Ark*, 1981）為史蒂芬·史匹柏執導的美國西部冒險動作片。由哈里遜·福特（Harrison Ford）所主演，描述二次大戰德國納粹尋找失落的法櫃，試圖創造無敵軍隊，而引發主角印地安那·瓊斯與之對抗的故事。

　　信用泡沫破滅後再施以更多的債務和信用，就像是給宿醉的人一瓶威士忌一樣。這種療法充滿矛盾，但許多經濟學家和投資者認為：這就是醫生處方了。在瑞士達沃斯（Davos）舉行的「世界經濟論壇」（World Economic Forum）中，億萬富豪喬治‧索羅斯（George Soros）指出了當前各國政策的矛盾。全球金融危機的發生是緣於過多的債務以及過多的鈔票流竄；然而，根據許多經濟學家和投資者的說法，解決的辦法竟是更多的鈔票和債務。他提到：「當要剎車的時候，你首先應該將所有輪子調到同一個方向，剎車才能發揮作用，否則很容易就翻車了。」唯有全球經濟復甦後，車子才能自行校正。在中央銀行負起責任並回歸正軌前，他們首先採取的竟是不負責任且非常規的政策。

　　昔日的縱火犯如今成了消防隊。中央銀行是這波全球經濟危機的始作俑者。他們把利率壓得太低，並且壓得太久。他們眼中只有控制通貨膨脹，無視投資銀行在信用狂熱中不斷膨脹。中央銀行完全無能也無法預見巨大金融危機的到來。他們無法點出房市泡沫，即使在危機發生，銀行開始倒閉時，他們仍堅稱在他們的監督與規範下，銀行體質仍然健全。他們若有虧職守，早就該捲舖蓋走人。但政府現在需要他們印更多的鈔票和製造通膨，來減少滿坑滿谷的債務。

　　投資者應該捫心自問：「如果中央銀行在過去好光景時無法處理傳統貨幣政策，我們如何相信他們能在壞年冬時，能把非常規的貨幣政策做好？」

　　經濟學家心知肚明，天下沒有白吃的午餐，印出來的大量新鈔和憑空創造的信用是要付出代價的。中央銀行的資產負債表暴增是極度危險的，且會留下難以解決的問題。中央銀行刺激成長的政策可能成功，也可能失敗，現階段難以評斷，但（至少對我們而言）這樣的實驗不大可能會善終。

　　現階段危機的終局其實並不難臆測；事實是它已有了徵兆。中央銀行認為他們能夠擴張資產負債表，印鈔票為政府融資赤字，能維持零利率但不出事。柏南克和其他銀行家認為，他們有足夠的先見之明，可以在對的

時間扭轉非常規政策。但他們既然過去做不到，未來也很難做得到。他們將利率降得太低且太久，已經造成物價膨脹和房地產、股市、債市的價格泡沫。他們的所做所為只會傷害依賴利息和債券固定收益過活的存款者，也會對日後只能收回貶值貨幣的放款者不利，如果他們還收得回來的話！

我們已經看到這場大型貨幣實驗的意外結局正在上演。許多新興國家的股票市場曾經一飛沖天，但僅僅出現些許終止「紅色教條」的風聲就快速墜地。垃圾債券及風險性商業不動產抵押債券（commercial mortgage-backed securities）提供投資人從未見過的低利率，投資人唯有追逐更高的風險才能獲得高一點的蠅頭小利。他們就像是在壓路機面前撿拾一毛錢（dime）硬幣，剛開始還會很愉快，但結局總是不好看。靠著退休金過活的老人完全被要了（get screwed）（這個經濟學上的術語我們在本書後面會詳細說明）。在一般的情形下，退休人員能夠藉著購買債券，收取票息（coupon）過活，如今好景不再。政府公債殖利率目前比通貨膨脹還低，幾乎保證了債券持有人持有至到期日時將損失其實質購買力。

我們生活在一個超乎常理的時代。

當投資人相信中央銀行的能力，他們就會勇敢的賭下去，只為些許利潤承擔更高的風險。從瘋狂的程度來看，泛濫和泡沫不只是副作用，而是投資人規劃中的行為目標。已故的聯準會主席威廉・麥卡尼・馬丁（William McChesney Martin）曾說，中央銀行的工作，是在宴會開始時就把盛滿酒的大酒瓶拿走[10]。如今，中央銀行像是在大酒瓶中倒進橙皮甜酒（triple sec）和苦艾酒（absinthe）[11]，慫恿狂歡者跳進酒池中盡情享

---

[10] 威廉・麥卡尼・馬丁（1906-1998），美國第九任聯邦準備理事會主席，是至今在位最久的一位（1951/04-1970/02）。文中所引用的原文是："The job of the Federal Reserve, is to take away the punch bowl just as the party gets going."

[11] 橙皮甜酒是一種甜度較低的餐前酒，較易入口；苦艾酒則是一種高酒精濃度，有茴香味的烈酒，喝了會讓人上癮；這裡意指中央銀行的量化寬鬆政策像是在宴會中提供大量易飲又會上癮的酒，讓人陷入幻滅而不自覺。

樂。期待當低利和印鈔的派對結束後，投資人還能夠在天亮前找到回家的路。儘管衣衫不整，而且嚴重宿醉和劇烈頭痛。

未來的動盪將會影響每個人，沒有人能置身事外：無論是正計畫退休的存款者，還是在金融市場找尋獲利機會的專業投資人。通貨膨脹將侵蝕存款，政府公債不再是個安全的投資管道，而從高通膨和印鈔中獲益的資產也將出現問題。

本書將為一般存款者和專業投資人提供未來的方向，為未來的路指引一盞明燈。書中用口語化的文字解釋複雜的現象，像是零利率政策（zero interest rate policies, ZIRPs）、名義國內生產毛額（nominal GDP targeting）、量化寬鬆（quantitative easing）、印鈔（money printing），以及貨幣戰爭（currency war）。但更重要的是，**本書會解釋它們如何影響你們的存款，提供方法保護你的財富。**我們希望《Code Red 紅色警戒》這本書會讓你們在未來理財的道路上獲益良多。

本書的第一部分將告訴大家,我們是如何走到今日的田地,並且現在位於哪一階段。中央銀行做了什麼事,他們是如何把問題留給未來,以及現行的貨幣政策將如何收場。在第二部分,則會談到如何在中央銀行政策的災難中保護你們的資產。

讓我們開始吧!

CHAPTER 1

大實驗

美元就像黃金，只有在嚴格限制供給的情形下才會顯得有價
值；但是，美國政府有一種技術，稱為印鈔術（今日或許已經
電子化），允許美元可以在不負擔任何成本之下，想印多少就
印多少。藉著增加美元數量的流通，即使在信用評等的威脅
下，美國政府仍可利用降低美元商品和服務的價值作為因應，
這同時也提高了美元商品與服務的價格。

——班‧柏南克（Ben Bernanke）
美國聯邦準備銀行理事會主席

詹森（Lyndon B. Johnson）總統[1]在一次和幕僚的談話中，總結他對經
濟學家的看法：「你覺不覺得一場經濟學的演說就好像灑泡尿在你
腿上？你好像感到有點熱，但其他人一點感覺也沒有。」讀一本關於貨幣
政策和中央銀行的書也有類似的無趣感覺。其實大可不必如此。

中央銀行和貨幣政策看起來是技術性且無趣的東西，但無論喜歡與
否，聯準會（Federal Reserve）、日本央行（BoJ）、歐洲央行（ECB）及
英格蘭銀行（BoE）的決策卻對我們產生深遠的影響。即使未來數年間，
它們仍將在各個面向影響著我們每一個人。它們影響我們皮夾裡的美元價
值、雜貨舖貨架上物品的價格、加滿油箱需要多少錢、工作能賺多少薪

---

[1] 詹森（1908-1973），美國第三十六任總統。

水、銀行存款帳戶裡有多少利息，以及退休金帳戶是否足夠。你可能不太在乎貨幣政策，但它卻關乎你是否能安然退休、能否順利送子女上大學、或是付得起房屋貸款。我們不需要太誇大貨幣政策的影響，但如果你在乎生活品質、能否順利退休與子女的未來，那麼應該關心一下貨幣政策。

儘管中央銀行對我們的生活相當重要，但是在華爾街和倫敦市的交易中心以外，鮮少有人瞭解中央銀行在做什麼，如何做。中央銀行家就像「綠野仙蹤」裡的奧茲王國的魔法師（Wizard of Oz），在幕後操縱著現金的槓桿，但眾人卻毫無知覺。

現在，是掀開貨幣政策神秘面紗的時候了。

儘管有地理、疆界、文化、語言的差異，世界上主要的中央銀行家們早已彼此熟悉長達數十年，擁有相近的貨幣政策信仰。其中三位最有權力的中央銀行家均曾在麻省理工學院開展其生涯。聯準會的柏南克和歐洲央行的德拉吉均在1970年代末在此取得博士學位。前英格蘭銀行行長默文・金（Mervyn King）在1980年代曾短暫在此執教，他甚至曾和柏南克共用研究室[2]。許多麻省理工學院出身的經濟學家都有相同的信念，認為政府可以（或更確切地說「應該」）減緩經濟下行的速度。中央銀行則在其間扮演著特別重要的角色，不僅需要調整利率水準，而且還要操縱大眾對央行政策的預期。

我們如今生活在史上另一個偉大的貨幣實驗時代中。每一個人都是這場中央銀行家所做的風險試驗中的白老鼠：這是「紅色教條」（Code Red）的時代。

有一點年紀的人多半還記得達拉斯牛仔隊（Dallas Cowboys）偉大的教練湯姆・蘭瑞[3]。他在比賽中總是戴著軟呢帽，靜靜地站在邊線，手

---

[2]　默文・金於2003年起擔任英格蘭銀行行長，2013年7月卸任，由馬克・卡尼（Mark J. Carney）接任。

[3]　達拉斯牛仔是美式職業足球隊（NFL）著名球隊之一，在傳奇教頭湯姆・蘭瑞（Tom Landry, 1924-2000）二十九年的帶領下，曾獲得二次超級盃（Superbowl）、五次國家聯會冠軍、十三次分區冠軍。

中拿著早已檢驗過無數次的檢查表。什麼情況下他會決定向前推進多少碼,是早已安排好的。

中央銀行家們「紅色教條」政策不太像蘭瑞式鉅細彌遺的教戰守則,反而比較像是「瑪麗歡呼」(Hail Mary)式的傳球[4]:沒有守則,而且也不尋常。金融世界的教練們不斷教給我們標新立異的戰術,將各種戰術混在一起,看看哪一種有效:「讓我們把『零利率政策』(ZIRP)送到中場,『量化寬鬆』(QE)跑側鋒,『大規模資產收購』(LSAPs)衝到最前面,然後『負實質利率』、『金融抑制』、『名義國內生產毛額』(GDP)瞄準目標、『外匯市場干預』則守在邊線。」

這一連串政策的字母縮寫對一般人來說實在難懂,但它們都很炫,它們用技術掩蓋了簡單的事實。

在《愛麗絲鏡中奇緣》(*Through the Looking Glass*)[5]中,矮胖子(Humpty Dumpty)說:「我用的任何一個字眼,都正好表達我的意思——不多也不少。」[6]當中央銀行家為我們長篇大論解釋其金融政策時,的確說明了他們用的這些字眼的意義,但是卻鮮少用直白的用語告訴我們實情。因為他們認為,我們接受不了實情。

2008年的金融大危機象徵著從傳統貨幣政策到非傳統「紅色教條」的轉折點。

在危機發生之前,中央銀行一般被認為是無趣、保守的一群書呆子,並且通常是宴會中不受歡迎、專掃大家興的人物,因為他們往往會在酒酣耳熱時把酒瓶拿走。經濟過熱時,中央銀行會升息,為過度的成長降降溫,收緊貨幣政策,但有時這麼做卻導致衰退,拿走酒瓶很難不讓

---

[4] 「瑪麗歡呼」式傳球為美式足球攻擊戰術中,一種孤注一擲的長距離傳球,成功率低,但是只要成功便會引起觀眾的歡呼。

[5] 為英國作家路易斯・卡羅(Lewis Carroll, 1832-1898)1871年出版的兒童文學作品,是《愛麗絲夢中仙境》的續作。

[6] 原文是"When I use a word, it means just what I choose it to mean—neither more nor less."

人掃興。事實上,在1980年代初期,前任的聯準會主席保羅·沃克(Paul Volcker)的肖像就曾在國會大廈的階梯前被暴民燒毀,只因他為了抵抗通膨,將短期利率提高到19%。像沃克這樣的中央銀行家相信的是健全的貨幣、低通膨,以及強勢匯率。

然而,在金融大危機期間,中央銀行的政策從運用利率降溫轉為儘可能施以更多烈酒刺激。聯準會主席柏南克是其中最大膽、最創新,也是最不遵循傳統的一位。他擁有哈佛、麻省理工、普林斯頓大學的背景,無疑是當今中央銀行最具權威者。當雷曼兄弟破產,他發明出多種從未在銀行、貨幣市場、商業本票等地方出現過的措施。柏南克把聯邦基金利率幾乎降至零,聯準會買進了數兆美元的政府債券及抵押債(mortgage-backed securities)。柏南克保證聯準會將採取大膽且創新的方案,並且不到這場盛宴結束絕不帶走酒瓶。其他國家的央行像是日本央行的黑田東彥(Haruhiko Kuroda)、英格蘭銀行的默文·金和他的繼任者,與來自加拿大的馬克·卡尼(Mark J. Carney),以及歐洲央行的瑪利歐·德拉吉(Mario Draghi)也保證為達目的不擇手段。我們相信無論誰接任柏南克的職位也都會做一樣的事。

這是新品種的中央銀行,相信以超寬鬆貨幣、高通膨與弱勢匯率的藥方,就能治療今天的沉痾。他們試驗性的藥物可能在短期內救了病人,卻會讓人上癮,而且一退場就原形畢露;又因為長期的副作用極具破壞性,因此只能作為短期使用。問題是,他們不願意公開承認。

中央銀行希望這種非傳統的政策能夠變出魔法,假如一切照著計畫走,通膨將會不動聲色地把債務吃掉、股票市場會上漲、房價會起死回生,每個人都會覺得更有錢了,並且用這些新的財富去消費,銀行恢復了償付能力,並賺進更多錢,政府債務也因為稅收增加和赤字蒸發而縮減了。這個時候,中央銀行就可以安心回到過去傳統政策的時光。要知道這並不保證發生,這只是這場教條的劇本。

到目前為止,「紅色教條」政策已拉抬了股市,可惜並未激發經濟成長。然而,「紅色教條」式的政策就像是宗教或共產主義一般。如果沒

效，那只證明了規模不夠或刺激不夠。因此，未來數月或數年間，我們勢必會看到更多的非傳統政策出台。

想要消除憂慮，請開始擁抱通膨吧！

金融大危機是一個債務堆積如山，引發臨界點，並且崩潰的故事。過去數十年，家庭、公司、政府早已累積各式各樣想像得到的債務：信用卡帳單、學生貸款、抵押貸款、公司債券和市政債券等等。一旦天崩地裂，土石流就會淹沒每個角落。震央是在美國的次級房貸市場（事實上，許多外國領袖仍然認為是那些住在郊區、又胖、吃著大麥克漢堡的美國人造成全球危機），但美國只是這個大危機中的一小部分。像是愛爾蘭、西班牙、冰島、拉脫維亞的房市泡沫破得更大；其他國家包括澳洲、加拿大和中國，房市泡沫還在膨脹。大家的問題都一樣：債務太多，沒辦法還清。

（我們並不會忽視聯準會監管銀行的失職，特別是次級貸款。他們把利率降得太低、太久，並且有意忽略美國正在長大的房市泡沫的主要推手。）

當一個人負債累累時，可想而知必然會減少消費，並開始償還房貸或信用卡款。然而，個人覺得正確的作法，並不代表整體經濟便適合如此。經濟學家稱之為「節儉的矛盾」（paradox of thrift）。想像當每個人在一夕之間決定，除了日常必需品之外全面停止消費，把錢存下來還債。意思是不再外出吃晚餐、無人光顧星巴克、沒人買聖誕節禮物、也沒人花錢買車等等。你可以想像到的是，如果每個人都減少消費去還債，整體經濟會瞬間縮水。這就是在金融大危機期間所發生的事。經濟學家把它稱為「去槓桿化」（deleveraging）。最終，中央銀行將會見到每個人都在停止消費，同時也在減債，這將導致衰退（recession）或蕭條（depression）。

這就是凱因斯（John Maynard Keynes）的理論基礎，凱因斯是經濟學派中最具影響力的創始者，他的理論已成為既定模式。那就是鼓勵消費和刺激「生物本能」（animal spirits）。一旦經濟陷入低潮，就該讓政府出

現赤字，甚至是高赤字，以填滿經濟幫浦。方式是把鈔票塞進人們的手中，人們才會出去消費，讓企業重新擴張並雇用更多人，然後才能消費更多，如此循環……洗頭，沖掉，然後再來一次。

另一個解決高額債務的方式是宣告破產。許多國家把它視為一種獲得重生的有效方法。把還不起的債拋在一旁，只付還得起的部分，然後重新開始。不過，重複一次，對個人有利並不代表對整體經濟有利。想像一下數以百萬的群眾同時宣告破產，銀行就跟著破產，然後政府就會注資把銀行國有化。然後，用不了多久，政府會發現，自己也快要破產了。

對個人有利和對社會有利之間的差異往往是互相矛盾的，邏輯學家稱之為「合成的謬誤」（fallacy of composition）[7]，對部分人成立的事不一定對整體也成立。如果你提早十分鐘開車去上班，你可能會避開交通阻塞，但如果每個人都提早十分鐘出門，交通就會提早十分鐘阻塞了。中央銀行不希望所有人同時節儉，也不希望同時破產，他們只希望大家先冷靜下來再去消費。

如果你要避免碰上每個人同時停止消費，或更糟的是同時破產，那麼唯一能使債務確實消滅的方法只有——「通貨膨脹」。通膨是債務的「魔鬼剋星」（Ghostbuster），隨著時間過去，便會把債務抹去。用簡單的話來說，假設你有10萬元的債務要還，如果每年通貨膨脹是2%，大約三十年後債務價值就會減半；不過如果每年通貨膨脹加倍成4%，十八年後債務就減半了；如果物價再加倍成長至每年8%，債務也會很快地在八年內剩下一半！

通貨膨脹是針對高債務開立的處方，經由通貨膨脹，中央銀行能夠快速又無聲息地侵蝕債務。然而，即使通膨是債務人最好的朋友，卻是存款

---

[7] 「合成的謬誤」是一種邏輯上的名詞；意思是說，對於局部而言是對的事物，人們便會擴及認為對整體而言也是對的，而這在現實上往往不成立。例如本書提到個人節儉可以償還個人債務，所有人同時還債則會讓整個經濟社會停擺；又例如一個人踮起腳尖可以看得比較遠，但所有人同時踮起腳尖時，每個人看到的還是一樣。

人的敵人；要中央銀行出面聲稱政策要傾向通貨膨脹，就如同要教宗有一天宣布他不再是天主教徒一樣不可能會發生。

通貨膨脹對不同的人而言意義大不相同，同時也把經濟學家分成二派。並非所有的通膨都是壞事。唯有當太多的鈔票追逐太少的商品，導致商品和服務價格全面上揚時，通膨才會是問題。例如理髮價格上漲就不是好事。現在的理髮技術和1930年代或1950年代不會有多大差別，但今天理個髮卻貴得多（我現在理髮的花費是小時候的200倍）。然而，畢卡索或庫寧（Kooning）[8]的畫作，卻是價錢賣得高才算正常，甚至被認為是「好的通膨」。高價位僅僅反應了世界上有更多的有錢人追逐精緻藝術，或是資源稀少性的供需法則。誰會抱怨股票市場價格上漲，或是自家房子漲價？

相對的，「通貨緊縮」也分好壞。電報、電話、網路價格下降可說是好的通貨緊縮。科技進步帶來的價格下跌，表示我們能用更低、甚至免費的代價做到同樣的事情。例如，在班‧斯帝爾（Benn Steil）和曼紐‧辛茲（Manuel Hinds）所著的《貨幣、市場與主權》（*Money, Markets, and Sovereignty*）一書中，描述了1870至1896年在美國發生的第二次工業革命，物價在這段期間總共下跌了32%，但民眾的實質所得上漲了110%，經濟健全成長，貿易擴張，大量的創新在電子通訊和其他產業間發生。

壞的通縮就大不相同了。因為太多債務難以償還導致人們降低需求，價格也會下跌，但製造成本並未減少。就業市場乾涸，讓人們更不願花錢。這是當今中央銀行所懼怕的通縮類型。

字母湯：ZIRP、QE、LSAP

現在，讓我們來認識中央銀行如何試著創造通膨，幫助債台高築的家庭、公司，以及政府。我們會從一些英文字母縮寫和技術用語開始，幫助讀者瞭解其意義以及它們是如何影響我們。

貨幣主管機關影響經濟環境最重要的手段是制定利率，利率水準決

---

[8] 庫寧（Willem de Kooning, 1904-1997）：美國著名的抽象表現主義藝術家。

定了人們的借貸價格。在過去，當經濟快速起飛之際，中央銀行會調升利息；當經濟疲弱時就會降息，此時借錢成本變便宜，更易取得信用額度，而貨幣本身是輸家。

聯準會降息的理由通常是刺激景氣。低利率表示房屋、信用卡、汽車等貸款都變得便宜。對企業而言則是一條取得便宜資本的途徑，藉此可以增加利潤，雇用更多的人，如此一來會有更多的錢進入消費者的口袋。舉例來說，美國三十年期房屋抵押利率前一陣子從一年前的4.5%跌到歷史新低，僅3.66%。引發許多房屋抵押戶再融資，付出更低的抵押利率，提高可支配所得（disposable income）[9]。這使得人們更有意願去買一、兩幢房子，誰會抱怨這樣的好康？

如**圖**1.1，降息最多降到零就見底了。事實上，中央銀行在金融危機

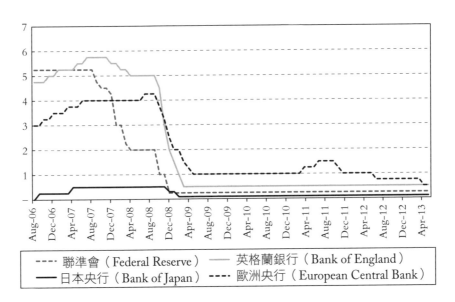

圖1.1 全球利率走勢

資料來源：Variant Perception，彭博資訊。

---

[9] 「可支配所得」是指個人總所得中，扣除必要的支出後，剩下可自行運用的部分。通常是指扣除各式稅款和利息支出後的金額。

期間就大舉降息，把利率砍到接近零，並且延續至今，這就是中央銀行所謂的「零利率政策」（Zero Interest Rate Policy, ZIRP）。目前，包括美國、英國、日本、瑞士，以及歐元區都採行了ZIRP。

在零利率的世界裡，借款人歡天喜地，而存款人就遭殃了。只要想像原本用5%或10%利率借的錢突然之間利率降為0，無論原本你有多少債，只要付一丁點兒利息支出就可以了，這等於是天上掉下來的禮物。低資金成本讓面臨困難的企業更容易延展其債務，以及減少實質債務負擔。如果減少了利息支出，無異是增加了本金償還能力，只不過是隱藏版的。低利同時也讓原本沒救的「僵屍型」家庭和企業勉強站起來，以免直接破產。

然而利率幾乎是零的環境對存款人、投資人、放款人來說是個災難。想像你是個退休人士，存了一輩子的錢放在銀行裡，期望每個月可以拿些利息過活；也可能買點債券，每季分到債息。在ZIRP的世界裡，你每個月只能拿到少得可憐的利息和債息。這和你原先計畫的退休生活相去甚遠，有人因此只得延長工作年齡以多存點錢。

全世界的退休人士都面臨到一樣的問題——這也是為什麼愈來愈多的人年滿六十歲還在工作。聯準會和中央銀行並不特別擔心這類存款人，多數美國人為債所困，在一個充滿債務的社會中，救援欠債的聲浪高過幫助存款。

通膨就像是一種持續不斷的懲罰，高通膨使得聯準會和其他中央銀行讓實質利率低於零。名目利率是你獲得的利率數字，而實質利率則是名目利率扣除通膨率。如果你的銀行提供給你的銀行帳戶每年有2%的利率，名目利率就是2%。如果此時通膨率是2%呢？很簡單，實質利率就是0（2－2＝0），利息正好被通膨吃掉。如果通膨率是4%，則你從銀行帳戶獲得的利息實際上無法抵禦物價上漲，實質利率變成負2（2－4＝-2）。你可以想像，在零利率的環境下，只要通膨率是正數，就等於中央銀行創造了負實質利率。就算名目利率是零，實質利率已是負數。

當實質利率為負時，現金就如同敝屣。負實質利率就像是向存款人課稅（不要懷疑，賽普勒斯就做過這檔事），通膨吃掉了你的貨幣價值，就

如同中央銀行從你的辛苦錢課稅（雖然實際上沒有收走）。在負實質利率下，把錢放在銀行絕對會喪失購買力，迫使存款人和投資人追尋高風險投資，只為了獲得和過去相同的報酬。這樣幾乎可斷定人們不會存錢，也不會消費。事實上，柏南克公開承認低利率政策是迫使存款人和投資人有更多投資風險資產的機會，但對退休人士和存款人來說相當不利，他們失去了追逐市場和經濟成長的能力。

只要動動嘴巴，中央銀行不只影響了眼下的利率，還有對未來利率的預期。如果柏南克（和他的繼任者）或德拉吉承諾未來維持幾近於零的利率，投資人就會把他們的話當回事。中央銀行這種承諾破壞了殖利率曲線（yield curve）所傳達給市場的訊息。殖利率曲線是今天、明天，以及未來各期債券利率的連結線，描繪出不同到期債券的利率曲線，我們可以看出市場對未來利率環境的預期：兩年、五年、十年，以及三十年。美國政府曾經以低於2%的利率發行十年期的公債，這個利率是低於通膨率的。這隱含著聯準會未來十年都會將利率壓得比通膨率要低。

許多經濟學家像是保羅・克魯曼（Paul Krugman）、柏南克、葛提・艾格森（Gauti Eggertsson）[10]和麥可・伍德福（Michael Woodford）[11]都曾針對「紅色教條」政策提供睿智的辯解。他們認為如果非正規貨幣政策能夠提高通貨膨脹的預期心理，即使名目利率跌無可跌（最低為零），實質利率還能進一步下滑。讀到他們的言論，不禁想起同一批經濟學家也曾說過他們並不想創造通貨膨脹。

政府債券長期以來提供了無風險報酬（risk-free return），買這種債券幾無風險，保證可以獲得利息。優秀的金融分析師吉姆・格蘭特（Jim

---

[10] 葛提・艾格森為布朗大學教授，曾任紐約聯邦儲備銀行經濟學家。其著名理論為勞工悖論（paradox of toil），大意是說當失業率增加時，勞工可以藉由降低工資來獲取工作機會，但如果所有人都降低工資，大家起跑點相同，對就業市場的改善反而不會有任何幫助，反而因為勞工收入減少，債務負擔更重，對改善經濟幫助更小。

[11] 麥可・伍德福為哥倫比亞大學經濟學教授，專精於總體經濟與貨幣政策。

Grant）曾說：「債券價格漲太多，政府債券殖利率又太低，現在它們應該稱為無報酬風險（return-free risk）了，而這幾乎可以保證買債券會虧損。」債息太低，投資人根本無法彌補通貨膨脹。利率還能到多低很難判斷，還有多少傻瓜願意去買債券也不得而知。眼下只有受法令限制的機構，像是保險公司和退休基金，才會無限量的買進英國、日本、德國、美國的政府債券。

從中央銀行的角度來看，零利率政策是有效的，但實際上零利率對經濟的直接影響卻很有限，他們也只能間接的控制通膨上升和高物價的預期。然而，中央銀行手中仍有許多支「箭」可以使用。

量化寬鬆就是印鈔票

除了操縱利率之外，中央銀行擁有經由量化寬鬆（Quantitative Easing, QE）增加貨幣供給的能力。儘管唸起來很長，但這只是印鈔票的一種漂亮說法而已。當聯準會要加印新鈔增加貨幣供給時，這些鈔票會被拿去買銀行，也就是初級市場自營商手裡的政府債券，拿回債券並支付剛印好的新鈔。新鈔進了自營商的銀行帳戶，可以拿來放款，藉由銀行系統進行貨幣創造（money creation）[12]。反過來說，當聯準會要降低貨幣供給，它只需把債券賣回給銀行，銀行帳戶多了債券，錢則回到聯準會消失不見。（這種鈔票變身術都在電子交易中瞬間完成，沒有真實印出鈔票，也沒有樹木因而被砍掉）

銀行超愛量化寬鬆——因為QE就像是天上掉下來的禮物，而且也避開了由國會批准撥款的繁複流程。為了執行量化寬鬆，聯準會用電子記帳的方式將存款放在銀行的帳目上，在聯準會的帳上貸記存款準備。這些存款準備餘額從2008年底的80億美元快速膨脹至1.5兆，聯準會支付這些準備金0.25%的利息，大約是每年40億美元會進入銀行的保險箱。如果利率

---

[12] 即貨幣擴張，是中央銀行、商業銀行和非銀行（機構或個人）藉由信貸關係共同作用，使得在銀行體系內流通貨幣量擴大的金融行為。

上升至3%，聯準會也會等比例增加支付的利息，從目前的每年40億美元增加到每年450億美元——「好大的一份禮！」這也是人們憂慮一旦聯準會恢復過去的利率水準，事情將無法收拾的原因之一。初級市場交易員會面臨虧損嗎？聯準會真會提升存款準備率（reserve rate）嗎？或者，聯準會將降低貨幣供給，把利潤從銀行手中拿走？這些都是市場所擔心的，也與他們的利益息息相關。讓我們繼續看下去。

聯準會已經由量化寬鬆印了1.5兆美元的鈔票，並且應該還會印更多。**圖1.2**是聯準會資產負債表（balance sheet）的規模預估，看起來很像1999年的那斯達克指數一飛沖天[13]。你可以想像1.5兆美元應該夠了，但許多著名的經濟學者和評論員像保羅・克魯曼及馬丁・沃夫（Martin Wolf）[14]仍主張繼續寬鬆下去。當你聽到一些所謂權威人士主張更多的量化寬

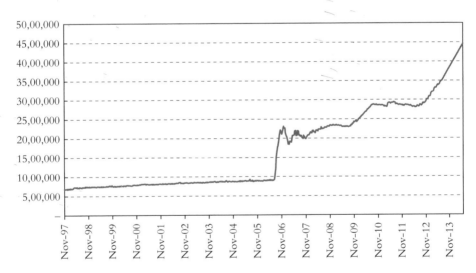

圖1.2　聯準會資產負債表的成長預估

資料來源：Variant Perception，彭博資訊。

---

[13]那斯達克綜合指數（NASDAQ Composite Index）：美國股市代表性指數之一，涵蓋科技、金融、生物技術等新興產業。1999年網路泡沫期間暴漲超過60%，2000年3月10日達歷史最高的5048點。

[14]英國金融時報著名評論員。

鬆，就好像回到《星際爭霸戰》（*Star Trek*）中的一段插曲：「當聯準會試著擺脫高債務和低成長的黑洞時，寇克艦長（Captain Kirk）對著班艦長（Captain Ben）大吼：『該死，史考提，你該給我更多的QE！』」[15]

　　每當中央銀行印鈔時，就同時產生了贏家和輸家。到目前為止，政府是這段時間印鈔的最大贏家。這並不令人意外。〔用《北非諜影》（*Casablanca*）[16]當中警察廳長雷諾（Captain Renault）的一句台詞形容：「我很意外，意外的是印鈔居然印到這個地步！」〕世界各地的中央銀行都用印鈔票這招來融通政府赤字。事實上在2011年，聯準會大約融通了美國政府三個季度的赤字；2012年則大約是二個季度；2013年也融通了大部分。如果中央銀行要印鈔給你，為何還要向存款人借錢？

　　存款人和投資人的問題在於，所有的主要央行都在這麼做。在**圖1.3**中，你可以看到不止是聯準會，日本央行、英格蘭銀行、瑞士國家銀行，甚至歐洲央行都在擴大資產負債表。以日本和英國為例，央行更是直接去買債券。歐洲央行雖沒有直接買債，但他提供銀行無上限的資金去買。瑞士則是買下了政府債券以外的其他各種債務，以防止匯率升值。這是一場貨幣創造的盛宴。

　　既然印鈔買公債沒花任何成本（因為中央銀行只是在電腦前按按鍵盤而已），政府的錢也就得來全不費功夫，等於是免費開支票。中央銀行是在公開市場買進公債，而不是直接向政府收購，這麼做也只是在表面上維持中央銀行獨立性的表象，任何機構都不得涉入貨幣和財政政策。但這只是做做樣子而已。政府經由自己發債給自己的過程中，神奇地增加了大量收入，並且沒有增加任何額外負擔。免費鈔票就像是獨角獸沿路到處留下可口的巧克力一樣：這一切只會在夢境中出現。（你我可能會說：「天下

---

[15] 星際迷航系列電影的第十一部，2009年上映，並成為當年度全球第八大賣座影片。

[16] 為1942年於美國上映的電影，描寫二戰期間北非摩洛哥西部的卡薩布蘭加市咖啡館中，反抗納粹和愛情之間的故事。由亨弗萊・鮑嘉（Humphrey Bogart）、英格麗・褒曼（Ingrid Bergman）主演，為影史上著名的經典電影。

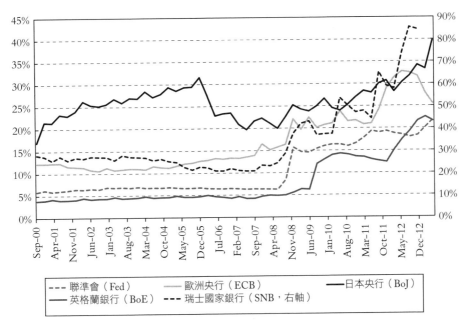

圖1.3　全球央行資產負債表一飛沖天

資料來源：Variant Perception，彭博資訊。

沒有白吃的午餐」；但凱因斯也曾說：「名言有時言過其實，因為它們多半是不加思索的衝口而出。」^[17]）

　　自從這種政府可以不花成本就增加收入的方式出現後，基本邏輯都會告訴我們：「總要有人付出代價。」但事前不大可能會知道誰該為中央銀行的「免費午餐」買單，只知道最終要有人付帳。即使中央銀行也不知道這擔子最後會落在誰的身上（更別說告訴他了），他們還是用量化寬鬆大印鈔票。和一般增加收入的方式相比，像是徵稅，事先總會知道誰徵的稅、什麼時候開徵、計算、還有繳多少。然而，印鈔的擔子卻不知道會落在誰身上。通常是那些放款者、存款者，還有投資人，但擔子卻重得多。政客否認犯行相當容易——中央銀行更在設立之初就不受約束。

----

[17] 原文為："Words ought to be a little wild, for they are the assaults of thoughts on the unthinking."

（近期的日本是個例外。當生存成為問題時，中央銀行的獨立性也能改變。）

政府的極度揮霍根本不是中央銀行能融資的。本書付梓時，美國政府所花的任何一塊錢當中，有40美分是借來的（過去曾有一段時間也是如此）。舉個例子來說，2012年美國家庭所得中位數是50,054美元，假設這樣一個正常的家庭預算如同美國政府，它要另外借大約20,000美元才能應付所有開支。多數家庭都會樂於印鈔來融通支出，而聯準會藉由印鈔也大開方便之門。（如果聯準會讀到這一段，我要謝謝你們印給我的鈔票。請聯絡我方便留下銀行帳號。我們保證會立刻開車出去把這些錢花掉。）

聯準會政策的最大贏家應該是股東。中央銀行的工作是維持價格穩定，而聯準會還負有經濟體完全就業的職責。這是聯準會特有的「雙重任務」。然而，在「紅色教條」的世界裡，中央銀行另外創造了第三項任務：經由大規模資產收購（large-scale asset purchase, LSAP）計畫讓股價上揚。柏南克在2011年1月直截了當地說：

2009年3月的政策[18]導致了股票市場的強勢反彈。標準普爾500指數上漲超過20%，代表小型股的羅素2000指數則上漲超過30%。

2012年，他又重複了相同的主題：

大規模資產收購計畫使得股市大漲，想必是由低折現率（discount rate）和對經濟展望改善所致；而2009年3月聯準會採取擴大資產購買的決策和之後美國股市的回春，應該不會是巧合。股市價值同時影響了消費和投資決策，其重要性不言可喻。

這才是柏南克的最佳寫照。如果你是股市投資人或投機客，這訊息再清楚不過：「進場買股票吧，我們罩你。」（但下次股市下跌時，不知又會是誰被罵到臭頭。）

---

[18] 指的是2009年3月中旬聯準會首次宣布的量化寬鬆政策。

聯準會希望股市上漲的原因是：「只要股市好，投資人一高興就會花更多錢。」這是一種涓滴貨幣政策（trickle-down monetary policy）[19]。量化寬鬆（QE）、零利率（ZIRP），以及大規模資產收購（LSAPs）三項政策，每個月生出850億美元支撐股票市場。這些政策都在寄望那些有錢人會把獲利拿出來花，同時嘉惠其他國家。到目前為止，這些都沒有發生。（寫到此時，美國每個月創造出大約十五萬個就業機會，大約QE了50萬美元才能創造一個就業。聯準會好了不起！這還不如直接給一張10萬美元的失業救濟支票，只要付2折的價錢。）

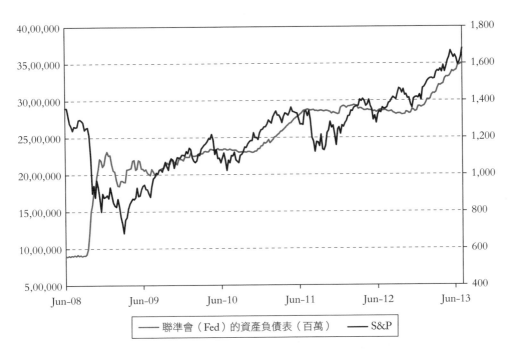

圖1.4　量化寬鬆及資產收購激勵股市大漲

資料來源：Variant Perception，彭博資訊。

---

[19] 涓滴貨幣政策仿自「涓滴經濟學」（trickle-down economics），該名詞是諷刺主張替富人減稅，讓富人獲益，使經濟更活絡，窮人也能夠因而受惠的經濟學，也就是供給面經濟學。作者借此指出當股市投資人賺錢，才會花更多的錢，最終所有人都會有好處。

　　這個問題的癥結在於：金融市場和實體經濟並沒有直接的關聯。研究已指出：股票市場上漲造就的「財富效應」其實相當小。高漲的股價只讓少數早已很有錢的富人獲益。那些瞧不起供給面經濟學（supply-side economics）的經濟學家，自己卻被供給面貨幣政策深深吸引。承認吧，這就是「涓滴貨幣政策」。

　　多數美國人有玩股票，但最富有的10%掌握了大多數。他們的退休金帳戶平均有277,000美元，但中產階級家庭只有23,000美元，窮人更是身無分文。富人們早在量化寬鬆前就不缺工作，而量化寬鬆後仍保有工作之外還更有錢。窮人呢，仍生活在高失業率的生活中，根本享受不到高股價的好處。

你的錢貶值了

　　在零利率的時代，負實質利率和量化寬鬆使得現金價值愈來愈低。中央銀行家們深知此道，也在公開場合談論。事實上，美元貶值是明確的目標。2002年，柏南克就承認電子化貨幣創造將使美元同時間貶值。他說：

> 美元就像黃金，只有在嚴格限制供給的情形下才顯得有價值。但是美國政府有一種技術，稱為印鈔術（今日或許已經電子化），允許美元可以在不負擔任何成本之下，想印多少就印多少。藉著增加美元數量的流通，即使在信用評級的威脅下，美國政府仍可利用降低美元商品和服務的價值因應，這同時也是提高美元商品與服務的價格。

　　歐巴馬政府其實很擔心美元貶值。前經濟事務委員會主席克里斯提娜・洛馬（Christina Romer）曾說：「量化寬鬆同時適用於匯率。」她指責聯準會太過激進的量化寬鬆將進一步稀釋美元價值。我們在本書後面會回到這個觀點。

　　把貨幣價值貶低對一般人而言都是個瘋狂的主意，但卻是一些中央

銀行要做的。過去幾年一些國家都在試驗這種貶低自家貨幣的政策試驗，那些把貨幣貶值的中央銀行就像是在引擎中加入一氧化氮（nitrous oxide），好把貶值速度再加快[20]；也像在經濟成長競賽中作弊，偷偷加一些動力創造更高的經濟成長。這種只求今天贏的方式事實上長遠看來卻是輸家。

許多國家是靠出口，或是希望多出口一些以幫助成長，貶值的貨幣讓商品與服務對外國人來說更具吸引力。舉例來說，幾年前英鎊曾一度高漲到2.10美元（兌1英鎊），許多英國女性週末搭機到紐約旅遊，只為買名牌包和大吃一頓。但當1英鎊只能買到價值1.35美元的東西時，就沒有人願意坐飛機去紐約大肆血拼了[21]。從廣義來看也是一樣，如果美元兌其他貨幣貶值，美國汽車業者要賣他們的車子會變得容易的多。

當匯率升值，對出口就會造成傷害。面對一個正在貶值的國家，很難向它賣出電腦、汽車、還有船舶。反過來說，當自家貨幣弱勢，要賣東西就簡單多了，甚至比提高生產力還容易。政客們也許會說他們支持強勢美元或強勢歐元，但實際上正好相反。（應該多看看他們所做的，而不是他們嘴上所說的。）

理論上貨幣貶值好處多多，實際上執行起來總不如計畫中順利。中央銀行可以在引擎裡注入一氧化氮來增加些馬力。如果只有一個人這麼做，那他就賺到了。問題是如果每個人都這麼做，就沒人能占到便宜。最終，每個人只會把引擎燒壞，沒人贏得了比賽。儘管初期會引發一些樂觀氣氛，最後貨幣危機只會讓大家走向停滯性通膨（stagflation）[22]、物價高漲、生活水準下降，而僅有一點點的成長。

---

[20] 一氧化氮是一種氧化劑，用於輕微麻醉。也有使用作為火箭和賽車的氧化劑，以及增加發動機的輸出功率。

[21] 英鎊在2007年底曾升到1英鎊可兌換2.10美元，到了2008年底貶到1.35美元。2014年1月的價位約在1.65美元左右。

[22] 指物價膨脹但經濟成長相當低的現象。

「紅色教條」的世界巡禮

不論什麼時候，只要中央銀行啟動印鈔機或貨幣貶值的方法，讓酒瓶注滿酒，最高興的還是股市投資人。每次宣布量化寬鬆都會造成股市上漲。每次主要貨幣的賣壓，無論是美元還是稍後提到的日圓，都會拉抬股市和商品原物料行情。像是原油、銅、小麥、玉米，代表貨幣又接近被扔進垃圾桶一步──我們稱之為「貶值」。極低的利率政策和印鈔到目前為止似乎有效，多數的股市都從雷曼兄弟破產後的低點反彈2倍以上。投資人的狂熱並不令人意外。1971年，尼克森總統把美元和黃金的連結拿掉後，股市也是一飛沖天。但投資人應該回想到這段歡樂時光是很短暫的，在此之後的1970年代，是美國史上股市和債市最糟的時期。商品曾有過一段好時光，但過不了多久就崩盤了。投資本身就是爾虞我詐，未來一段時間想必也是波濤洶湧，經歷泡沫、膨脹、然後破滅，投資人應該要有心理準備。

對許多投資人來說，過去幾年就像經歷一場暴風雨中的航行，就像是中世紀探險家航向地圖以外的未知水域。

大家喜愛的喜劇片《黑爵士》（*Blackadder*）中的一幕[23]，當梅爾卻特爵士（Lord Melchett）交給黑爵士一張地圖後說：「保重，黑爵士。我為你找到最好的製圖師畫了這張地圖，上面就是你要去的地方。」可是當黑爵士打開地圖時，裡面卻是白紙一張。梅爾卻特爵士笑著說：「如果你能把去過的地方都畫下來，大家都會感激你的。再見了。」

所幸，各位讀者不會被如此對待，或是真的要去畫一張「凡走過必留下痕跡」的空白地圖。本書將告訴大家如何面對未來的艱難挑戰。

---

[23] 《黑爵士》是四部著名的英國歷史情境喜劇的共用名，1983到1989年中由英國公共電視（BBC）播出。講述四個不同的歷史時代，每一部共同有一位埃德蒙德‧黑爵士的故事。

本章重點

在本章中，我們學到了：

1. 在金融大危機來臨前，中央銀行通常會依循傳統的貨幣政策。如今他們正實驗一種「紅色教條」式的非正規政策，像是量化寬鬆（QE）、零利率（ZIRP）、大規模資產收購（LSAP），以及貨幣貶值。長期下來，這些政策將導致通貨膨脹。

2. 如果你借太多錢，省吃儉用多存點錢是好的；然而，中央銀行家卻希望大家借更多錢來花。他們的政策本身就在鼓勵借錢和投機。

3. 要人們多花錢少存錢的方式就是創造現金的負實質利率。多數國家的通貨膨脹都高於利率水準，現金如同敝屣。

4. 政客和中央銀行家要鼓勵出口，因此把他們的貨幣貶值，讓商品和服務對外國人來說變得便宜。不幸的是，他們無法讓所有人在同一時間各自將貨幣貶值。

5. 貨幣戰爭曾在1930年代和1970年代發生過，並且不大可能善終，而每次政府都是貨幣戰爭的始作俑者。

6. 以下是一些「紅色教條」的原則：

   (1) 零利率政策（ZIRPs）：許多中央銀行把利率降到零，並且承諾將維持這種接近零的利率水準長達數年。

   (2) 大規模資產收購（LSAP）：這是中央銀行印鈔票去買債券、抵押證券或股票的政策。

   (3) 量化寬鬆（QE）：方式是中央銀行擴大其資產負債表規模，而不是用升降利率的方式去影響經濟。

   (4) 貨幣戰爭（Currency War）：刻意削弱貨幣價值。當中央銀行執行量化寬鬆和零利率政策時，便會降低持有貨幣的吸引力。中央銀行也能「壓低」匯率，還能表示希望它貶更多。

CHAPTER 2

二十世紀的貨幣戰爭：
野蠻遺跡與布列頓森林體系

說實話，金本位制（gold standard）早已是野蠻時代的遺跡。
　　　　　　　——約翰・梅納德・凱因斯（John Maynard Keynes）
　　　　　　　　　　〈古典金本位的回顧〉（1821-1931）

回顧得愈遠，前瞻才能愈遠。
　　　　　　　　　　——溫斯頓・邱吉爾（Winston Churchill）

不記取歷史的教訓，便會被歷史教訓。
　　　　　　　　　　——喬治・桑塔亞那（George Santayana）[1]

在《Endgame：終結大債時代》（Endgame）[2]一書中，有關日本的一章標題是〈一隻飛向擋風玻璃的昆蟲〉[3]。我們認為日本的問題不在於會或不會遭受重大經濟危機，而是時間早晚的問題而已。我們不可能預知日本何時會發生財政和貨幣的大災難，但我們相信它一定會發生。在本書寫作之時，日本就已經出現徵兆。事實上自（2013年）1月份起，我

---

[1] 美國哲學家、散文家、詩人及小說家。

[2] 約翰・墨爾丁、強納森・坦伯著，唐傑克譯（2013）。《Endgame：終結大債時代》。台北：生智出版。

[3] 意思是「自尋死路」。

們就把這一年定為「擋風玻璃年」（The Year of the Windshield）。（日本已出現終局的樣貌，而這正好讓日本民眾知道他們的政府是怎麼把事情搞砸的。）

日本比其他國家涉入更深的債務和「紅色教條」政策漩渦中。這個國家因循著美國和歐洲足跡，甚至不作任何改變──這是一個觀察徹底執行超級凱因斯主義（uber-Keynesian）會走向何種結果的免費機會。

日本政府及其央行正在執行的大膽實驗，其重要性已無庸至疑，目前發生在日本的事情在未來幾年間都會影響全世界，因此有必要認真檢視。在後面幾章，我們將會相當深入探討日本當下所處的環境，得犧牲多少才能維繫經濟命脈。日本目前的經濟好比凡爾登戰役（the Battle of Verdun）[4]或溫泉關戰役（the Battle of Thermopylae）[5]。日本是吃了秤砣鐵了心，主事者已把經濟軍火庫裡所有的武器都搬到前線了。

近期日本金融市場的劇烈震盪令人詫異，但從一些徵兆上合理預期，這個國家應該已在財政和經濟災難的邊緣了。雖非有意貶抑，但從全世界的角度來看，日本不是另一個希臘：日本是世界第三大經濟體。最大的銀行規模和美國差不多，擁有全球性的貿易地位和金額，同時日圓具有儲備貨幣的地位。全世界前六大企業中有兩個是日本企業；前五百大當中有七十一家，只次於美國，還領先中國（四十六家）。如果把亞洲包含中國的其他國家合併計算，總數也才稍稍超過日本（根據CNN資料）。簡單來說，當日本進行激進的財政和貨幣政策，對全世界來說都會出現重要的影響，特別是目前全球經濟成長動能就在亞洲。

---

[4] 凡爾登戰役是第一次世界大戰中破壞性最大、時間最長的一場戰役。凡爾登是法國東北方的小城，也是通往德國的要道。從1916年2月21日至12月19日，德法兩國共投入一百多個師的兵力，死亡超過25萬人。德國最終未能攻下，該役也成為一次大戰的轉捩點。

[5] 溫泉關戰役為西元前840年波斯向希臘進行第二次進攻的一場著名戰役。雅典和斯巴達組成的希臘聯軍在此次戰役造成波斯極大的死傷，過程中波斯雖然占領溫泉關，但最終希臘仍然戰勝了波斯。

　　未來歷史學者將會記載，日本已開啟了自1930年代金本位制以來，最重要的全球貨幣戰爭，一個全世界被法定貨幣主宰的時代。

　　我們將會解釋日本如何走到今天這一步。在瞭解日本當前的困境、對應政策，以及評估未來的發展之前，我們必須回頭檢視歷史，看看貨幣戰爭如何具有週期性，並累積能量，然後像海嘯一般摧毀整個世界，淹沒經濟。

1930年代：先跑先贏

　　貨幣戰爭並不是新鮮事，全球貨幣間的爭奪在上個世紀中曾發生過兩次。第一次是在1930年代，當主要國家針對是否放棄金本位制爭論不休之際，同時也各自抵抗通貨緊縮，試圖從經濟大蕭條當中重獲新生。從金本位的角度來看，當時貨幣戰爭的發生是短暫的、必要的手段，以抵禦通縮。第二次是發生在1970年代，當時美國總統尼克森終結了黃金和美元之間的價格連結。在這段時期，各國都盡力擺脫固定匯率的桎梏，好讓政府能夠盡情花費。結果是：更高的通膨、更高的失業率，沒有人得到好處。

　　我們會逐一說明這兩段歷史，先來看1930年代這次。

　　今天世界的狀態和1930年代很相近。股票市場在私人債務快速增加的幾年後，分別在1929和2008年崩盤。1920年代就像是2000年初，金融創新和槓桿操作形成了不穩定但快速成長的金融體制。在1920年代，金融創新允許消費者分期付款買收音機、洗衣機，以及電冰箱；也可以在股票市場上融資高達90%。類似的情況一點也不陌生，二者都是從民間債務危機轉為政府債務和貨幣危機。

　　多數人認為大蕭條是因為股票市場的崩盤。事實上，1929年10月華爾街的股市暴跌大約26%——和2008年秋天的單月20%也差不了多少。信不信由你，從1929年9月至1931年3月股市總共跌了44%，還比雷曼破產前後的2007年9月至2009年3月來得少。

　　如果1929年的暴跌到了1931年就結束，今天我們可能只稱這段時間為「近乎大蕭條」（Almost Great Depression）而已，但卻不是。緊接著第

二階段衰退自1931年5月，奧地利最大銀行信貸部門的崩潰展開。信貸機構的破產波及到匈牙利、捷克斯拉夫、羅馬尼亞、波蘭，以及德國的銀行；如同今日所見，在1931年歐洲銀行的危機轉變為主權債務危機和貨幣戰爭。當年發生在歐洲週邊國家的銀行危機很快地擴散到主要經濟體。全球貿易劇降，國際資本流動停擺，工業生產暴跌，導致失業率飆升。這與今日發生在歐洲的危機不可思議地相像。

1930年代的國際金融體系仍在金本位制度下，無法應付銀行危機。一次世界大戰後，許多仍實施金本位制的國家，仍以固定價格用本國貨幣轉換黃金。如果這些國家不想讓大量黃金流出，則必須大幅升息才行，但此舉將導致衰退，無異是經濟自殺。1931年銀行危機發生，英國於當年9月19日率先宣布脫離金本位制，英鎊兌美元瞬間貶值30%。當時全球約有二十五個國家與英國有密切經濟往來或是英國殖民地，將貨幣與英鎊掛勾，因此英鎊的貶值快速擴散到全球。像是澳洲、紐西蘭、南非，甚至一些非大英帝國屬地的國家。

英國的貶值同樣開啟了日本、美國、法國、德國、瑞典以及挪威等其他國家的貶值競賽。一個接著一個國家脫離了金本位競相貶值（見**表2.1**）。幾乎所有國家都卯足全力把匯率壓低，把不景氣向外出口。

這與今日看到的現象不謀而合。每個國家都想儘快擺脫困境，方法是增加出口。同時，他們認為貨幣貶值是增加競爭力的捷徑。特別對政客而言，貨幣貶值的痛苦小得多，為何要採用直接削減勞動成本等其他大費周章的手段？但問題是，一個國家出口，就必須有另一個國家進口！不可能所有的國家同一時間都是淨出口國。

在1930年代，任何一個國家的貨幣貶值都讓其貿易伙伴的問題更加惡化。最終，就連不想放棄金本位制的國家也被迫選擇離開，讓其貨幣貶值。

各國不僅壓低匯率，同時還設立了貿易障礙和提高關稅以保護國內產業。這種「以鄰為壑」的政策引發了資本管制和高貿易障礙，嚴重傷害全球商業活動，加深大蕭條的慘況。貿易障礙理論上是個相當具吸引力的方式，但如果每個國家都高舉貿易障礙大旗，沒人會是贏家，每個人都是輸

表2.1　各國回歸和放棄金本位制的時間

國家	回歸金本位制時間	放棄金本位制時間	匯率管制	開始貶值
澳洲	1925年4月	1929年12月	--	1930年3月
奧地利	1925年4月	1933年4月	1931年10月	1931年9月
比利時	1926年10月	--	--	1935年3月
加拿大	1926年7月	1931年10月	--	1931年9月
捷克斯拉夫	1926年4月	--	1931年9月	1934年2月
丹麥	1927年1月	1931年9月	1931年11月	1931年9月
愛沙尼亞	1928年1月	1933年6月	1931年11月	1933年6月
芬蘭	1926年1月	1931年10月	--	1931年10月
法國	1926年8月至1928年6月	--	--	1936年10月
德國	1924年9月	--	1931年7月	--
希臘	1928年5月	1932年4月	1931年9月	1932年4月
匈牙利	1925年4月	--	1931年7月	--
義大利	1927年12月	--	1934年5月	1936年10月
日本	1930年12月	1931年12月	1932年7月	1931年12月
拉脫維亞	1922年8月	--	1931年10月	--
荷蘭	1925年4月	--	--	1936年10月
挪威	1928年5月	1931年9月	--	1931年9月
紐西蘭	1925年4月	1931年9月	--	1930年4月
波蘭	1927年10月	--	1936年4月	1936年10月
羅馬尼亞	1927年3月至1929年2月	--	1932年5月	--
瑞典	1024年4月	1931年9月	--	1931年9月
西班牙	--	--	1931年5月	--
英國	1925年5月	1931年9月	--	1931年9月
美國	1919年6月	1933年3月	1933年3月	1933年4月

資料來源：League of Nations, Yearbook, Various dates；以及從各方取得的補充資料。

家。加上關稅和貶值競賽，對維持匯率穩定的國家來說都是損失慘重。

　　數十年後回頭看，1930年代帶給大家普遍的教訓是：在全球性的貨幣戰爭下，沒人是贏家，每個人都只會更糟。近代，全球經濟的重要性更迫使大家重新思考這個時代。全球研究金本位制的權威貝瑞・艾根格林

6　貝瑞・艾根格林為柏克萊大學教授，專長為國際金融及經濟。曾出版多本研究1930年經濟大蕭條的書。

（Barry Eichengreen, 1952- ）[6]，認為競貶不但不是個壞事，還有助於經濟復甦：

> 事實上，這個1930年代和當今的熱門議題被誤導了。沒錯，每個國家競相貶值自家貨幣的結果，沒人能增加競爭力。也沒有一個國家能增加出口以擺脫衰退，因為沒人能多賣一點東西。但是這並不重要。重要的是每個國家都放鬆銀根了，因為大家都不想捍衛匯率。這種全球性的貨幣刺激會是讓經濟復甦的源頭以及持續的力量。

他的結論是，貨幣競貶對每個人來說都是件好事。如果你生了大病需要治療，嗎啡會是你康復的最佳藥方。你不必沉迷於它，但在危急時卻是良方。

當放棄金本位制後不久，這些國家的工業生產果然回升了。**圖2.1**是

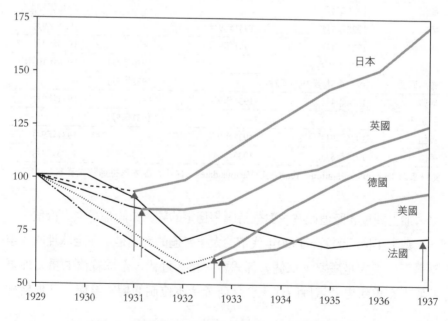

圖2.1　放棄金本位制的時間點及經濟復甦力道

資料來源：Barry Eichengreen, "The Origins and Nature of the Great Slump, Revisited" (working paper), 1991.

放棄金本位制之後經濟復甦的證據。箭頭所指是放棄金本位制的時間：英國和日本是1931年，美國是1934年，法國在主要國家中最晚，直到1936年才放棄。比較粗的線是表示放棄金本位制後的工業生產。圖中可見每個國家工業生產的底部都離放棄金本位制的時間不遠。在1930年代的貨幣戰爭中，競貶貨幣的各國都嚐到了成長的甜頭。

為了讓大家更能感受這些國家放棄金本位制後，經濟如何快速成長，看看經濟學家克麗絲提娜‧洛瑪對美國經濟回升的描述：

> 經過一連串的政策，尤其是最重要的貨幣政策後，富蘭克林‧羅斯福（Franklin Roosevelt）將我們的經濟救回來了。工業生產在羅斯福總統任期內頭四個月回升了57%。實質GDP在1933、1937年間持續復甦，年平均成長率將近10%。

各位知道「紅色教條」最大的提倡者——柏南克「上校」是研究大蕭條時期的專家，因此應該也不意外他做出的結論和艾根格林教授如此相近。在一篇名為〈大蕭條時期的金本位制、通貨緊縮及金融危機：全球性比較〉[7]的論文中，柏南克明確指出：「1930年代的通貨緊縮為時多久、造成多大傷害，端視該國維持金本位制有多長而定。」（註：那些堅持金本位制的人士們血壓應該上升了。但再看下去吧！），通貨緊縮和經濟衰退通常相伴發生。在分析許多國家的經濟成長和通貨緊縮後，柏南克說：

> 總結來說，我們分析的二十四個國家樣本，支持金本位制與通貨緊縮和蕭條之間密切關係的結論。該資料也支持下列假設：提高貨幣擴張的自由度是那些在1930年代早期脫離金本位制的國家能夠有較佳經濟表現的原因，儘管證據並沒有十分明確。

換句話說，大蕭條給我們的教訓是：愈早放鬆貨幣政策和貶值，經濟

---

[7] 原文為："The Gold Standard, Deflation, and Financial Crisis in the Great Depression: An International Comparison."

愈快復甦。

時至今日，許多中央銀行家眼看著1930年代的貨幣戰爭，結論呼之欲出。2013年初柏南克在紐約經濟俱樂部（the Economic Club of New York）的一場演說中說道：「事實上，一些有政策空間的國家同時進行（放鬆貨幣政策）將會彼此強化其功能。」柏南克認為，與其稱之為非正規政策或「以鄰為壑」的貶值，還不如稱為「造福鄰里」（enrich-thy-neighbor）政策。1930年代的教訓似乎太過了點，只要一提到非正規政策，柏南克相信是愈多愈好。

歐元：當代的金本位制

1930年代，金本位制是個毫無彈性的固定匯率政策。今天，歐元的角色就如同金本位制。在大蕭條期間，各國面臨了放棄黃金，或是讓經濟承受貨幣緊縮和物價下跌傷害的選擇。今天，許多國家則面臨了是否要放棄歐洲單一貨幣，或是保持歐元，讓國內經濟因為財政和通貨緊縮造成更大的傷害。

2000年實施的歐元是歐盟（European Union）經過長時間政治深度整合後的里程碑。儘管經濟上對於歐元的成立仍有許多雜音，但經濟的成本和效益並不是主要的考量。加入歐元的國家最大理由是政治上進一步的整合，以及其他象徵性的因素。諷刺的是，這個讓歐洲國家更加緊密的規劃卻可能是使歐洲分崩離析的原因。

歐元成立後，資本可自由流動。西班牙、愛爾蘭、葡萄牙、希臘等國家可以大量進口外國商品、高額借貸，並且用它們自己無法印製和貶值的貨幣向外舉債，讓債務大到無法承擔。歐盟周邊國家如今已被嚴重失衡的實質有效匯率（real effective exchange rate）和外債所困，這種情形在過去新興市場債務和貨幣危機中屢見不鮮。實質有效匯率是一國依貿易比重加權平均，相對於一個貨幣指數或一籃子主要貨幣，經由通膨調整後的匯率價格。簡單來說，它能衡量在西班牙用歐元能買的東西，和在德國用歐元買的差別。較高的通膨會導致弱勢貨幣，低通膨、甚至通縮則會導致強勢

貨幣。換句話說,周邊國家的歐元匯率——經由通膨調整後——被大大高估了。

在過去,若實質有效匯率出現低估或高估的現象時,可經由公開匯率市場交易使匯率價格改變。如今,德拉克馬(drachma,原希臘幣)、埃斯庫多(escudo,原葡萄牙幣)、比塞塔(peseta,原西班牙幣)以及里拉(lira,原義大利幣)已不復存在,要貶值也變得不可能。所有調整的擔子落到了所謂內部貶值(internal devaluation),也就是工資和物價上,於是造成通貨緊縮。整個過程是經濟的大量縮減,同時也產生層出不窮的問題,周邊國家現在才發現苗頭不對。然而,工資和物價的彈性是很低的,也就是因為多數國家強大的工會力量,讓工資很難下跌。在西班牙、葡萄牙、希臘和義大利,問題特別明顯;在愛爾蘭,工資比較具有彈性。

歐元區不是個實質貨幣區:它就像是現代版的金本位制,讓調整的擔子落在較弱的國家。在古典的金本位制中,當一國發現其貨幣面臨了貶值的壓力時,經濟就開始衰退,並且因為工資下降的速度比需求下降的速度慢,失業率因而增加。有趣的是,金本位制並不會在另一個方向奏效:它不會對一個強勢貨幣的國家施以任何壓力。這種單向的調整機制會偏向對深陷衰退的國家產生通貨緊縮。相對於當時只要放棄金本位就能保持競爭力,今日的歐元區只能調整工資和物價,無法運用匯率。但是歐元有如同金本位制的架構,只會對實質匯率偏弱的國家進行調整。

歐洲政客們所提出來的解決方案是撙節(austerity),但不論公私部門都只希望增加貿易順差達到去槓桿化的目的,這樣對於高外債和低出口的周邊國家而言效果有限。出口增加的確有幫助,但是出口占這些國家的比重太小了,只要這些國家還待在歐元區,他們就會遭遇經濟衰退或是極低度成長。只要這些國家離開歐元,就會像當年放棄金本位制的國家一樣重獲成長。

不幸的是,這些國家還待在歐元區,因此我們預期它們的進展將十分緩慢。幾乎所有的歐洲政客和中央銀行都相信歐元是政治的而非經濟的產物。無論經濟消息多壞、失業率多高、薪資被砍到多低,他們就是不願將

離開歐元區視為是一個選項。周邊國家已進入了永久衰退的循環中。當本書寫作時,這些國家的失業率高得嚇人:希臘和西班牙高達27%、葡萄牙17.5%、愛爾蘭也有15%;部分國家青年人失業率高達50%,被迫不得不去其他國家找工作,許多國家正失去長期增長的重要因子──年輕的知識分子。

政策制定者無視這些糟糕的數據,對他們而言,要改變他們的腦袋太難了。他們根本沒有從1930年代的危機中學到教訓,只會不停地怪周邊國家,整個區域也將陷入現代版的經濟大蕭條。

1970年代:弱勢貨幣,高漲物價

20世紀二次貨幣戰爭──1930年代和1970年代──的差異並不大。1930年代大蕭條和通貨緊縮是放棄金本位制的主要原因,到了1970年代,政府競相貶值的原因比較不一樣,這對瞭解當中的差異很有幫助。

讓我們來看看1970年代發生了什麼事。

二次世界大戰後,來自美國、英國,以及大多數歐洲國家的730位代表齊聚一堂,標誌著金本位制的結束。他們創造了布列頓森林體系(因為該會議在新罕布夏州的布列頓森林度假飯店舉行),期望能提供另一種較具彈性的匯率計算方式,同時又不會陷入1930年代的競貶循環中。在新的體系下,設定每35美元可換1盎司黃金,而其他貨幣則依照各自匯率兌換美元──僅限中央銀行間(如果想知道通膨如何侵蝕貨幣價值,告訴你一個數字:金價在筆者寫作本書時是1盎司1,300美元),美元此時成為全球金融體系的中流砥柱。一開始這個體系運作良好,因為當時美國是世界獨強、最大的債權國,也是擁有最多黃金儲備的國家。幾乎沒有國家拿美元來兌換黃金,因此該體系給予美國經由控制貨幣獲得特別的經濟主宰力,甚至在過去大英帝國的統治高峰時期也無法比擬。

美國享有經濟學家所稱的鑄幣權(seigniorage),即使印偽鈔也能享有利益,因為他們可以用這種廉價的強力貨幣(power money)去兌換商品和服務。政府可以合法的印鈔,但他們也陷入了相同的偽鈔利益當

中：政府能拿什麼都不是的鈔票換東西。貨幣是建立在對該國家誠信的基礎，體現在外匯存底上，但政府往往禁不起誘惑而猛印鈔票。鑄幣權讓美國濫用其布列頓森林體系中心的地位，印出了遠超過全球貿易應該有的貨幣量。

　　過去對布列頓森林協議最終瓦解的認知在於，美國製造了過多的「槍與奶油」（guns and butter），也就是生產過多的國防和民生用品。依照這個思維，詹森總統在社會安全計畫和越戰上面花費過多。在1960年代這樣的解釋並沒錯，當時幾乎每年政府支出要高於稅收。然而這卻不是該協議瓦解的原因，實際的問題是聯準會大開貨幣寬鬆之門，助政府一臂之力。自聯準會成立至1960年代，總共經由憑空增加銀行準備金的方式買了270億美元的國債[8]；但1960年代後不到十年，聯準會卻用同樣的手法買了620億美元的債券——較之過去的近四十年足足多了2倍有餘。（這個數字現在看來根本不算什麼，現在的聯準會一個月就買完了）

　　如果中央銀行控制得宜，多數國家的通膨不會太明顯，但物價的決定還有其他因素，像是高油價和高糧食價格會造成惡性循環。勞工因為預期物價上漲要求調薪，而廠商因為成本上揚而抬價。工資—價格循環（wage-price spiral）是一種自我實現的預期（self-fulfilling expectation）。此外，聯準會還會提供愈來愈多的鈔票。

　　1960年代，聯準會的政策獨立性愈來愈低，更加傾向接受高物價以降低失業率，且歷屆聯準會主席和各分行行長的角色，也逐漸轉變為替美國政府支出協助融資。全世界的中央銀行都樂於印鈔，因為直覺上高通膨意味著低失業率。這觀念即使在現代都顯得愚蠢之極，但戰後許多經濟學者相信一種名為「菲力普曲線」（Phillips curve）的論調。該曲線歸納出在長期通貨膨脹和失業率下所呈現的反向關係，經濟學家認為，經由緊縮貨幣造成的低通膨現象，會使得成長受限並減少就業，因此中央銀行選擇站在寬鬆貨幣和高通膨這一邊。隨著時間經過，人們逐漸瞭解遊戲規則，也

---

[8]　聯準會於1913年成立，至1960年代約四十年。

就充分預期通貨膨脹是常態現象了。只是，這場遊戲的結果卻是，更高的通膨以及更高的失業率。

當美國在1960年代起出現政府預算和貿易的雙赤字後，愈來愈多的外國央行開始要求拿手中的美元兌換黃金。美國的黃金儲備開始下降，最後，美國決定廢除布列頓森林協議。

第二次貨幣戰爭起始於1971年，尼克森總統利用週日晚上《大淘金》（*Bonanza*）[9] 播出的時段，向全美民眾宣布將把美元貶值，並且計畫把美元和黃金之間的關係完全切斷，讓其他貨幣展開競貶。一個月後，日本宣布改採浮動匯率，其他國家也紛紛跟進。貨幣戰爭通常伴隨著關稅和保護主義措施，如同1930年代般，1970年代的貨幣貶值過程中，同樣也存在著貿易壁壘（trade barrier）。尼克森宣布進口商品額外課徵10%的稅，其他國家紛紛起而效尤。

就在尼克森宣布（放棄布列頓森林協議）後沒多久，其他國家就開始另謀對策。而當日本改採浮動匯率後，其他貨幣也不願見到兌美元和日圓突然升值。瑞士針對外國存款收取費用以遏止資金流入；德國實施資本管制防止馬克買盤。在美、日之後，英國將英鎊貶值，義大利將里拉貶值，各國領袖開始抱怨美元的貶值政策。但美國才不吃這套，當義大利人大表不滿時，尼克森說：「我才不甩什麼里拉。」態度自始至終沒變。

即使尼克森總統在1971年終止了美元和黃金的轉換，布列頓森林協議直到1973年才完全告終。其間許多貨幣還傻傻的和美元掛鈎。直到1973年，國際貨幣基金（IMF）才正式宣布布列頓森林協議已告終。

1970年代貨幣貶值的結局，在布列頓森林協議存在時，美國是唯一享有鑄幣權的國家；而在布列頓森林協議結束之後，所有國家都有鑄幣權了。多數國家急忙增加貨幣流通量、運用貨幣政策刺激國內需求和融通政府支出。請看**圖2.2**，德國是嚴格控制貨幣政策的國家，其貨幣就比其他國家強勢許多。

---

[9] 美國NBC電視網的週日帶狀節目，自1959年播出至1973年，為NBC史上第二長的帶狀節目。

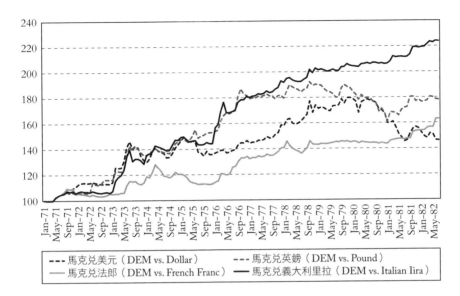

圖2.2　1970年代七大工業國（G7）貨幣兌德國馬克

資料來源：Variant Perception，彭博資訊。

　　貨幣貶值幾乎必然導致高通膨。在1970年代，沒有參與競貶的國家就躲過了他們在1930年代經歷過的經濟衰退和後來的通貨緊縮。通膨和通縮之間就像在拔河一樣，1930年代，通縮贏得第一場勝利，後來貶值和印鈔抑制了通縮持續下去；到了1970年代，根本不需要刻意貶值或寬鬆貨幣，拔河並沒有出現。請看**圖2.3**，當時各國是搶著貶值，深怕落於人後。1960年代尼克森未切斷黃金和美元關係前，通膨是受到控制的，但十年後卻大幅上揚。光是1970年代，累積通貨膨脹率高達50%，美元價值腰斬。僅僅十年間，通膨率上升了10倍，從1960年末的1.6%增加到1970年末的16%。

　　中央銀行把對高漲通膨的遲鈍反應歸咎於獨立於政府之外的職權。1970年至1978年曾任聯準會主席的亞瑟‧伯恩斯（Arthur Burns），屈服於當時的政治壓力，將利率維持低檔。他後來曾公開承認當時確實想要與民間力量結合，用升息來打壓通膨，但政府和企業當時要的是低利率。

　　今天，利率在油價、糧價，以及工資的上漲壓力下，仍然被人為控

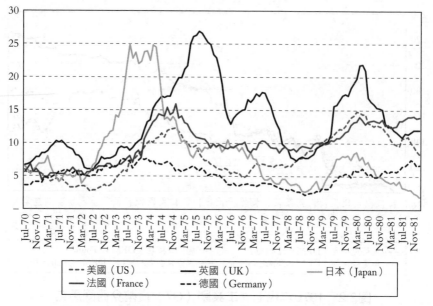

圖2.3　1970年代七大工業國（G7）的通貨膨脹率

資料來源：Variant Perception，彭博資訊。

制在極低的水準。如果聯準會還有絲毫獨立性，災難式的通膨不可能發生，保羅‧沃克（Paul Volcker）也不會讓美國陷入接連不斷式的衰退及通膨。

　　不過總有一些對中央銀行家比較正面的評價。保羅‧沃克在1979年接掌聯準會後，開始嚴格控管貨幣供給，利率因而飆升，達到21%。墨爾丁曾親身經歷過，對創業者來說的確是一段艱困時期。

　　今天沃克被譽為英雄，是中央銀行獨立行使決策的典範，但當時他的處境卻十分艱難。除了來自各方的責難，有人甚至在聯準會的階梯前焚燒其肖像，說他不受歡迎算是客氣的了。即使雷根總統最終受惠於他的政策，1987年也沒有再提名他，反而選擇一位形象清新、年輕的自由派經濟學家，也就是葛林斯潘（Alan Greenspan）。

　　如果當下的政策再執行下去，未來我們恐怕需要好幾個保羅‧沃克才行。我們衷心期盼哪位先生或女士，能在不久的將來展現央行真正的

獨立性。

今日的現況與1930和1970的比較

　　2010年9月27日，巴西財政部長蒙蒂嘉（Guido Mantega）公開指控美國挑起「貨幣戰爭」，蒙蒂嘉指稱新興國家深受快速貶值美元之苦。這種說法太客氣了，其實我們都有可能在這場前所未有的貨幣戰爭中嚐到苦果。

　　當前的貨幣戰爭和過去有些不同。過去貨幣貶值的原因多少和貿易失衡或國際收支危機相關；今天，「紅色教條」的起始地，如美國、英國、歐洲和日本，則是在比賽誰能用量化寬鬆、零利率等政策讓匯率更疲弱。

　　蒙蒂嘉的抱怨是對的。美元弱勢的另一面就是其他貨幣強勢，失去競爭力。在2009至2011年的二年間，巴西里奧（real）兌美元升值了40%，通膨壓力大增。當央行升息來打擊通膨時，外國投資客又蜂湧而入搶進里奧。當你能在巴西享有6%的利率時，誰要把錢放在零利率的美國、英國和歐洲？對巴西來說，對抗熱錢流入不但困難，而且極易受傷害。

　　巴西不是唯一一個試圖降低受貨幣戰爭影響的新興國家，為了避免出口競爭力陡然下降，南韓、泰國、巴西、馬來西亞及其他新興國家的央行均進場干預外匯，買進美元以減緩升值速度。為了提高干預效果，減少熱錢進一步流入，它們只有讓貨幣供給快速上升，並且加快降息。他們能採取一些措施限制國內貨幣數量增加，但往往成本太高又成效不彰。更重要的是，如果美、英、歐、日沒有積極貶值，它們根本不需要這麼做。前印度央行總裁杜維里・薩巴羅（Duvvuri Subbarao）[10]描述得最為傳神：「聯準會的量化寬鬆隨時都存在，我們所能做的只是把對我們政策的影響傳遞給其他國家。」

---

[10] 杜維里為印度2008年9月至2013年9月時的央行總裁，印度央行目前現任的總裁為拉加恩（Raghuram Rajan）。

新興國家必須能自我防禦。柏南克、黑田東彥以及其他已開發國家的中央銀行家不會承擔任何責任。如果其他國家排斥弱勢美元或日圓，柏南克不會歸咎於美國把美元貶低，而會怪罪新興國家沒有重估其貨幣價值或是實施資本管制。如同美國前財政部長康納利（John Connally）1971年的名言：「美元是我們的貨幣，但卻是你們的問題。」確實如此。

貨幣戰爭與日本

日本央行超乎尋常且緊急的「紅色教條」政策能否奏效？我們的觀點是，印鈔會達到某些目的，但不會增加日本長期的成長。印鈔能使日圓大量貶值，最終會拉抬通貨膨脹和吃掉日本政府債務的真實價值。一些外國投資人認為，印鈔會提高日本政府的舉債成本，但其中尚有更多的問題被忽略。

首先，觀察日本在過去的兩次貨幣戰爭中的表現，將很有幫助。

日本現任的首相安倍晉三（Shinzo Abe）採取增加政府支出和大量印鈔來融通各項開支，這和大蕭條時期日本財政大臣高橋是清（Korekiyo Takahashi）所採行的政策極為相似。（近期，有一本歌頌高橋的書：《從步兵到財政大臣：高橋是清，日本的凱因斯》[11]，毫無意外地引起了日本學界的高度關注。）

高橋在1931年12月宣布日本脫離金本位制，引導日圓兌美元貶值60%，對貿易加權的一籃子貨幣貶值40%。日本政府採取大量預算赤字試圖提高經濟成長。為了融通開支，高橋讓日本央行將債務貨幣化；也就是說，中央銀行印鈔去購買商品和服務。

日本在1930年代的實驗起初成效頗豐，經濟重回成長同時通膨甚低。1931至1936年間，實質GDP成長率達6.1%，而通膨僅1.5%而已。高橋成功的經濟政策讓柏南克形容他「光榮地拯救」（brilliantly rescued）

---

[11] 由哈佛大學出版社出版，書名為：*From Foot Soldier to Finance Minister: Takahashi Korekiyo, Japan's Keynes* (2007).

了深陷大蕭條中的日本。通膨這帖藥方初期抵禦了通貨緊縮和經濟衰退陰影籠罩的日本，並在經濟開始成長伊始，日本央行便開始賣出手中的債券，減少貨幣供給。當時日本央行在通膨和通縮的拉扯之間處理得相當好。

隨著時間過去，通貨緊縮和經濟衰退壓力逐漸消退，但不幸的是，日本政府在印鈔融資上了癮。請看**圖**2.4。（當時日本軍事上特別需要資金，以供軍國主義達成野心，1936年間，許多軍人曾因此暗殺高橋是清及其他央行成員。）從1937到1940年，經濟成長5%，但通膨卻高達12%。當二次世界大戰爆發，日本的通膨飆升到一年50%，並且長達七年。戰爭

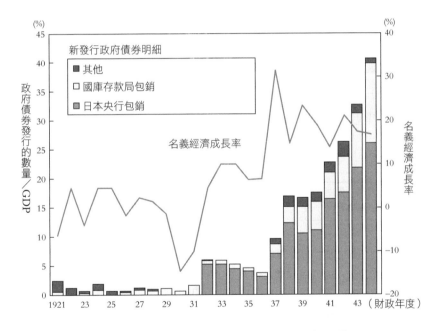

圖2.4 1930年代日本央行債務貨幣化的比重

資料來源：*Showa zaisei-shi* (Financial History of Showa), edited by the Office of Financial History of Showa of the Ministry of Finance, Volume 6, Toyo Keizai, 1954; Kazushi Okawa, Nobukiyo Takamatsu, Yuzo Yamamoto; *Choki Keizai tokei 1, kokumin shotoku* (Long-Term Economic Statistics 1: National Income), Toyo Keizai, 1974; *Meiji iko honpo shuyo keizai tokei* (The Key Economic Statistics of Japan in and after Meiji), the Statistics Bureau, the Bank of Japan, 1966.

結束後，日本也曾經歷高達350%的惡性通膨。

再看看**圖**2.5，可以清楚看出，一點點印鈔的動作就能在短短數年內，從低物價變成數百趴的超高通膨。

通膨的確讓二次大戰時的日本擺脫了債務的束縛。當時日本大量舉債來支應龐大的戰爭所需，1944年債務占GDP的比重高達204%。然而快速惡化的通膨吃掉了日本政府債務的價值，二次戰後短短二年內，債務比重僅剩下了56%。日本戰爭的借貸幾乎全在國內，因此很容易就能用通貨膨脹將它消除。

到了1970年代，日本經歷的貨幣戰爭則截然不同。在大蕭條期間幾乎所有國家都經歷了通貨緊縮和衰退，但1970年這次，許多國家卻出現高成長和通貨膨脹。聯準會拋出了貨幣貶值，你可以想見物價勢必上揚。1970年代末期，美國和多數西歐國家都出現雙位數的通膨。直到1980年代初期經濟出現嚴重衰退，以及極端的貨幣緊縮後，高通膨時期才結束。

不過日本並沒有像西方國家經歷如此高的通膨，1970年代，日本反而物價水準較低。**圖**2.6和**圖**2.7顯示出了日本如何規避1970年代的高通

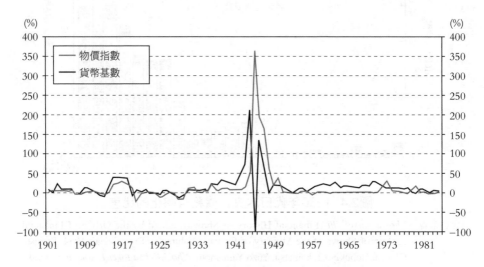

圖2.5　1930及1940年代日本通貨膨脹率

資料來源：「日本統計史」（1868-1985），JapanReviewNet

膨。日本的物價高峰正好就出現在布列頓森林協議結束後，而且僅曇花一現。自此之後，物價就回到了1960年代的水平。

在這段時期，日本是控制貨幣成長和通貨管理的典範。最偉大的貨幣

圖2.6　1970年代日本通貨膨脹率

資料來源：Variant Perception，彭博資訊。

圖2.7　日圓匯率

資料來源：Mauldin Economics, S&P Capital IQ.

經濟學家之一的米爾頓‧傅利曼（Milton Friedman）曾說：「日本央行是他最喜愛的中央銀行成功範例。」傅利曼之所以欣賞日本，是因為日本接受了「實質通膨是一種貨幣現象」的觀點，另一個原因是日本當時並沒有像其他國家競相貶低日圓。日圓僅在布列頓森林協議結束時短暫貶值，隨後開始升值，而同時期其他國家都在貶值。談到現今即將到來的貨幣戰爭，我們不得不回想起日圓兌美元一度達375日圓，而在四十年間升至僅78日圓，升值400%之多。很難想像在今日全球市場中，美國、英國或歐洲國家會讓他們的貨幣升值4倍，但在日圓卻發生了。在本書下一章中將談到，日本開始要求回貶一些了，真是謝天謝地。

本章談到貨幣戰爭概論的結論之一，是只要中央銀行想做，它是有能力終止通貨緊縮同時創造通貨膨脹的。只需要激進的讓貨幣貶值，將債務貨幣化就行。多數國家已放棄與黃金的連結，讓金本位制停留在交錯著通縮和通膨的1930年代。同樣地，在1970年代，貨幣競貶的結果是引發持續性的高通膨，但對經濟成長的貢獻甚低。

有了這些教訓，讓我看看現在：如果眼見貨幣競貶和大量釋放貨幣時，我們會不會出現通貨膨脹？你可以猜猜看，但過去是如此。只希望中央銀行知道什麼時候，以及如何關掉它們「紅色教條」的加速器。

● 本章重點

在本章中，我們學到了：

1. 當今的世界是在貨幣戰爭的初期，其他國家將跟隨日本讓貨幣更加弱勢。沒有國家會落於人後，失去參與「紅色教條」盛宴的機會。

2. 政治領導人不承認貨幣戰爭的存在，但各國都會以自身利益為優先。保護主義和關稅將傷害貿易。

3. 20世紀出現過兩次貨幣戰爭：

    (1) 第一次出現在1930年代。當脫離金本位制時，所有國家都競相貶值。貶值最快的亦出現了通貨膨脹。

    (2) 第二次是在1970年代。布列頓森林協議破局，各國貨幣開始自由浮動。幾乎所有國家都讓自家貨幣貶值，引發全球性的通貨膨脹。最後，主要貨幣都對原物料、黃金，以及商品和服務貶值了。

4. 銀行危機通常引發主權債務危機，而主權債務危機往往導致貨幣危機。

5. 利用貨幣貶值作為抵禦通貨緊縮的一次性手段，像是大蕭條時期，是能夠因為實質債務價值減少而出現成長。但在通膨穩定時期，運用貨幣貶值的手段卻只會造成更高的通膨，以及連鎖性、「以鄰為壑」的貶值競賽。

CHAPTER 3

日本大海嘯：
貨幣戰爭的開端

我把箭射向天際，

卻不知命中何地。

——亨利·沃茲沃思·朗費羅（Henry Wadsworth Longfellow）[1]

愛麗絲笑著說：「沒用的，」她說：「不可能的事沒人會信。」

「我敢說你的練習不夠。」皇后說。「當我像你這麼大的時候，我每天花半小時去練習。嘿！有時候我在早餐前就能想通六件不可能的事。」

——《愛麗絲鏡中奇緣》（*Through the Looking Glass*）

路易斯·卡羅爾（Lewis Carroll）

在我們的前一本著作《Endgame：終結大債時代》寫作之時，日本的經濟情勢就非常不穩定，就像是一個極高的沙堆，任何一粒沙都有可能讓其崩塌，只是我們無法得知會是哪一粒沙子。

每個人都有在沙灘上堆沙堡的經驗，剛開始堆的時候，我們都盡其所能堆高，直到最後一刻地心引力戰勝，沙堆倒下散落一地。假設在桌上將一粒粒沙子堆起來，很快就會有一座小沙堆，直到最後總有一粒沙子導致

---

[1] 亨利·沃茲沃思·朗費羅（1807-1882），美國詩人及教育家。

崩塌。大多數的時候崩塌範圍都不大，但有時候卻是整片倒下。

1987年，三位物理學家Per Bak、Chao Tang和Kurt Weisenfeld[2]在紐約的布魯克海文（Brookhaven）國家實驗室中開始做這樣的沙堆實驗。堆起一座座沙堆實在太費事，因此他們寫了個電腦程式來試驗。雖然沒那麼好玩，卻快了許多。然而他們倒不是真喜歡玩沙子，他們更有興趣的是一個叫做「非均衡」的複雜體系。

他們發現許多有趣的事實。一個正常的崩塌有多大規模？拿數不清的沙粒實驗過無數次之後，他們發現其實沒有一個典型的規模。「有些只有一粒沙子，有些是十粒、百粒或千粒，還有些是某一小堆塌陷，引發整座山的崩落。任何時候、任何情況都可能發生。」

地震與沙堆

拿日本為例，導致崩塌的最後一粒沙足以形成巨大的地震。一般而言，天然災害對國家經濟的影響是短期的，即使如卡翠納颶風（Hurricane Katrina）也沒有造成長遠的影響。卡翠納的確造成了紐奧爾良（New Orleans）巨大的災情，摧毀了墨西哥灣的煉油設施及油井。但對美國整體的經濟來說卻並沒有太大，頂多影響一季（三個月）。但2011年發生在日本的大地震卻無法等同視之。

當時發生在日本東北太平洋岸的地震是史上最大的地震之一，也是日本有史以來最嚴重的地震災害。它是科學家記載全球第五大、芮氏地震儀（Richter scale）9.03級的地震。地震發生後引起的海嘯奪走了15,000條人命。相比之下，1994年發生在洛杉磯北嶺（Northridge）的地震，也是美國有史以來市區最大的地震之一，則僅有57人喪生。

但日本東北的這場地震卻對日本經濟造成極深遠的影響，因為這場地震，日本可能會終止長期依賴的核能發電。距離東京150英哩（約240公

---

[2] Per Bak：丹麥物理學家；Chao Tang（湯超）：中國物理學家；Kurt Weisenfeld：美國物理學家。

里）的福島第一核電廠，受到地震和海嘯的強烈襲擊，導致史上最嚴重的核能事故之一。在福島核災前，日本相當倚賴核能發電，但一夕之間，他們被迫重新進口大量且昂貴的天然氣、煤及石油。

進口昂貴的天然氣使得日本的經常帳盈餘、廣義計算的貿易和投資出現逆轉。強勢的日圓已不可能讓出口抵消高漲的能源進口量。2012年，日本經常帳出現了史上最大的衰退，跌到十五年來的最低點，並且出現了自1980年以來首次的貿易赤字。對一個步入老年化，長年依賴出口和高額貿易順差的國家而言，這無異是一場災難。

作為全世界第二大外債的債權國及最大的國內債務國，日本無法坐視經常帳出現如此巨大的下滑。數十年來，日本經由出口遠大於進口產生的貿易順差，累積了巨額的美元、歐元，以及其他外匯存底。同時，日本也是全世界向本國人民借最多錢的國家。政府債務相對於國內生產毛額（GDP）的比重高得嚇人，絕大多數的債務是由日本境內的機構法人和一般民眾持有。

本章接下來要深入探討日本的情勢，以及解釋為何他們必須做出目前的選擇（就是「安倍經濟學」這條路）。如果讀者不瞭解這些，可能無法對你的投資做出適當的判斷，因為主流媒體和所謂的經濟專家都會告訴你事情沒那麼糟。但即使短時間內金融市場暴漲，主流意見看似正確，而我們失準了，事情也沒有想像那麼美好。日圓貶值5%到10%看似足夠，似乎證明了日本的「紅色教條」奏效。我們一定會被記者們問到這次是否不一樣。但並不是，這次沒有不一樣，不需要多久就會證明這點。

世界版圖會因此改變嗎？當然會。我們也會在www.thecoderedbook.com隨時更新我們的看法。而現在，我們先看看日本將會面臨什麼樣的挑戰。

日本的問題由來已久。早在1980年代末期，日本曾出現有史以來最大的泡沫之一。在隨後的二十四年間經歷了低成長和高政府支出，日本的政府債務一飛沖天。1990年公共債務占GDP僅67%，到了2013年達到240%，2014年可能上看245%。這是美國或是全歐洲國家債務水平的2倍

有餘，事情當然不妙。英國《金融時報》（*Financial Times*）2013年3月曾報導：「日本央行行長告訴國會議員，日本巨額且高漲的債務是『撐不下去』的，對國家財政的信心潰散將會對整體經濟造成『極大的負面影響』。」

複雜的還不止這些。日本過去二十多年都處於通貨緊縮的循環中。**圖3.1**顯示，美國和中國的名義（nominal）GDP[3]持續在增加，但日本增加的幅度卻極為有限。日本的物價多年來持續在下跌，通貨緊縮的結果導致實質債務負擔愈來愈重。通縮同時影響消費意願——人們寧願緊抱現金，預期物價會愈來愈便宜。並且利率早已觸及0%底部，名義GDP已不再增長。因此，日本的經濟規模自1995年以來都是呈現極低的上下起伏。

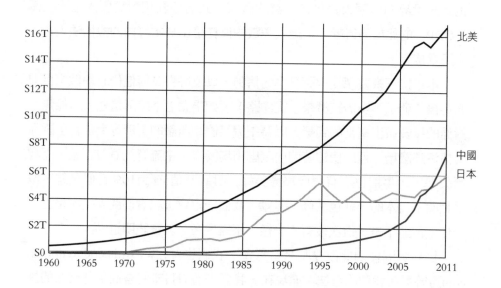

圖3.1　GDP：日本陷入泥沼

資料來源：Google Finance.

---

[3] 名義GDP：由當年貨幣價格計算的國民生產毛額，也就是整體經濟規模，不考慮物價因素。

萬歲！萬歲！（バソザイ！バソザイ！）

在大地震→海嘯→福島核電廠事故後，日本經濟的前景變得十分暗淡。日本經濟前進的步伐被許多積重的問題壓著，必須採取激進的措施以求改變。新任首相安倍晉三（Shinzo Abe）2012年底贏得大選後，承諾將採取大量印鈔及擴大政府支出的方式拯救經濟，顯示安倍政府下定決心要把日本從通縮的泥沼中解救出來。

安倍採取多項策略，包括實施擴大量化寬鬆讓日圓走貶，製造通膨環境，並且大量融資政府支出。加上其他市場改革計畫，這樣極端的「紅色教條」策略被統稱為「安倍經濟學」（Abenomics）。

安倍的策略是革命性的創舉。即使中央銀行理應獨立於政府之外，安倍仍舊向日本央行施壓，希望央行貨幣政策設下2%的目標通貨膨脹率。果不其然，當保守派的總裁辭職下台[4]，安倍任命黑田東彥出任後，日本央行乖乖就範。黑田總裁的激進程度，比起柏南克可說是「有過之而無不及」。

在二次大戰期間，日本人在每場戰役開戰前都會大呼「Banzai！」，日語的意思就是「天皇萬歲！」（對一些士兵而言，在自殺式攻擊前也會這麼喊。）如果現在各國央行聽到他們的日本弟兄在高呼「Banzai！」，大事可就不妙了，因為日本已決心不計任何代價打擊通縮，以挽救他們的經濟。一旦大聲疾呼，攻擊就會展開，而且沒有回頭路。

我們將來會看到，日本已沒有選擇，只有災難一途。我們在《Endgame：終結大債時代》一書中曾提到，日本只會用貨幣化的方式處理其恐怖的債務問題，以期避開經濟崩盤（如今證據愈來愈鮮明），即使日圓將因此體無完膚也顧不得了。事實上，弱勢日圓至少可以改善些許在國內造成的破敗情況。

---

[4] 指日本央行前任總裁白川芳明，他力主央行政策獨立性，與安倍晉三首相意見相左，於2013年3月19日辭職。

三支箭

安倍首相承諾以「三支箭」策略來解決日本當前的問題。這三支箭包括：積極的貨幣寬鬆、擴張政府債信，以及結構性改革成長策略。

貨幣寬鬆是最簡單的一項。基本上，日本央行發出了如同美國聯準會所做的量化寬鬆規模，但日本的經濟規模僅有美國的三分之一。簡言之，日本央行正在進行其他已開發國家嘗試過的最大規模注資計畫之一，即使金融分析師和經濟學家也未必能確知這超乎想像的規模究竟有多大。日本央行在未來二年將再購買1倍的債券量，再發行1倍的鈔票，同時擴大資產購買的範圍，包括私部門債券。他們宣布每年將增加50兆日圓（約5,200億美元）的政府公債，這幾乎是日本GDP的10%。真是令人瞠目結舌的印鈔，不過這僅會是將來歷史學家所看到長時間貨幣戰爭的前奏曲而已。（參見**圖**3.2）

我們很快來看看一些日圓的相關圖表。第一張是自1990年起日圓兌美元的匯率走勢，近期日圓兌美元貶值了35%，但至少還得貶個20日圓才會回到六年前的水準。在筆者（墨爾丁）還在學校唸書時，日圓兌美元匯率

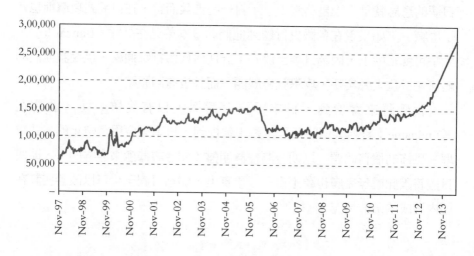

圖3.2　日本央行資產負債表估計值

資料來源：Variant Perception，彭博資訊。

超過350，簡直就是個黑暗時代。從歷史的角度來看，日圓過去四十年兌美元升值了470%，近期回貶個25日圓實在是微不足道。（參見**圖3.3**）

對日圓近期貶勢的相關報導又如何？《日本經濟新聞》（*Nihon Keizai Shimbun*）是日本主要的經濟類報紙，它估算了每貶值1日圓將對日本前三十大出口企業創造27億日圓的利潤。

每貶值1日圓，豐田（Toyota）汽車估計獲利將增加至3.4億日圓。而豐田2013年第二季公告獲利33.3億日圓，每1日圓貶值帶來的獲利將會在2013年下半年認列——看來，股價應該會衝上月球！

但這種獲利並不是變出來的，而是紮紮實實的銷售，因為貿易額的增加和成本下降所致；更進一步說，這些多出來的利潤是從其他用歐元、美元、人民幣、或韓圜的公司手中拿來的。也因此，全世界的企業家和財經官員都不樂見日本如此。

日本長年享有貿易順差，而近期則陷入了貿易赤字。如果同時擁有貿易赤字和財政赤字，除非私人儲蓄能彌補，否則只有靠中央政府大量印鈔才行。這是會計準則，沒有其他方法。沒有釋出大規模的貨幣，私部門經

圖3.3　1990年起日圓兌美元走勢

資料來源：Mauldin Economics, S&P Capital IQ.

濟就不會出現資本支出。但是日本亟需成長，以擺脫財政和經濟泥沼，
也就是需要更多的出口。日本的人口老化已嚴重限制國內消費支出的成
長，且趨勢相當糟糕。

　　近期德國商業銀行（Commerzbank）的查理・雷（Charlie Lay）公布
一篇有關日本和其他亞洲鄰國競爭關係的傑出研究。該研究提供了國際貨
幣基金的一張圖表，是亞洲國家和日本出口的相似性分析。德國和日本是
出口最相近的國家，緊接著是南韓和台灣，然後是美國、英國和法國。

　　查理緊接著問：誰會因為日圓的貶值去買日本的出口品？中國身為全
球貿易的重要版塊，且仍在持續成長。哪些國家出口給中國？當然有日
本，而日本直接的競爭對手還有南韓、香港和台灣。

　　你可以預期南韓、香港和台灣的企業獲利將受到影響，它們必須降價
和起死回生的日本企業競爭。日本政府從未公開承認，他們很快就會將日
圓貶到120兌1美元的價位，甚至可能更高；儘管貶值的過程可能相當顛
簸，其他國家也不會坐視不管。然而日本的貨幣政策已無法回頭，只有繼

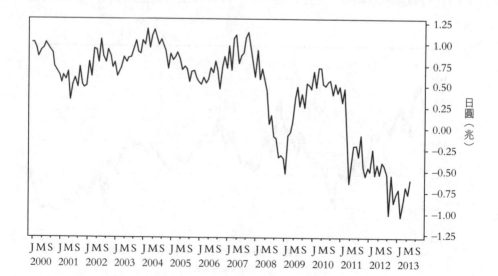

圖3.4　日本貿易餘額出現負值

資料來源：www.tradingeconomics.com；日本大藏省。

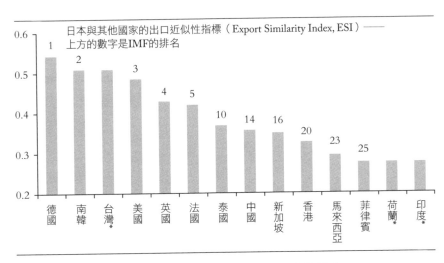

圖3.5　日本與其他國家的出口重疊程度

資料來源：聯合國商品貿易統計數據（UN Comtrade, IMF）；*由德國商業銀行估計。

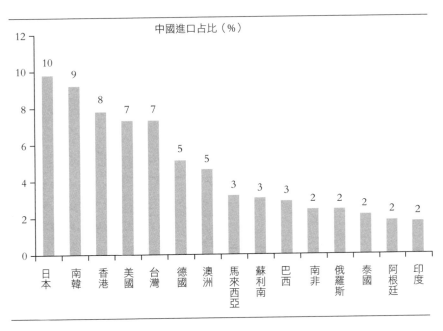

圖3.6　日本和南韓競逐中國市場

資料來源：德國商業銀行企業與市場報告。

續讓日圓長期貶值。如果日圓貶到六年前的水準（即約120兌1美元），德國等其他國家的出口就會飽受煎熬。

所有的央行都在加大資產負債表。**圖3.7**是來自Capital Economics的資料，比較主要國家的貨幣基數數量，可以幫助大家瞭解美國和英國不動聲色地回應日本的改變。當彼此動作一致時，其他中央銀行怎麼可能苛責日本？而圖中日本反而像是因應其他央行政策的反應。

同時，歐盟的部長們，特別是德國，大聲抱怨日本的政策。歐洲央行因為有通膨的顧慮，理論上會限制其量化寬鬆的程度，而無法和美國、英國、日本相比。我們說「理論上」是因為當德國隨著法國因為「貨幣緊俏」（currency tension）陷入嚴重衰退時，歐洲央行的人士竟想出合法且創新的辦法加入量化寬鬆的行列。每個人都知道當德拉吉決定參一腳時，他就會全力以赴玩真的。而德國央行也會在一旁敲邊鼓。

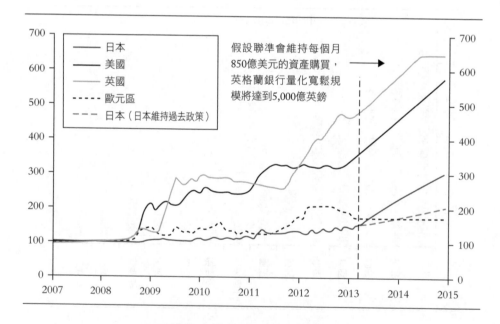

圖3.7　各國貨幣基數數量

資料來源：Thomson Datastream, Capital Economics.

讓我們出口通縮吧！

日本出口的第一項商品是純日本製、但沒人想要的通貨緊縮。主事者們試著把通縮傳給貿易競爭對手，就好像他們會齊聚一堂說：「既然我們擺脫不了通縮，那乾脆把它出口吧！」

安倍政府和黑田主政下的日本央行已設定2%的通膨目標。即使2013年第一季名義GDP達到3.6%（年化），全國仍籠罩在通縮的情形下。過去二十四年他們想盡辦法製造通膨，現在又有什麼辦法達到2%的目標？其中一個辦法是增加進口成本。問題是根據最近的世界銀行資料，日本的進口僅占GDP的16%，而要從進口製造出通膨只會特別傷害退休族；因為能源和食物（日本最大的進口品）以及其他需要資源的商品，都無法在日本國內產出，只會增加成本，讓日圓貶值。以固定收益維生的人們受傷最重，而這些人在目前日本的人口中占有極大的比重，並且持續增加。

要將「通貨緊縮」這條爛船轉向，變成「通貨膨脹」的好船，並且以2%的速度前進，日本必須每年將貨幣貶值15%至20%才行。因此，相信各位已發現，日圓在2013年前六個月就貶值了這麼多。

別急。問題是，日本必須每年讓日圓依照貿易伙伴的加權平均貶值15%至20%。因為日本和全世界進行貿易，貿易加權後的日圓影響甚大（就像貿易加權的美元對美國的貿易帳的影響一樣）。

當貿易加權的日圓兌主要貿易伙伴的平均匯率貶值20%，和僅兌美元貶值20%大不相同。澳洲和其他亞洲國家才開始用各種藉口貶值他們的匯率，日圓貶值不是難事，其他國家開始被迫因應時，困難才開始。如果其他國家不回應，沒有人能把出口通縮。

如果日本未來五年每年貶值15%至20%，也就是在2018年（或更早）將達到200日圓兌美元，我們根本難以想像世界版圖會變成什麼模樣。如果你是德國人，你要如何應付？如果是韓國人？中國人？

這幾乎是全世界中央銀行的惡夢。如果中央銀行家有一個共同的信念，那就是通貨緊縮無時無刻都是敵人，並且絕不輕饒；因為，誰會想成

為第二個日本？

如果通貨緊縮來臨，勢必得抵抗它。如果同時利率水準已經很低，能用的防禦工具將只剩下量化寬鬆。

現下已經很清楚：日本即將展開極為重大的貨幣戰爭。今天的問題是：政客、工會，以及企業都只想利用匯率作為平衡貿易的工具，而不是著眼於增強競爭力和製造技術，更不用說控制消費和財政支出了。因此競爭都來自於境外，而且都不是公平的競爭。各國央行面對日本量化寬鬆的壓力會愈來愈大。

我們相信，當政客和中央銀行家認定必須有所作為，而量化寬鬆、匯率干預、保護政策是必須的選項時，我們離危險就不遠了。有電子印鈔當工具，想像新式、更創新的方式支撐著市場，中央銀行還能不「為所欲為」。

三十年前，美國的中央銀行還能在政府和企業的意願以外自訂方向。如今，經濟理論主宰了他們的想法，力挺寬鬆貨幣政策，我們曾幾何時看過這樣的一幕？

改革與人口結構的宿命

安倍的第二支箭是財政改革。日本想要減少財政赤字，不過如果減得太快，經濟很快就會陷入衰退。日圓兌美元和其他貨幣重回強勢，出口就再度受到傷害。當你已經習慣揮霍，突然決定節儉成性，這是何其矛盾的事。對於美國的讀者們，想像一下如果美國政府明年決定刪除1.6兆美元（約GDP的10%）的國家預算，會發生什麼事？

日本目前的GDP為500兆日圓（大約加減數十兆日圓）。而政府預算大約是92.6兆，其中一半（43.1兆）來自稅收，另一半（約42.9兆）則來自發行新債[5]。日本公共債務總額已高達近1,000兆日圓，1後面十五個

---

[5] 此為2013會計年度的預算。根據2014年度的預算，日本政府總支出增加到95.88兆日圓，其中稅收因為消費稅提高增加到54.58兆，新債反而較前一年降為41.3兆日圓。

零！這並非最近才出現，而是已累積許多年。

在此同時，這個國家已經歷二十四年的通貨緊縮，過去數十年來稅收不斷下降，如今的收入已降至1985年的水準。為了進一步解釋，我們拿美國的稅收來作比較。1985年美國總稅收7,340億美元（用2005年的幣值來看約1.174兆美元），到了2012年，美國的總稅收，用2005年的幣值計算，已達2.45兆美元。也就是說，比1985年多了不止1倍。

圖3.8的資料來自日本專家友人Hayman資本管理公司的Kyle Bass，清楚顯示收入和支出的缺口。（如果日本是一檔股票，你會買嗎？）

為了修補收支缺口，至少彌補一部分，安倍政府計畫增稅。日本目前

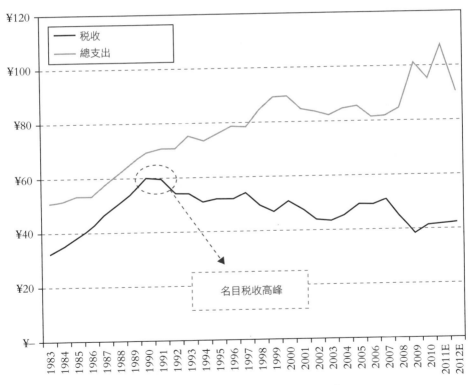

圖3.8 日本稅收與支出（兆日圓）

說明：最新的預估值為2011年10月，日本大藏省及日本央行。

資料來源：Hayman資本管理公司提供。

的消費稅是5%，計畫2014年增加到8%，2015年增到10%。雖然宣稱（2013年）10月會檢視經濟數據來決定是否真的增稅，這還是一項大幅度增稅計畫，其結果可想而知，必然會傷害消費支出。預測本身就是一種風險，當讀者看到本書時，我們的預測是：增稅政策不是延後，就是會執行得相當緩慢。如果還有其他結果（指真的執行增稅），表示安倍團隊會加倍地印鈔，這是很有可能的。除此之外，在經濟面上已經沒有其他選擇了。[6]

真實的財政改革需要的是顯著的經濟成長。日本過去二十年已無此現象，如今成長的環境更加惡劣。GDP的成長來自（而且僅此）二方面：勞動人口的成長和生產力的成長。

日本由於人口快速老化，勞動人口不斷下滑。日本總人口已連續三年減少，日本政府預估，如果趨勢不變，日本總人口將從目前的1.28億人降到2030年的1.17億，2050年進一步減為9,700萬人。每名日本女性平均僅有1.39名子女，老年人口占其他年齡人口比的成長速度為全世界最快。2012年，日本成年紙尿褲的銷售量首次超越了嬰兒紙尿布。這對日本家庭衝擊重大：這個國家正面臨著人口潰堤，當人口縮減時很難回頭成長。日本發現自己正步入前所未有的人口縮減境地。

High Frequency Economics公司的卡爾·溫伯格（Carl Weinberg）在《環球郵報》（*Globe and Mail*）[7]曾撰文，提供我們觀察日本人口困境的精辟分析：

> 根據國立人口與社會安全研究機構（在2013年）的預估，日本的勞動人口在未來十七年間將大幅下降，2010年尚有8,170萬人，到了2030年就會減少為6,770萬人。該研究以2030年為切點的原因，乃假定十七年後絕大多數的勞動人口現在已經出生，

---

[6] 2013年10月，安倍政府決定2014年4月起調升消費稅至8%，2015年調升至10%。同時搭配企業補助及投資抵減方案。

[7] 原註：www.theglobeandmail.com/report-on-business/economy/economy-lab/japans-demographics-of-doom-trump-market-stimulating-tricks/article12092365/

且來自外地的遷居和移民是極少的。勞動人口將減少17%並非預測，乃是事實，每年平均減少0.9%左右。同時，官方預估六十四歲以上的老年人口將從2010年的2,950萬人，增加到2030年的3,690萬人。如果勞動參與率（labor-force participation rate）[8]維持不變，預估工作人口將從2010年的6,600萬人，降至今日的6,550萬人，以及2030年的5,650萬人。

什麼原因導致這個國家的人口和勞動比率減少？首先，研究顯示，整個經濟體的潛在產出正在減少：也就是更少的人產出更少的商品。這並不是說GDP會減少，有時候生產力的提高會抵消掉勞動力下滑。同時，勞動參與率的增加也會抵消勞動人口的減少。然而，即使在2030年勞動參與率從今天的81%上升到100%（這幾乎不可能，因為總有些人要在家照顧老小，有些人因為身體障礙或技術不足，或是正在受教育），2030年勞動人口也會比今天少。

我們預估了未來十七年及以後，日本的債務占GDP比重（debt-to-GDP ratio），以及每一名勞工的債務負擔比（debt-per-worker ratio），因為工作人口減少，每個人所承擔的公共債務負擔將會更重。更糟的是，退休人口比將從目前總人口的23%上升到32%，意思是到了2030年仍在工作的人口，必須分配更多的所得去供養退休者。勞動者的可支配所得（disposable income）會下降得比產出和就業市場更快。隨著可支配所得的減少，未來十七年整體勞動需求也會比產出減少得更快。社會總合需求也會降低，因為新退休族的開支總會比他們賺錢的時候來得少。

---

[8] 勞動參與率為所有勞動年齡人口（通常為十五至六十四歲）中有工作，和有意願工作的比率。其中失業人口因為有意願工作但因故找不到工作，仍計算在勞動參與之內。許多勞動年齡人口因家庭因素（如擔任家庭主婦）、工作技能（如已淘汰的技術）、正在接受教育（在唸大學或研究所）、或個人意願（已不想再工作）而使得勞動參與率降低。日本的勞動參與率大致維持在81%左右。

在人口結構因素的基礎上，從今天起至2030年總合需求的下滑會超過產出的下滑，導致經濟上仍會出現持續性且擴大性的產能過剩，物價仍呈現下滑。此外，新科技在未來仍將提高單位勞工的生產力，但因為整體需求和產出下降，生產力的提高意味勞動成本的減少，加深了物價下滑的壓力。物價不漲甚至通縮將隨著人口結構惡化而出現。

感覺怎樣？在溫伯格的分析中盡是烏雲密佈，看不到一絲曙光。

如果把一些樂觀的因素考慮進去呢？日本女性的勞動參與率僅63%，是所有已開發國家當中，女性勞動參與率最低的。安倍政府承諾增加二十五萬個日間照護工作機會，如果女性勞動參與因而大幅增加呢？如果年長人口願意工作得更久呢？如果男性願意工作更多呢（雖然日本男性的勞動參與率已是全球最高的國家之一）？為什麼？因為這樣有機會將失業率降一些下來，像是降個40%。

如果把這些無厘頭的樂觀假設放進去，經濟可能會成長個1.5%（即便如此，我們也要說，總不會盡如人意）。安倍政府已押注創造通膨能刺激民眾開始消費，而不會等到東西更便宜才買；同時也不在意多數老年人口並不這麼想，即使他們是全日本最有錢的一群人。日本的人口結構是如此不同，導致刺激消費的效果可能大打折扣。安倍的計畫是另一個經濟學理論的案例，而不是考量擺在眼前的現實。

人口老化意味著未來得有人照顧年邁的父母。在日本（以及許多地方），這項工作通常落在婦女身上，以致降低了女性勞動參與率。那麼，新增的二十五萬日間照護的人到哪兒找？誰要付費？付費後的抵減方案是什麼？那些真正需要在家看護的需求又怎麼辦？在日本，老人比嬰兒多得多，如果這些計畫成真，真正想出去工作的婦女會發現找保姆的問題會大更多。

日本因為存在嚴重的人口問題，經濟成長須依賴更高的生產力增加。但生產力從哪兒來？實質的生產力增加（不同於因為通膨數字下的名

目成長）不是政府政策或是量化寬鬆就能達到的，它是自然增加的。如果人口減少1%，但你想要經濟成長3%，你或多或少需要4%的生產力增加才行。這在已開發國家當中根本不可能持續出現。

生產力增加的源由為何？其中之一是私人資本投資（private capital investment）。當然，政府也是資本和基礎建設的來源之一。但2013年第一季日本的私人投資還在下降，現階段的成長來自於既有的工業產能。但安倍政府和企業仍樂觀認為日本的剩餘產能一定會被填滿（這些過往投資也會增加生產力），而新的投資和成長循環也能因此順利展開。

艱難的一步：結構改革

但是，新的成長也需要政治和結構性改革的配合，這在過去是日本最不願意做的。1989年經濟泡沫破滅後，他們仍不願意進行銀行和債務結構的改革，而這也是過去二十四年來經濟始終欲振乏力的主因。換句話說，1989年以後的日本歷史，是拒絕實務的改革，老是想用更多政府支出的方式抄捷徑。

政治改革並不容易，原因在亞歷山大・哈尼（Alexandra Harney）在《外交事務》（*Foreign Affair*）中所寫的〈日本的銀色民主〉（Japans' Silver Democracy）一文中有清楚的描繪：

> 雖然（政治上的）轉型才剛展開，卻已造成日本國家財政的沉重負擔。眾所周知這個國家明年的債務水平將達到GDP的240%——比希臘還高。但鮮少人知道支撐日本債務的一大部分是來自全國的退休金計畫。並且，全部的社會福利支出，包括健康保險、退休金、老人照護等，已超過其他像是教育、國防、還有橋樑隧道等基礎建設計畫所有支出的總和，而且多數的花費都直接和老年照護相關。日本花費在六十五歲以上長者的總支出，自1984至2004年間成長3倍，並且在持續增加中。相比之下，家庭和子女的支出幾乎沒有增加。

> 在日本，這麼重大的議題卻鮮少被公開討論。特別是在選舉

時，政客們都避而不談老年政策這個敏感話題，像是過分慷慨的退休金計畫、過多且無效率的健保系統，以及年輕一代的經濟困境、超低的生育率等。原因是：選民結構。過去三十年間日本人口老化，六十歲以上的選民增加了2倍，達到44%。相較之下，2012年11月美國總統及國會大選，登記的美國選民中，六十五歲以上的只占21%。同時，日本二十至三十歲的選民比例降低，從1980年的20%降到今天的13%。

換句話說，日本存在著二個問題：快速老化，以及老年選民不想讓政客們做任何改變。不過，愈晚面對老年化社會的問題，日本所付出的經濟成本也將愈高。這個國家必須考慮降低老年選民，增加年輕族群的比重，否則經濟前景仍將黯淡。

安倍經濟學的第三支箭即是：透過結構改革，創造成長。但改革若無實質性，安倍經濟學也不會奏效。前面提到，過去二十年勞動人口每年減少1%，要創造成長其實相當困難。政府並非沒有改革的工具，像是將健保和能源產業鬆綁、改革企業稅結構、進行更多的自由貿易談判等等。但說來容易做來困難，現階段首要做的是改變其貨幣政策，以及進行深度的經濟改革。

簡而言之，日本政府已在進行凱因斯學派理論的經濟實驗，並且宣示令人期待的前景。他們押注能夠藉此創造出成長以克服通縮和人口老化的問題、平衡國家財政預算、讓通膨水準足以降低日本債務對GDP的占比、同時讓日本成為出口大國、將生產力提高到先進國家望塵莫及的地步。這不禁讓人懷疑他們是否還有餘力處理全球暖化的問題。

他們這麼做基本上是假設全世界都呆坐一旁看著日本用量化寬鬆來掠奪出口市場。而且，他們為了一些島嶼和中國衝突，引起的爭端讓他們損失了巨大的貿易，即使這些小島的周邊可能蘊藏石油，貿易的損失也遠大於此。[9]同時，日本還以為他們掌握的科技本錢並不會快速的改變。

---

[9] 指的是尖閣諸島（せんかくしょとう），也就是釣魚台列嶼。

怎麼會有個國家走到這個地步？

六件不可能的事

安倍和日本政府已陷入難以轉圜的境地。本節我們來看看他們應如何解決前面提到的問題。

他們已不大能在現況下再增加債務比例，債務比例有其極限。雖然沒人知道極限在哪兒，但應該不遠了。他們應該將財政赤字的成長率降到經濟成長率以下才行。

為了達到這個目的，他們必須達到名目和實質的經濟成長。我們一直強調，在人口減少的情況下拉抬經濟成長，需要任何工業國家以前所未見的速度增加生產力。他們必須製造通貨膨脹以創造名目成長，否則這個國家將會因為巨額債務和高漲的利率而瓦解。

但2%的通膨隱含著日本國債利率至少也要2%，比方說3%以上。就算近期日本政府債券（JGB）殖利率從0.5%上升到1%，讓日本股市大跌[10]，這個數字還是比目前的利率多了1倍。

這就是最大的困境，也就是凱爾・貝斯（Kyle Bass）[11]所稱「理性投資人的矛盾」（Rational Investor Paradox）。如果你是個日本投資人或信託保管人（fiduciary），相信日本央行必然會創造通貨膨脹，你還會抱著日本國債嗎？任何一個稍有經驗的分析師都會假定利率至少會升到和通膨相當，特別當他們還要減弱日圓的購買力時，身為理性投資人的你，為何還要抱著日本長債？為何不在黑田東彥宣布「驚天動地」的政策前把債券賣光？（黑田的宣布的確「驚天動地」，並且身為知識分子，我們相信

---

[10] 2013年4月，日本十年期國債殖利率自0.5%左右開始上揚，至六月超過0.9%，國債價格大跌，引發資金撤出股市，日經指數短短一個月內下跌超過3000點，跌幅20%。

[11] 凱爾・貝斯是對沖基金Hayman資本管理公司的創辦人暨主席。因為在美國次貸風暴發生前，成功買進大量信用違約交換（CDS）合約，避開次貸危機並獲利豐厚而聲名大噪。

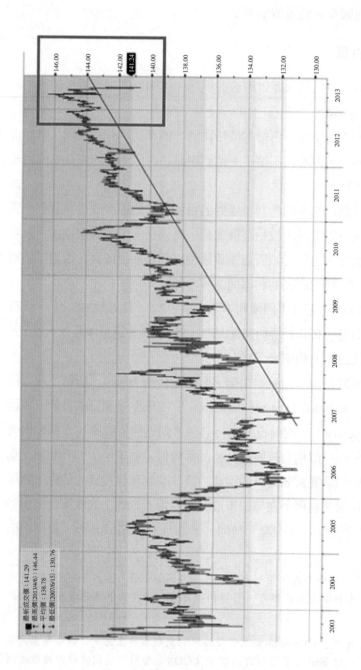

圖3.9 日本十年期債券價格期貨合約

資料來源：彭博資訊。

這難以達成！）果不其然，在黑田宣布政策後不久，大量的賣壓隨之而來，逼得日本央行不得不出手大量吞下債券，以維持利率低檔。

　　如果你是安倍政府，債券市場的問題還包括了過去二十年債券的當然買主——員工的退休金計畫出現變化。因為員工快速老化，退休基金和個別存款人開始賣債求現，以符合退休給付所需，支應退休生活。因此，退休基金反而成為日本國債的主要賣方。「渡邊太太」們（Mrs. Watanabe）不再是債券的買方，她們開始賣債套現來買米、壽司和清酒，還有養育孫子輩。她們要付出更昂貴的成本取得能源、醫療和其他基本所需。簡而言之，安倍政府正喪失了市場最終的買家，也是市場價格的決定者。

　　根據友人葛蘭特・威廉斯（Grant Williams）[12]提供的資料，目前日本政府每年花總收入的24%來支付債息，如果利率升到2.2%，則要支付80%的收入才行。即使在當前的低利環境中，日本膨脹的債務壓力將使得債息支出從7兆日圓（2008年）增加到10兆（2013年）。圖3.10顯示，日本政府已開始發行新債來支付債息了。查爾斯・龐氏（Charles Ponzi）在九泉之下也應該頷首微笑了[13]。

　　現在，我們來看看問題的癥結：日本無法讓利率上升得太多，否則會導致財政上的災難，債券買方也會開始如驚弓之鳥般離開市場——如果安倍經濟讓這種效應如滾雪球般出現，通貨膨脹是合理且必然會發生的結果，最後導致債券的買家只會剩下一個：日本央行。

　　日本央行正在朝向日本債市唯一玩家的路子前進，最終必然會出現政府發行的每種債券都「成交在買價」（hit the bid）[14]。因為一旦目前的

---

[12] 葛蘭特・威廉斯為金融評論員，每週固定發表針對當前經濟看法的「奇聞異見錄」（Things That Make You Go Hmmm...）。

[13] 查爾斯・龐氏出生於義大利，在美國和加拿大利用後來投資者的資金，作為支付早期投資者的利潤的套利方式。後來所謂的「龐氏騙局」即由他名字命名。

[14] 成交在買價：證券市場是買賣雙方共同決定價格，買方和賣方分別出價，中間的差距稱為價差（spread）。如果賣家多於買家，價格會朝向較低價的買方；如果市場中只有賣家沒有買家，價格就完全由買方決定，成交價也會是買價。

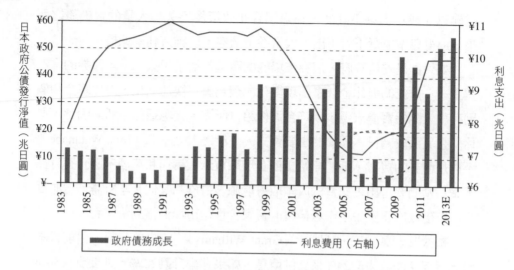

圖3.10 日本政府債務發行淨額及利息支出

說明：(1)1983至2010年財政支出為財政廳決算數字；2011年為加上補充預算後的預估值；
2012年為預算初值；(2)債務發行淨額僅指日本政府債券（JGB），不包括財政投資及
放款計畫（FILP）、重建、補貼和其他借款；(3)最新資料日期為2012年1月：日本大
藏省、日本央行、彭博資訊。預估值為日本大藏省估計。

資料來源：感謝Hayman資本管理公司。

政策執行下去，會讓所有的買家望而卻步，全市場只剩下賣家。退休基
金不必然要離開債市，但它們可以在債券到期時不再繼續投資下去（roll
off），取回現金以支應退休給付。日本國債的海外買盤也會少得可憐。

　　日本央行——抱歉，應該是黑田先生（Kuroda san）——必須印
鈔，也就是量化寬鬆，並且遠超過當初所宣稱的規模，以維持債市需
求的熱度。我們所談的規模將是個難以想像的數字，遠大於卡爾・薩根
（Carl Sagan）所稱的「億萬又億萬」[15]，而且也會很快讓「一千兆」
（quadrillion）這個字更常見。凱爾・貝斯形容，如果你從一開始數，每

---

[15] 卡爾・薩根（1934-1996）為美國的天文學家、天體物理學家，也是著名的科幻
小說作家。"billions and billions"是他形容宇宙星體之多的形容詞，也是其著作
《億萬又億萬》的書名。台灣中譯本由丘宏義譯，1998年由商周出版。

一秒鐘唸一個數字，得花上三千三百萬年才能數完一千兆。一千兆是一千個兆元、一百萬個十億元、或是十億個百萬元。人類史上從未遇到過這麼大的數字，也沒人能洞悉這些數字成為全世界貨幣供給的數量時，會帶來什麼樣的後果。

安倍和黑田的量化寬鬆解決之道已獲得主流經濟學家的肯定。下面是由前經濟事務委員會主席，現任加州大學柏克萊分校（UC Berkeley）的克麗絲提娜·洛瑪教授近期發表的論文[16]。

基本上，洛瑪（表態支持克魯曼等人）認為，安倍和黑田已創造出她所謂的體制移轉（regime shift），並且「看得到成效」。然後她比較日本的政策和1930年代羅斯福總統的新政。以下引自她的介紹：

> 上週，我們見證了自1930年代以來貨幣政策最令人感到興奮的進展，日本央行終於實施了體制的徹底改變。日本央行不再做出模稜兩可的承諾及毫無價值的爭辯。我們在後面會詳細解釋，它以激進的行動宣誓，無論如何要終結日本的通貨緊縮沉痾。這種體制上的改變為何如此重要，經濟學家們早已知道理論上的原因。持續性的通縮和貧血式的成長只會讓日本繼續面臨需求下滑，但它們的利率政策早已跌無可跌。並且，更麻煩的是，長期利率也非常的低——這表示非傳統的政策，大規模的資產收購計畫也已無法讓名目利率再降多少了。如同保羅·克魯曼、葛提·艾格森、麥可·伍德福以及其他學者所言，如果非傳統的貨幣政策能夠提升通膨預期，即使名目利率已無法再跌，也能夠壓低實質利率。然後經由刺激利率敏感性高的支出來提高總合需求。

在結論中，她主張「紅色教條」政策是一條只許前進，不能回頭的路：

---

[16] 原註：www.ritholtz.com/blog/2013/05/it-takes-a-regime-shift/?utm_source=feedburner&utm+medium=email&utm_campaign=Feed%3A+TheBigPicture+%28The+Big+Oicture%29

在近期的論文中，大衛・洛瑪（David Romer）和我討論到兩種具有毀滅性的觀點。多數人認為，聯準會在過去曾犯過的兩次最大的錯誤——在大蕭條初期銀行危機時，以及1970年代面對高漲的通貨膨脹時都沒有作為——都源自於無來由的軟弱。害怕政策無效或是成本太高，導致政策制訂者謹慎再三卻一事無成。但如今廣泛的共識認為，若這兩個時期分別採取一些行動都會收到成效。

我們毫無所懼，因為懼由心生[17]：這就是標準凱因斯學派的思維。如果它對日本有效，為何對全世界沒用？

本篇論文前段是洛瑪在討論近期美國聯準會的政策後所寫到的：

但事實是，這些動作規模太小。以最近的動作來看，聯準會確實要改變一些現行的體制，而我確信這會招致國會反對黨和聯邦公開市場操作委員會（FOMC）的反彈，讓這些政策推行起來困難重重。然而，重點是，聯準會並無意要徹底扭轉體制，因此貨幣政策不太可能對促進成長起到決定性作用。重新詮釋E. 蓋瑞・布朗（E. Cary Brown）對大蕭條時期財政政策的著名論述：貨幣政策在近幾年未能成為強而有力的復甦工具，不是因為它無效，而是因為根本沒用到——至少規模不足，沒有形成應有的巨大影響。

了不起，真是了不起。還請讀者讀讀這篇論文吧：http://elsa.berkeley.edu/~cromer/It%20Takes%20Regime%20Shift%20Written%20%28Second%20Revision%29.pdf。讀完後，請註記是五年前，我們提醒一下洛瑪：她論文中說的正是無來由的軟弱。但今天她卻搖身一變，力挺日本的政策。

---

[17] 本句取自英國名句，原文是："There is nothing to fear but fear itself."。

　　但我們同意洛瑪教授的一件事：這是我們一生中，由經濟強權主導的一場重大的、徹底的經濟實驗。其他國家必須密切關注。如果未來五年他們成功了——如果日本開始成長、債務占GDP比重開始減少、世界各國允許日圓貶值一半、而人們，特別是退休人員感受到生活改善了——我們就必須認真檢討我們所學的經濟學出了什麼差錯。也許安倍經濟學在銀行和大型企業中有機會成功，至少會有一段時間榮景，但那些付出勞力和辛苦存一輩子錢的人們，眼看著財富縮水，怎麼會快樂得起來？

　　日本很快將會發現，他們根本不可能還得了像酷斯拉一般的債，即使僅只是利息也還不起。日本債務如今已達到1,000兆日圓（就是1後面加15個零，我們數起來都很困難），而日本政府每年的稅收不過50兆而已，這得花二十年不吃不喝才能還得清。日本的債務負擔已重到只能付得起極低的利率。每100個基本點（100 basis points，也就是1%）的改變就相當於日本一季的稅收。舉例來說，如果日本用法國的利率水準借債（法國的利率也夠低了），利息壓力就足以讓這個國家破產。

　　經濟學家們對於日本央行的紅色教條是否能拯救經濟並終結通縮，看法涇渭分明。英國《金融時報》（*Financial Times*）的馬丁・沃夫恐怕說得再明白不過：「最好的狀況是，它能夠短期奏效。最壞的狀況是，它會讓通膨預期極度不穩定，讓日本從通縮一下子進入惡性通膨，中間沒有任何喘息的機會。」

　　安倍的驚人之舉已經收到部分效果。通縮預期已減半，日本國會辦公室（2013年）夏天所做的消費者信心調查（consumer sentiment survey）顯示，將近四分之三的家庭預期明年的物價將開始上揚。零售銷售出現緩慢增加，消費者開始願意今天花錢，而不願明天花更高的價格。

現代版的貨幣戰爭

　　日本最後的結局將難以預料，但我們深信（這可不是無來由的軟弱）日本的「紅色教條」、令人瞠目結舌的貨幣政策將會是掉落在高到不能再高的沙堆上的最後一粒沙，雪崩般的崩塌將導致全球性貨幣戰爭。

今天日本還處於一片樂觀中，鄰近國家一開始還沒對快速貶值的日圓感到恐懼。但跨過日本海對面的南韓，是日本在平面電視、汽車、電子晶片等出口的主要競爭者。毫無意外，南韓率先抨擊弱勢日圓。出口的巨人如三星電子（Samsung Electronics）、現代集團（Hyundai）眼睜睜看著韓圓在短短六個月內對日圓升值了30%，競爭力大幅萎縮。

面對弱勢日圓的威脅，南韓已表明不會坐以待斃。南韓政府警告不惜課徵金融交易稅。南韓財政部副部長崔鐘區（Choi Jung-Ku）表示：「近期由於量化寬鬆已引發史無前例的匯市震盪，必須採取因應的措施。」日韓之間的貿易大戰正在升高，而且不太可能善了。

日本在亞太地區的其他鄰國也緊張萬分。不過十多年前，日本央行採行零利率政策，日圓瞬間貶值一半，弱勢日圓對貿易競爭國而言就是一場災難，包括印尼、泰國、馬來西亞和南韓。起初，大量日圓存款人逃離日本零利率環境，將資金移往亞洲其他國家，間接導致著名的1997年的亞洲金融風暴。傑佛瑞證券（Jefferies）的經濟學家大衛・查佛斯（David Zervos）曾為撰文指出，「整件事的教訓是，當日本這條大船決定轉向時，其他所有的商船都將被這股浪花激起的海嘯波及。」

主要的新興國家都在高調抨擊弱勢日圓，印度、俄羅斯和中國異口同聲強調要針對弱勢日圓採取行動。同時，菲律賓和泰國也正為不同的原因齊聲抗議，他們不希望大量的資金湧入，賺取較高的利率和匯差。中國外匯管理局（SAFE）局長易綱警告，先進國家採取的量化寬鬆、零利率，以及大量資產收購計畫的後果將十分危險。「成熟國家的量化寬鬆已造成金融市場資本流動的高度不確定性。」他強調：「貨幣競貶是其中一個問題。如果所有國家都進行超級量化寬鬆，哪個國家的貨幣會貶值？」

事實上，除了日本以外，幾乎沒有任何一個國家樂見弱勢日圓。英格蘭銀行過去五年卯足全力才能將英鎊對主要貨幣貶值將近三分之一。並且，前行長默文・金（Mervyn King）還假惺惺地說：「在2013年，我們採取了另一種國內貨幣政策的管理方式，並且已見到主動管理匯率的成效。」言下之意是：「大家聽我們說就好，別照著我們做。」

歐洲恐怕是「貨幣精神分裂症」最嚴重的地方（如果歐洲是一個國家恐怕還不會如此嚴重。）當投資人擔心希臘可能會退出歐元區，歐元可能會瓦解時，他們希望歐元強勢點。然而，當日圓貶值，豐田（Toyota）汽車威脅到雷諾（Renault）汽車的銷售時，卻又另當別論了。盧森堡首相容克（Jean-Claude Juncker）[18]警告共同貨幣（指歐元）已是「非常危險的高」。他強調：「歐洲不會是最後一個含著強勢匯率毒藥的經濟體。」

隨著對日本的批評日益高漲，2013年2月七大工業國（G7）領袖會議卻發表聲明，否認貨幣戰爭存在，並承諾在未來也不會發生：

> 七大工業國部長及首長，再次宣示並承諾我們長期對匯率由市場決定的立場，並且將密切觀察外匯市場的行為。
>
> 我們同時宣示，過去及未來的財政及貨幣政策，將尊重符合各國國內的目標，運用國內市場的工具，而不會針對匯率。

如同《是的，部長》（Yes, Minister）節目[19]中，杭弗瑞‧阿波比爵士（Sir Humphrey Appleby）[20]的評論：「政治的第一要件是：當政府否認時，它就是真的。」G7的否認宣言反而強化了貨幣戰爭確實存在。

那些被日本貨幣政策連番重擊的國家除了不滿外更加失望，原本希望日本出現在國際會議中至少會承認（操縱匯率），但他們卻一點也不鬆口。如果你住在首爾、巴黎、倫敦、法蘭克福或是達拉斯，你們的意見形同虛設。只有住在東京、大阪、神戶、京都，以及廣島的人才有發言權。日本已發動終極凱因斯理論的試驗，其他國家卻因此被拖下水。

---

[18] 容克（1954- ）為盧森堡前首相（2013年卸任），同時也在2005至2013年時，任歐元集團主席。

[19] 《是的，部長》是英國BBC電視台的政治諷刺劇。劇中以戲謔的方式嘲諷當前的時事，自1980至1988年播出。2013年1月起，再次開播至今。

[20] 杭弗瑞‧阿波比爵士是英國著名的電視演員，在《是的，部長》中扮演諷刺政客的角色。其於英國電視界地位甚高，曾獲巴思大十字騎士勳章（GCB）、大英帝國爵級司令勳章（KBE）、皇家維多利亞勳章（MVO）多項榮譽勳章。

我們眼前所見，日本要將通貨緊縮出口。經濟學家也已確認，這將擴散至全球，進入一個未知的結果。

但是，如果你是安倍首相，你該怎麼做？真實的情況極為難看。我們不得不承認如果我們坐在那個位子上，也會選擇相同的做法。十五年前他們或許還有好的解決辦法，但今天，日本必須面對長期作出壞選擇後的結果。

也許，在糟糕的結果中最好的應該是利用通膨將債務蒸發，盡可能多印鈔票來將債務「吹熄」（poof）。當然過程中傷害了貨幣的價值，但有時你不得不傷一處以救全局。也許你的努力能讓出口商增加競爭力而受益，至少也算達到效果。那麼為何不將通縮出口？賭一賭也許洛瑪和克魯曼是對的，它會成功！如果不成功，（就像自殺攻擊前大喊）萬歲！「該死的魚雷，全速前進吧！」

我們在此聲明：「吹熄」是一個經濟上我們創造出來的技術字眼。事實上，從法律的觀點來看，債務不會平白消失，而仍會在帳簿的某處存在很長一段時間。但如果是日本央行的帳簿，就可能有任何技術上的原因讓債務消失，日本政府形同自己付利息給自己而已——「看吧，吹熄了！」。我們強調這可是經由各地政府驗證後證明可行的機制。像愛爾蘭近期也已「吹熄」了向歐洲央行借來紓困自家銀行的錢，在一些極有創意的法律見解下，已神奇地轉為四十年期的債券。我們相信愛爾蘭會花四十年來全額償還這些債務，而將債務吹熄的唯一要件是一副創新的法律頭腦。這樣的腦袋在先進國家中多不勝數。

日本政府已為本書多數讀者這一代的首次貨幣戰爭開了第一槍，這可不是我們曾談論過的沙堆實驗版。沒有歷史可供借鏡，一次也沒有。上一次全世界發生的大型貨幣戰爭是在1930年代，當時全世界還在金本位制。當時布列頓森林協議崩潰後，至少還有美元作為象徵性的連結。而如今我們都生活在法定貨幣時代，大家的地位平等，試問歐洲坐視日圓再跌個50％？德國看得下去嗎？

中國呢？如果人民幣跟著貶值，就將承受通貨膨脹壓力。如果不跟

進，出口和就業市場就會拉警報。本書在後面章節會提到，中國會有一個極為有趣的選項，他是日本鄰近國家中最值得探討的。馬來西亞正經歷著房地產榮景。印尼？台灣？甚至南韓會不會坐著等日本財閥（chaebol，韓文「財閥」之意，即日文的keiretsu）給予重擊？

各位，他們把肥肉留給我們了

親愛的讀者，以下是擅長奇聞軼事的比爾・鮑納（Bill Bonner）曾說過一個發生在第一次世界大戰中，馬恩河會戰（Battle of the Marne）[21]的故事（以下節錄片段）：

你記不記得著名的德國將領克朗克（von Kluck）[22]？就是那個我們印象中「你這個蠢貨」（You dumb kluck）的那個克朗克[23]。
克朗克將軍1914年將法軍追趕至馬恩河畔，此時勝利已近在咫尺。法軍已開始撤退，但這時受命進攻巴黎的克朗克卻仍決定追趕法軍，因為他相信法軍必敗無疑。
其實當時他只要包圍就行了……法軍必定豎白旗投降。
此刻，陣中一些指揮官認為，他們抓到的俘虜太少了。通常戰敗一方的士兵都會被大量俘虜，但因為數量太少了，這些指揮官們合理判斷法軍尚有餘力反擊。他們現在撤退只是緩兵之計，等待更好的時機對德軍進行反攻。
指揮官們是對的。當時帶領法軍駐守巴黎的法軍將領加利埃尼（Joseph Gallieni），他老謀深算的判斷，德軍將犯下繼續追趕

---

[21] 馬恩河會戰是第一次世界大戰中，發生在西部戰線的著名戰爭。在1914和1918年分別各有一次馬恩河會戰，結果均為英法聯軍擊敗德軍獲勝。

[22] 這裡指的是德國名將亞歷山大・馮・克朗克（Alexander von Kluck, 1846-1934）。在一次大戰中，克朗克指揮最強的第一陸軍（First Army），在右翼進攻比利時和法國。

[23] 美國俚語中，dumb cluck是指蠢貨、傻瓜。此地借Kluck的音近cluck。

馬恩河,卻不進攻巴黎的致命錯誤。他決定從巴黎進行反擊。
「各位,」他對他的部屬說:「他們把肥肉留給我們了。」
於是法軍展開攻擊。利用數千輛計程車,將部隊快速移到馬恩
河谷發動突襲,將德軍打得措手不及。馬恩河會戰成為德軍的
轉捩戰,德軍付出了慘痛代價。

日本正在進行通縮戰爭,大喊「萬歲!」後向前孤注一擲。然而,我
們在金融市場上看到的這場戰役不會善了,只會愈來愈糟糕。我們認為日
本已經把肥肉留給投資人了。事實上,墨爾丁已將安倍的前線攻擊轉化為
投資機會。

我們長久以來再三強調:放空日本政府是我過去十年的策略,
這也是我個人投資組合中最大的一塊,而且還會繼續增加。我
想把所有的房地產抵押轉換為日圓計價,我希望安倍首相和黑
田總裁用他們打擊日圓的行動來幫我付新屋的貸款。
這樣的作為會成功嗎?時間會說明一切,但近期我得知日本公
共退休基金宣布將減少本地債券,轉而增加國內及海外股票資
產了。

讓我們講得更清楚些:我們並不是建議大家放空日本公司或企業,而
是看空日本政府的經濟政策(墨爾丁有在避險基金上作一些交易,但那些
只是一些傳統的作法,本書後面和www.thecoderedbook.com會有更多的說
明)。我們認為日圓還是會面臨貶值壓力(這是長期策略),而日本的利
率還是會有上升壓力。

然而,千萬別把子彈用光去放空日本公債。戰役雖然已開始,但離結
束還遠得很。我們無法確切告訴你每一步會怎麼走,因為我們都身處在一
個未知的境地。不過我們確信要握有那些中央銀行無法印製的資產。中央
銀行的動作將牽動所有資產變化,我們也將面臨一個更震盪的時代,不過
這些不安的震盪卻會創造機會。我們在本書第二篇會詳細說明。

本章重點

在本章中，我們學到了：

1. 日本過去二十年歷經了通貨緊縮，名義GDP沒有成長，政府債務占GDP比重如今已超過240%，利率早已陷入零。財政赤字完全沒有控制，貿易逆差日益惡化。人口也開始縮減和老化。

2. 安倍晉三首相承諾以「三支箭」解決日本當前的問題。這三支箭分別是：積極量化寬鬆、擴大政府支出，以及結構改革引導成長。

3. 日本已展開世所罕見，重大的貨幣戰爭。其他國家，特別是日本的直接競爭者（南韓、中國、德國及其他）將不會坐以待斃，眼看著日本利用量化寬鬆掠奪出口市場。

4. 日本設定了2%的通膨目標，但卻無法允許利率上揚。這將是財政災難，日本債券持有人將坐立難安並逃離市場。

5. 安倍的第二支箭是財政改革。日本已習慣巨額的財政赤字，如果突然收手，整個國家將迅速跌入極深的衰退中。

6. 真正的財政改革必須依賴重大的經濟成長。日本過去二十年幾無成長，如今成長的條件更為嚴峻。GDP的成長是來自（而且僅此）二個方面：勞動人口數量的增加，以及生產力的成長。日本的人口正在縮減，勞動人口下滑的速度還比老年化來得快。

7. 實質生產力成長不是用政府政策或啟動量化寬鬆就能達到。日本要增加生產力必須經歷一段相當痛苦的階段。

8. 日本正給了投資人一個投資良機：看空日本政府是未來十年的策略。但別用光子彈放空日本國債。

CHAPTER 4

金融抑制的世界

> 每個國家都會承擔些債務。國家債務是以國債形式表現；如果
> 國債不需要付任何利息，無論怎麼看都不對勁。
>
> ——取自「一般常識」（Common Sense）
> 湯瑪斯・潘恩（Thomas Paine）[1]

> 歷史會重演，過去做過的事未來還會看得到；太陽底下沒有新
> 鮮事。
>
> ——取自《傳道書》（Ecclesiates）[2]，第1章第9節

你能想像茱麗亞・羅勃茲（Julia Roberts）和格麗絲・派特蘿（Gwyneth Paltrow）[3]幫美國政府促銷債券，或是Jay-Z和賈斯汀・提姆布萊克（Justin Timberlake）[4]為國庫券（Treasury Bill）寫歌？這可不是第一次有好萊塢影星和歌壇巨星幫政府賣債券了。

---

[1] 湯瑪斯・潘恩（1737-1809）為英裔美國思想家、作家、政治家。投身美國獨立運動，被視為美國開國元勛之一，美利堅合眾國（The United States of America）就出自其手。他曾出版「一般常識」（Common Sense）小冊，用極為簡單的觀念鼓舞了北美人民的獨立情緒。

[2] 《傳道書》：舊約聖經詩歌智慧書第四卷，作者可能是大衛的兒子所羅門王，寫作對象是當時耶路撒冷的居民。

[3] 茱麗亞・羅勃茲、格麗絲・派特蘿均為美國好萊塢著名女星。

[4] Jay-Z、賈斯汀・提姆布萊克均為美國著名男歌手。前者為饒舌歌王，後者為藍調歌手。均獲得多次葛萊美獎。

　　前一次美國政府債台高築，它也曾找來好萊塢明星幫忙促銷政府債券。在二次大戰期間，財政部透過廣播、報紙，以及電影進行了大量的公關。因戰事所需發行的債券充斥全國，好萊塢影星像是貝蒂‧戴維斯（Bette Davis）和瑞塔‧海華斯（Rita Hayworth）[5]也曾周遊全國推銷戰爭債券。偉大的艾文‧柏林（Irving Berlin）[6]曾寫過一首歌名為《今天來點債券嗎？》（*Any Bonds Today?*）。而這首歌便成為財政部國防儲蓄計畫（National Defense Saving Program）的主題曲。

　　同時政府也推出了包括卡通人物、明星、喜劇演員，以及音樂家來鼓勵大眾繳交所得稅。唐老鴨（Donald Duck）告訴觀眾，繳所得稅「是義務，也是榮譽」。亞伯特（Abbott）與卡斯泰羅（Costello）[7]出現在廣告中告訴大家要繳稅，艾文‧柏林不止寫了有關債券的歌，還有關於稅的歌，像是《我今天去繳稅了》（*I Paid My Income Tax Today*）。

　　戰爭債券和繳稅充斥著各種媒體，但背後真正的原因是美國需要借很多錢，而媒體上的宣傳對這些追求虛榮和浮華的明星來說根本不算什麼。有了聯準會大力印鈔壓低利率相挺，美國政府借錢就更容易了。

　　實際上如何運作？今天，財政部要用低成本借錢，中央銀行也樂於配合。在1942年美國加入了二次大戰，聯準會正式宣布將政府債券利率固定在極低的水準。為了釘住低利率，聯準會被迫放棄對本身資產負債表的控制。毫無意外，聯準會吃下了所有的美國政府短期國庫券，以及大部分的長期債券。

---

[5] 貝蒂‧戴維斯（1908-1989）、麗塔‧海華斯（1918-1987）均為美國早期著名女明星。貝蒂‧戴維斯曾二度獲得奧斯卡金像獎最佳女主角；麗塔‧海華斯則是20世紀40年代紅極一時的性感偶像。

[6] 艾文‧柏林（1888-1989）：俄羅斯出生的美國作曲家，被公認為美國歷史上最偉大的詞曲作家。最著名的歌曲是1911年的Alexander's Ragtime Band。

[7] 亞伯特與卡斯泰羅是美國1940年代走紅的一對笑匠組合，由William "Bud" Abbott和Lou Costello組成。在廣播、電視、舞台劇、電影均有作品。最具代表性的是電視帶狀節目《誰是第一？》（*Who's on First？*）

二次大戰的消耗讓美國的債務水準急劇上升，從戰前GDP的40%左右，到戰爭結束時達到110%。但隨著戰後經濟的強勁成長、緊縮財政，以及抑制金融市場成效，讓債務在1950年代末回到GDP的50%水準。（目前美國政府債務占GDP比重為90%，並且持續在增加。）

在戰爭期間，聯準會將長期利率釘在低水位，因此政府不必負擔太高的成本。為了確保通膨無虞，政府實施了工資和價格的管制。到了戰後，價格管制鬆綁，通膨隨即一飛沖天，從1946至1951年間平均每年上漲6.5%。在戰後物價高漲的九年間，躉售物價[8]上漲超過2倍，而貨幣存量則增加將近3倍。

在正常的情況下，如此高的通膨會讓政府借錢更為困難。但在財政部的施壓下，聯準會竟然同意維持長債利率在2.5%的低水準，直到1951年春天，才決定不再印鈔維持低利。因為財政部和聯準會聯手合作，政府債券的實質利率（real yield）在二次大戰後仍為負值。在負實質利率下，借款的人滿心歡喜，而放款的人獨自垂憐。最大的贏家是美國政府，輸家則是每一個拿錢去買美國公債的人。極低的政府債券利率加上極高的物價將美國的債務負擔吃掉了很大一部分。

今天，同樣的事情仍在發生，只是場景換成幾乎是全世界每個國家。政府贏家通吃，而投資者則輸光光。聯準會力挺財政部廉價借錢，讓政府能擴大赤字預算，累積債務。利用高通膨和低利率這招來消化政府債務，稱之為「金融抑制」（financial repression）。這種金融抑制同時擴及非政府領域。銀行和企業乃至個人都能用幾輩子想都沒想過的低利率借到錢。當然，存錢的人也只能拿到幾輩子都不曾拿過的低利息。天下果然沒有白吃的午餐。

通膨與利率

在本書最後一章提到投資的時候，會提到歷史上通膨與股價表現關係

---

[8] 相當於大宗商品及大盤商的價格，非最終消費的價格。

匱淺。的確，我們在各地演講常遇到的問題都像是：「你認為未來通膨會怎樣？」其實這個問題很難回答，需要考慮許多不同的因素，而且國與國之間不盡相同。

大致說來，過去七十五年間的趨勢大致都是通膨。有些時候在某些國家，通膨會失控。但我們很少經歷通貨緊縮，通縮對投資人來說都不是件好事，但持續下降的通膨或是低通膨都是投資的良好時機。

通膨與利率長期具有相關性，我們會將利率用另一種方式表示：融資的價格。許多時候政府政策會扭曲價格機制，其中以利率為最。聯邦準備銀行直接操控短期利率，並且影響所有層面。

理論上，聯準會的工作是運用工具來維持充分就業、物價穩定，以及合理利率水準之間的平衡。其中「物價穩定」指的就是通膨。我們從柏南克的公開談話中得知，他對目前的通膨控制感到滿意。雖然同樣是用有缺點的消費者物價指數（Consumer Price Index, CPI）作基準，但這我們後面再談。中央銀行針對通膨的言論往往值得關注。日本承諾將通膨目標設在2%，而歐洲和美國則承諾維持在2%左右。這些承諾隨時可改，或是將通膨的控制列為次要，改專注在其他目標上。

目前聯準會專注在一個與通膨相關的政策上（即量化寬鬆）。在後面的章節中，我們會解釋為何印鈔不會讓消費者物價立刻上升的原因。

今天，聯準會非正式地讓利率維持在極低水準，使得政府能自行融資。它和財政部之間並沒有如二次大戰期間有明確的協議，但實際上確實完全一樣。例如2013年6月以前，聯準會在買下了所有新發行的國庫債券，政府根本無需擔心借不到錢。達拉斯聯準會銀行主席理察·費雪（Richard Fisher）[9]即表示，聯準會「冒著極大的風險，成為國會毫無作為的幫兇。」

不幸地，運用金融抑制人為地將利率壓低，會出現預期中及預期外的後遺症，對存款人和投資人造成傷害。中央銀行應該希望我們用比「壓

---

[9] 理察·費雪為美國聯邦準備銀行達拉斯分行行長，長期反對聯準會以量化寬鬆的方式解決銀行與政府的債務問題，被歸類為理事會中的鷹派。

迫」（repression）更好聽的字眼，但如果你是低利率的受害者，這個字眼再恰當不過。當然，如果你的抵押利率下降了，付出去的錢少了，你可以不這麼想。

但是，這種壓迫本身卻是每年僅聚會幾次的一小撮人，決定誰是贏家，誰是輸家。原諒我們帶點犬儒主義（cynicism）[10]的思維：「幾乎每次都是銀行贏」。在本章我們會仔細說明這種金融抑制如何奏效，然後對債券、股票，以及你的存款有何影響。

金融抑制：回到未來

本書有關主權債務危機的部分是來自卡門·萊因哈特（Carman Reinhart）和肯尼斯·羅格夫（Kenneth Rogoff）的《這次不一樣》（*This Time Is Different*）。這是一本深具影響力的巨著，幾乎所有相關著作都會引用它來回顧金融危機史。對於理解大規模危機如何發生，以及其結果為何，該書都極具價值。其研究結果顯示，高額負債戕害經濟。雖然後來有些學者質疑其中一些研究細節，但並不影響其基本價值。早有大量研究證明債務會拖累成長，只是對於在多高的債務水平才會發生影響有所爭論而已[11]。（在筆者的《Endgame：終結大債時代》一書中，我們用了一整

---

[10] 犬儒主義：一種帶有負面情緒的廣泛現象。對於他人行為和動機都採取一種不信任的態度。原本該主張是摒棄所有世俗的宗教、禮節、習慣，回歸到極簡單的物質生活，現在通常被描述成一種憤世嫉俗的態度。

[11] 像是荷辛頓投資管理（Hoisington Investment Management）的蘭西·杭特（Lacey Hunt）就曾指出，許多研究顯示政府債務會拖累經濟成長：

(1)在「政府規模與成長：證據的研究與解釋」（Government Size and Growth: A Survey and Interpretation of the Evidence）中，瑞典的經濟學家Andreas Bergh和Magnus Henrekson發現，政府規模與經濟成長之間「有顯著的負相關」。特別是「政府規模每增加10%，經濟成長便會下降0.5%至1%左右。」（Journal of EconomicSurveys, April 2011）

(2)在「政府債務快速增加對經濟成長的影響：歐元區的實證研究」（The Impact of High and Growing Government Debt on Economic Growth, An Empirical

個章節的篇幅來描述萊因哈特和羅格夫的研究，有興趣的讀者可上網查詢，網址：www.thecoderedbook.com。）

《這次不一樣》的影響有多深遠？萊因哈特近期的研究更為精練。如果讀者們想要找一些有關金融抑制的文章，萊因哈特寫了一系列的學術論文，闡釋政府如何用各種工具去減少債務的實際價值。她與Jacob E. Kirkegaard和M. Belen Sbrancia教授合作，檢視過去一個世紀的經濟資料，分析政府減少債務負擔的手段。以下是他們研究的總結（讀者也可以在www.thecoderedbook.com找到連結。）

在分析過許多國家的通膨和債務水準後，萊因哈特和其伙伴們發現，多數國家不會用違約的手段來達到減債的目的。歷史顯示，他們反而會用金融抑制的方法來緩慢減債：

> 從歷史的角度來看，公、私部門的高債務與違約或重整風險升高有關聯。債務重整通常會以溫和的「金融抑制」方式進行，「金融抑制」包括從公眾資金（像是退休基金）直接貸放給政府，明白或暗地裡設定利率上限、對跨境資本流動設限，以及（通常）將政府和銀行的債務作連結。在高度管制的布列頓森林體系下，其中一些限制條件造就了1940和1970年代公共債務占GDP比重劇降。低名目利率讓負債成本降低，而負實質利率減損了政府債務的實際價值。因此，金融抑制加上穩定的通貨膨脹對減輕債務成效最佳。從歷史的標準來看，通膨不需要高

Investigation for The Euro Area）中，Cristina Checherita和PhilippRother發現，政府債務與GDP比重一旦達到90%至100%時，對長期經濟成長就有害。此外，債務水準和經濟成長並非線性（nonlinear）關係，意思是當債券水準愈來愈高時，對成長的負面效果會加速顯現。（European Central Bank, Working Paper 1237, August 2010）

(3)在「債務的實質效果」（The Real Effects of Debt）中，Stephen G. Cecchetti、M. S. Mohanty和FabrizioZampolli三人認為，「債務在某個水準以上時，就不利於經濟成長。以政府債務來說，大約是GDP的85%。」（Bank for InternationalSettlements, BIS., Basel, Switzerland, September, 2011）

到讓市場驚慌失措，甚至不需要太高。在先進國家的例子中，從1945至1980年間，將近有二分之一的時間是處於負實質利率的狀態。以美國和英國為例，我們估算因為負實質利率讓債務占GDP的比例每年可減少3%至4%。澳洲和義大利的通膨較高，債務減少的效果更大（大約每年5%）。

這段文字有更深層的意義，我們一個一個來看。

首先，萊因哈特直言，金融抑制是違約和債務重整形式的一種，它對投資人的傷害只是看起來較為溫和而已。每年減少3%至4%的債務看似不多，但如果政府持續做下去，累積的效果可不小。

這種快速減少年度赤字的方式，十年後可以讓債務占GDP比重減少30%至40%（即使不考慮複利效果）。而通膨更高的國家，減債效果就更大了。像阿根廷，在債務清算頻繁的年代中，阿根廷在1945至1980年間，每年都處於負實質利率的狀態。

我們現在談的是債務大幅減少，像是十年間減少30%至40%。讀者們可以看出為何金融抑制對政府有如此大的吸引力。

在新興國家中，這種「金融抑制稅」就更高了，這是有原因的。新興國家的通膨率往往較先進國家高，通膨愈高，金融抑制稅也就愈高。那麼，稅到底有多高？經濟學家喬凡尼尼（Giovannini）和梅洛（de Melo）計算了自1974至1987年間，總共二十四個新興國家金融抑制稅的規模。結論是其中七個國家每年超過2%，五個國家每年超過3%。這五個國家（包括印度、墨西哥、巴基斯坦、斯里蘭卡和辛巴威）的金融抑制效果，相當於年度稅收的20%以上。其中，墨西哥的金融抑制就每年減少相當於GDP的6%的債務，約占總稅收的40%。

萊因哈特的研究中有一段重要的結論：「先進國家的例子之中，在1945至1980年間，仍有二分之一的時間處於負實質利率狀態；亦即，在二次戰後的三十五年間，存款人和投資人有一半的時間存在於面對著負實質利率和金融抑制的情境下。」

1970年代與戰後類似，也是一段金融抑制的時期。事實上，這段時期的投資人戲稱政府債券為「沒收憑證」（certificate of confiscation）。這個名詞愈流行，債券就愈不受歡迎。雖然債息夠高，然而通膨總是更高。對投資人而言，債券幾乎是保證賠錢的投資。今天的通膨沒有像1970年代那麼高，但沒收的程度卻更勝以往，如同1950年代初期和1970年代末期。如果你今年買一張政府債券，你就被「抑制」（repression）了（這是「被耍」的技術性字眼）。

本書前面曾解釋政府享有鑄幣權的好處，只要印鈔票就能去交換實際的商品和勞務。喬凡尼尼和梅洛發現：「研究顯示，金融抑制所產生的收入相當可觀，在某些國家裡，其重要性和鑄幣權相當。」這一點也不令人意外，印鈔能夠減少債務，減債的極端例子就是惡性通膨（hyperinflation）。德國、匈牙利和其他歐洲國家都曾用此手段快速消除其債務。

在她的研究裡，萊因哈特闡明了政府如何無聲無息地掠奪了存款人的財富，同時減少其負債方法。這種金融抑制的要點包括：(1)設利率上限，特別是針對政府債務；(2)強迫保險公司、銀行、退休基金買進政府債券；以及(3)對銀行和社會安全基金（Social Security Fund）加以控制。請參見圖4.1。

中央銀行將利率壓低的主要用意是儘可能吃下公債，作為量化寬鬆計畫的一部分。圖4.2顯示量化寬鬆計畫占GDP的規模，以及占所有公債發行的比例。由圖中可以看出，英國買進的公債數量占發行總量比是最高的，日本央行買進占GDP的比重則最大。

債券殖利率能夠被扭曲的一個關鍵是操縱安全資產的供給量，讓大眾能隨時買到。例如，根據近期路透社（Reuters）的研究：「摩根大通（JPMorgan）估計單單全球的央行，以及商業銀行就握有價值約24兆美元的債券——約占巴克萊全球綜合債券指數（Barclays Multiverse Global Bond Index）所包含的政府公債、資產抵押債、公司債總和44兆美元的55%。其中，光是政府公債就握有總額25兆美元的三分之二。」自2008年

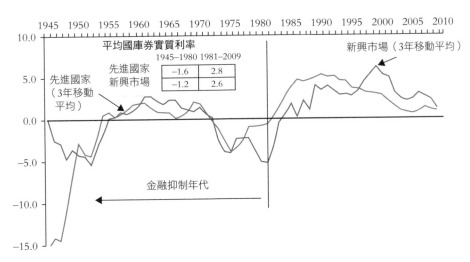

圖4.1　1945年以來的金融抑制

資料來源：Carman M. Reinhart and M. Belen Sbrancia, *The Liquidation of Government Debt*, working paper 16893.

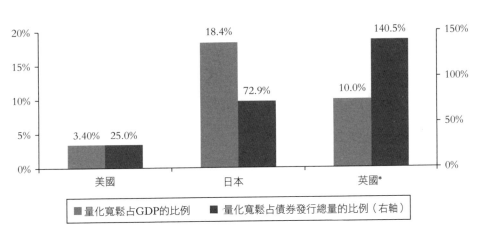

圖4.2　量化寬鬆占GDP和債券發行量的比例——美國、英國、日本

說明：*根據歷史購買量。

資料來源：野村證券、聯準會、日本央行。

以來，四大主要央行——美國聯準會（Fed）、日本央行（BoJ）、歐洲央行（ECB）和英格蘭銀行（BoE）——所累積買進的債券總量，在2013年底達到6.5兆美元。光是2013年聯準會和日本央行二家所買進的債券數量，就比他們政府當年新發行的債券量多了1,000億美元。

如果要說明供給短缺，最好的例子是超級盃（Super Bowl）比賽前大家搶門票的盛況。當供給有限，但需求龐大時，價格自然會水漲船高到誇張的地步。但現在如果你是退休基金和保險公司，很難用好價格去買進政府公債（因為法令要求你這麼做）。這樣看來，你根本是個價格瘋子。

中央銀行能夠決定自己要買什麼樣的債券。藉著買進不同到期日的債券，他們可以改變殖利率曲線的斜度[12]（聯準會還沒有看到價格和利率的扭曲效果）。如果要引導二年債的殖利率下降，他們說得到也做得到；如果要引導更長期的殖利率下降，當然也沒問題。事實上，聯準會已重現1960年代的政策。在甘迺迪總統時代，聯準會也曾採取扭轉操作（Operation Twist），賣出短期債轉而買進長債。目的是壓低長期利率，刺激投資，同時拉升短期利率以支撐美元。當柏南克宣布購債計畫以拉平殖利率曲線，每個人都稱之為「扭轉操作」。歷史從來不曾重複，但往往具有規律。

我們已經看到中央銀行如何將債務貨幣化（monetize）以維持低利，但同時政府也有許多其他方法人為壓低借款利率。如果你是政府，你能制定一切的規則和法令。你可以強迫保險公司多買公債，少買股票；你可以強迫退休基金只能投資政府債券；你也可以強迫銀行只能持有「低風險」投資——意外嗎？——，還是政府債券。政府有太多方式能讓投資人的錢不得不去買公債。

金融抑制已無所不在。不論形式為何，你都能見到政府的手伸進保險公司、銀行和退休基金，鼓勵、甚至強迫他們去買公債。例如，在新的銀

---

[12] 殖利率曲線斜度（the slope of yield curve）：將短中長期的債券殖利率連起來，即為殖利率曲線。曲線的斜度代表市場對於短中長期利率水準的看法。

行法規，也就是大家熟知的巴塞爾協定III（Basel III），加入了流動性要求，讓銀行有誘因在資產負債表上多持有公債。銀行法規的改變可以增加數兆美元的公債買盤需求。過去當一些國家要從金融市場多借點錢時也曾這麼做，例如2009年，英國的金融主管機關就曾經引用類似的方法去拉抬英鎊匯價。

針對保險業，歐盟區域內對保險公司清償能力的要求（Solvency II）將增加對政府債券的需要。就像銀行業的法令，在新的規範下投資政府債券不會面臨額外的資本要求，因此保險業者有足夠的誘因去買公債。這樣的例子不勝枚舉。在法國、西班牙、愛爾蘭，規定退休基金只能買政府債券。葡萄牙在2010年將國營的葡萄牙電信退休基金作為葡國政府的準備。日本政府取消國營郵儲的民營化，以便郵儲資金能繼續購買公債。這些都只是各地政府直接或間接控制退休基金和銀行，成為政府債券的合理買家的例證。

我們不太想憤世嫉俗，只是懷疑這些規範在過去幾年怎麼能讓希臘的債權人心服口服？西班牙和義大利的銀行持有的債券部位也愈來愈高，成

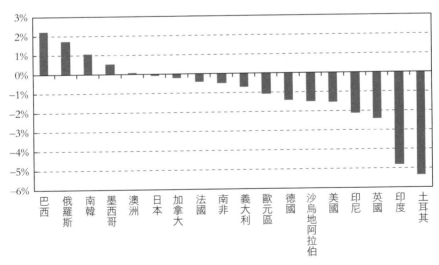

圖4.3　幾乎均為負的實質利率

資料來源：Research Affiliates，根據彭博資訊的資料。

為另一個隱憂。喬‧柯辛（Jon Corzine）大買歐洲政府公債，而沒有放空美國國庫券的套利行為，讓一個曾經是單純商品原物料經紀商的曼氏金融（MF Global）公司垮台，並且將資產的風險轉嫁給數以萬計的投資人承擔[13]。這些政策會被接受是因為主事者假定政府不會違約，並且是百分之百安全的。我們常批評主事者沒有讓金融投資業者盡到保護投資人的責任，卻不願認清有時候法令規章本身就是個問題。

另一種型式的稅

2013年3月，歐洲領袖們同意對賽普勒斯的存款人課徵6.5%的存款稅，以援助賽國岌岌可危的銀行業。賽國存款人想當然爾強烈反彈（以存款超過10萬歐元的人來說，可能會損失將近70%的利息，最後方案仍在協商中。當然，如果你的錢是放在萊基（Laiki）銀行，那應該是拿不回來了。）[14]奇怪的是，世界上早已出現比這更糟的金融抑制。但不像可憐的賽普勒斯人早上醒來就發現存款消失無踪，在美國、英國、中國的存款人早就以緩慢的速度流失存款了，而且相較起來一點也不遜色。

所有在這段期間內購買公債或是把錢放在銀行的人實質上都已虧錢。根據《經濟學人》的計算：

在美國，投資六個月期的定存單，在2009至2012年間稅前可獲得3.2%的累積利息，但這段期間物價上漲了6.6%，「金融抑

---

[13] 喬‧柯辛（1947- ）為美國金融業者及政治參與者。曾任高盛（Goldman Sachs）執行長及董事會主席，卸任後亦曾擔任紐澤西州參議員和州長。2010年3月轉而擔任曼氏金融（MF Global）總裁及執行長，將該公司由交易經紀商轉型為金融投資公司。然而在2011年受到歐債風暴的影響，該公司持有的比利時、義大利、西班牙、愛爾蘭、葡萄牙債券大幅虧損，當年10月公告虧損達16億美元，並向法院申請破產保護。

[14] 2013年3月24日歐元區財長會議敲定塞普勒斯的紓困案，由歐元區提供最高100億歐元的紓困金，但賽國的存款超過10萬歐元將予以課稅。已破產的萊基（Laiki）銀行因被併入賽普勒斯銀行（Bank of Cyprus），超過10萬歐元的存款將被凍結，以處理債務。

制稅」達到3.4%。在英國，把錢放在免稅的「個人存款帳戶」
（individual saving account），在同一時間可得11%的累積利
息，但物價上漲了13.4%。拿掉稅盾保護，中產階級的存款人得
付40%的利息稅，因此實拿僅6.6%。實際上，他們的存款少了
6%，和塞普勒斯的存款稅相比差不了多少。

塞普勒斯人憎恨在存款上課稅是因為明著收，並且事前先收，但我們
沒見過有人上街抗議金融抑制稅。

把金融抑制看得最透徹也最為人所知的人是比爾・葛羅斯（Bill
Gross），太平洋投資管理公司（PIMCO）的老大哥。依他的說法，中央
銀行正在用一種「歷史上驗證屢試不爽的神秘方法「剃」掉了擁有資產者
的錢，甚至他們還渾然不知早已進了理髮院。這種剃頭法是用隱含稅的形
式逐步降低投資人的購買力。」他強調。「基本上中央銀行和政策制定者
就像是剃頭師傅，他們剃掉了你的投資。而負實質利率、通貨膨脹、貨幣
貶值、資本管制，以及公然違約則是他們手中的剃刀。」

政府樂於進行金融抑制，這是出於政治原因。如果他們試著要用增稅
來降低債務，人們必然大為不滿。因此，只有所得稅和營業稅是可看見且
明確的稅賦。但是因為通膨產生的金融抑制稅是間接的、晦暗不明的。如
果政府削減支出以降低債務，不同主張的政治團體勢必也會抗議。而用金
融抑制來降低債務在許多方面都比增稅和削減開支來得有效。

實質通貨膨脹真的會來嗎？

還記得吉米・卡特（Jimmy Carter）總統[15]的時代，丹・艾克洛德
（Dan Aykroyd）[16]模仿卡特說：「通膨是你的朋友。」嗎？回到更早的純
真年代，看看1930年代的宣傳短片，宣揚著通膨的好處。羅斯福總統甚至

---

[15] 吉米・卡特（1924- ）總統：美國第39任總統（1977-1981）。

[16] 丹・艾克洛德（1952- ）加拿大演員、製片及歌手。代表作是《週六夜現場》
（Saturday Night Live）、《魔鬼剋星》（Ghostbuster）。

被形容成把通膨帶來人世間的救世主。

對政府來說，通膨是他們的朋友。政府和中央銀行老是裝作一副通膨可以被控制的樣子，製造出高脹的通膨。例如，從葛林斯潘（Greenspan）到柏南克，聯準會一直都以降低通膨為職志，這可從每半年向國會所作的貨幣政策報告中可以看到，特別是公開市場操作委員會（FOMC）所作的通膨預期。在1988年7月以前，FOMC還是拿國民生產毛額（gross national product）的內含平減數（deflator）當作通膨預期。但後來卻改用消費者物價指數（CPI）。2000年2月，又從消費者物價指數改為個人消費支出（personal consumption expenditure）的平減數。到了2004年7月，通膨預期又變成去除食物和能源價格的核心個人消費支出平減數了。

用愈來愈低的涵蓋面當作通膨預估值，只會讓數字看起來符合聯準會的期待——但卻忽視高通膨的部分。同時，利率維持在極低，通膨率更長期在聯邦基準利率之上。

今天，聯準會自己都傾向看核心個人消費支出了。它不像消費者物價指數是固定一籃子商品，而是用環比連結法（chained dollar）[17]計算，個人消費支出和其他與通膨連結的指標通常會低估通膨數字。這也是為何國會（以及美國銀髮族協會AARP）認為，環比連結法的數據是用來騙騙社會安全體系下的老年人罷了。退休人員的福利並沒有用環比連結法計算，但如果歐巴馬政府和國會仍然這麼做，這些人每年都會固定出現損失。更糟的是，消費者物價指數被拿來當作調整所得稅的參數，如果物價指數偏低，實質所得增加的速度比成本調整後來得快，結果是要繳的稅變多，退休金卻變少。即使只有一點點細微差異，長久下來也是一筆大損失。

通膨的計算並不容易。大多數的讀者不太會去爭論一些難以瞭解的項

---

[17] 環比連結法（chained dollar）：目前美國統計GDP等經濟數字，除了用當年物價（current dollar）計算之外，另有採用年度重訂權重的環比連結法計算。後者能調整商品之間的權重，因而會讓真實物價變化難以顯現。

目，像是通膨計算中間的一些極微小的差異。

　　官方的統計顯示美國當前的通膨甚低，然而，一般民眾卻感受到物價快速上揚。例如，2002年至今，大麥克（Big Mac）漢堡[18]的價格漲幅就比通膨數字高將近三倍。人們也覺得汽油價格漲了許多。當人們指出物價和生活成本增加的速度快過政府公告的通膨數字時是難以辯駁的。我們眼見所有的東西都在漲，食物、能源、學費（聽聽有7個孩子的墨爾丁過去30年的經驗！）——全都漲了。

　　為何這些快速上升的物價沒有反應在消費者物價指數上？其中一個原因是過去三十五年來，指數的計算方式不斷被修正，例如房價上揚的重要性被削弱。為反應當前人們購物習慣的改變，這個指數定期會作調整，特別是習慣由購買較貴的東西轉而選擇便宜時，如此一來修正後的官方物價指數就會被拉低以求平衡。過去四年間出現許多不同方式的估算，假設原始的計算方法不變，目前的物價膨脹大約會在5%到10%之間。我們可以得知，並沒有一個絕對且客觀的標準衡量通貨膨脹，任何一種算法只是在許多假設下的一種結果而已。

　　每個人都能舉出一堆例子，說明實際通膨比官方所說的要高得多，這只會讓大眾更不相信官方資料。之所以會相信坊間的小道消息，主要的問題就出在我們的記憶是有選擇性且不可靠的。如同丹尼爾‧卡尼曼（Daniel Kahneman）[19]曾批評，人類心理上會有驗證性偏誤（confirmation bias）的傾向；意思是人們有強烈的意識去尋找解釋和自我驗證以加強本身的信念。如果你相信通膨實際很高但卻沒被報導出來，你很輕易能找到許多例子來證明你的想法。

　　有關通膨計算方式的困難以及過去三十年潛在操縱通膨數字的文章多

---

[18] 即台灣的麥香堡。《經濟學人》曾以世界各地的大麥克漢堡價格，當作各國購買力差異的估計。

[19] 丹尼爾‧卡尼曼（1934- ）為以色列美裔心理學家，以對未來展望的理論和行為經濟學榮獲2002年諾貝爾經濟學獎。

不勝數。ShadowStats的約翰·威廉斯（John Williams）是其中之一，他估計現實通膨較官方數字高出大約2%（至2013年2月為止的十二個月）。

用1980年卡特政府的方式計算，目前的通膨約在9.6%（見**圖4.4**）。若用1990年的算法，目前的通膨會減少一些，大約在6%左右。

如果我們用1980年的方式計算出來的消費者物價指數來調整社會安全體系和政府退休金，美國政府恐怕今天就會破產。社會安全體系在1990年間就會由正轉負，而過去十二年間成本又增加3倍（以每年10%的增加就可做到）。現在以社會安全給付維生的人們就應該拿比現有的多3倍才比較恰當，姑且不論預算會變成什麼樣子，年輕的繳稅族應該要求趕快改變計算方法。（註：我們不是要求社會安全給付要提供足以應付目前水準下的生活開支，這是另一本書才要談的）

如果我們用真實的房屋價格計算消費者物價指數，通膨在2005年前後應該會相當高。然而，我們卻被通縮唬嚨了；如果以2008至2011年間的房價作為計算，才會有政府宣稱的通貨緊縮。在計算房價時，幾十年前勞工統計局（BLS）就選擇了一個叫做房屋擁有者約當租金（Owners'

圖4.4　消費者通膨——官方數據和ShadowStats的比較

資料來源：ShadowStats.com

Equivalent Rent, OER）[20]當作計算基準，占消費者物價指數的比重最高，占24%。

有時這種「特定計算法」（hedonics）是消費者物價指數最具爭議的地方。勞工統計局表示：「藉由增減特定成分的方法消除了既有項目中價格變化對數值的影響。」但實際上可沒那麼神奇。舉例來說，如果你用過去買電腦的價格去買一台新的電腦，新的肯定比舊的更快、功能更強大。但勞工統計局會認為你付同樣的錢，但獲得更多的功能，因此即使你付的錢一樣多、甚至更多，價格計算上仍是跌價的。特定計算法的反對者認為，這無法反應真實的物價。

我們知道許多產品的價格下跌但品質和功能更佳，手機就是一個很好的例子。使用手機的成本也許真的在下降。智慧型手機每個月只要20美元就能讓你語音、資料和文件吃到飽；在亞洲、歐洲、中南美洲，利用 Wi-Fi，幾乎不花錢就能讓你每週花10、15、甚至40小時在講電話。無論你在世界的哪個地方，只要連上Wi-Fi，朋友就可以撥你在美國的電話號碼找到你。

（提醒：下面的文字是金本位制和惡性通膨支持者的言論，比較具有爭議。讀者當中如果同意他們的說法，表示你的信仰可能值得商榷。）

有關通膨數字的其他衡量方法經常被拿出來討論。長時間的經驗告訴我們，市場往往不太理會政府統計數據，而是反應真實的通膨現況。在美國，差異可能還不太大，但在一些國家如阿根廷，當中的差別可就大了。阿根廷政府聲稱通膨「只」有10%，但市場認為至少有30%，並且還在上升。

政府在1980或1990年代的通膨計算方法算是當時最好的方法了，但這還是官方資料。其實並沒有任何權威人士指出哪個方法最好。用宗教的話

---

[20] 房屋擁有者約當租金：美國計算房價是用此指標估算，而非拿實際房屋成交價。這是設算房屋擁有者花費在居住上的成本，並不包含傢俱、水電、燃料、天然氣等；用來反映租屋市場的租金。

語講，既沒有希臘文原稿也沒有拉丁文聖經可供遵循。經濟學上更改些字眼（或方程式）並不必然像更改基本教義那麼嚴重。事實上我們大可多觀察它，累積經驗值，看看他們有那些缺陷。

讀者們可能仍存有個人投資的立場（近似神學的原因），希望通膨能高一些。而這只是個人信念作祟，是以信仰為基礎（faith-based）經濟學型式的一種（這不是要各家經濟學派執著於自身的信仰）。對某些人而言，高通膨的預期是他們的基本教條。倘若通膨不高就會認為是政府的手在操縱。

我們必須經常拿自己的假設和現實世界對照，以便分辨出在我們假設模型下的結論與實際資料之間的差異。

如果你認為通膨大致而言都很高，你會覺得全世界都在做夢（註：你個人的通膨可能高出個2%）。七大工業國的利率都處於歷史低點，這一定會改變；但今天債券市場告訴我們，雖然日本已再次宣示（過去二十年間的第十次了）要創造通膨，但成熟國家都不認為現階段通膨是個問題。這次他們可能真的贏了（這真是個災難！），通縮和去槓桿化正是當今的顯學。

我們可能要到十五年後才能回頭檢視今天衡量通膨的方法。至少從今天起到2030年前，如果我們的方法不改，總有一天會出亂子。

通膨是你的朋友

如果通膨真是我們的朋友，把它當作宗教般膜拜就太超過了。通膨可能是我們的朋友，也可能不是：我們真不知道。不過把神學和經濟學相提並論卻相當合適：他們都在處理一個模糊的概念；各自也都認為其工作具有長期深遠的重要性；但也都很難在短期內做出精準的判斷。

就像基督教一樣，經濟學家隨著時間的推移也分成不同的門派。中央銀行、財政部長，以及一些特定的經濟學家就像是大祭司。所有的經濟教義都希望能救贖人世間的靈魂，看到政策制定者接受其信念。每個經濟學派都是由一個寫了某本書的白人建立的，他們各自招攬信徒，宣揚信

仰，並且試著改變「異教徒」。只要是祈禱並行善便可取得通往天堂的單程車票，抑或是相信供需法則就能獲得財富和光明，這一切都只是信仰的問題。唯有在事情發生已無可挽回時，我們才能得到真正的答案。

用宗教來比喻可能有點誇大，我們認為不可知論（agnostic）或多神論（polytheistic）的信念是描述通貨膨脹的最佳比喻。你有你的通膨，我有我的通膨，我們都認為是對的。撇開彼此的爭論，我們都希望用較少的錢去買任何想買的東西，這是多神論的觀點。如果你住在佛羅里達南端，你根本不會在乎除雪機的價格，冷氣價格反而佔有較高的物價比重。如果你是年過七十歲的退休人士，大學學費調漲跟你也沒什麼直接關係（除非你還得供孫子上學），處方藥的價格上揚反而重要的多。

但所有的美國人都被同樣在華盛頓的一群人主導，他們有他們自己決定通膨的方法，無論是消費者物價指數（CPI）還是其他相關指標。因為CPI是全國「平均」的物價水準，定義上就幾乎不可能適用於個人、家庭、企業、城市，或是個別州。CPI是最低標準，一件「所有人都能穿」的外套根本無法適用每個人。

即使瞭解CPI的限制，我們卻還是廣泛的使用。它控制著社會安全給付、政府雇員，以及許多工會成員生活成本的調整依據。CPI只是一個基本數字，即使我們都知道幾乎不適用於任何情況。因此才會看到有些人生活負擔變輕反而加薪，另一些人的收入卻跟不上生活成本的增加。

退休族群被犧牲

如果政府從隱含稅收中得到好處，誰會是輸家？經濟學家曾說：「天下沒有白吃的午餐。」而在金融抑制的世界裡，最大的輸家是存款人和依賴存款維生的老年人。低利率無異懲罰存款人，讓他們手中可花的錢變少，而這也重傷了退休人員的最終消費需求，而我們只是在一旁說風涼話。通膨隨著時間侵蝕了他們購買力，2%的負實質利率意味著三十六年後貨幣的購買力少了一半。時間還早嗎？想想一個六十歲的退休人員活在現在的利率環境，眼看著你年紀漸長但購買力逐漸消失，只需十年就損失

近25%。但你的稅賦和固定開銷卻愈來愈高！

經濟學家辯稱這種權衡是正面的，但對我們來說，政府用盡手段拿走了一代甚至二代的辛苦儲蓄。你做好份內的事，得到的報酬是2%至3%，甚至更少的十年債，每個國家都差不多。你已付了很久的房貸，因此低利率對你的幫助其實很有限。因此，你要不是得降低生活品質，就是得承擔更高的投資風險。經過一番努力和研究，你可能會有比較高的報酬，但這並不容易。聯準會看來不打算改變政策幫幫退休人員和退休基金了，因此老年人只得回家吃自己。

退休人員的困境並不是沒人知曉，至少在內布拉斯加州的波克夏‧哈薩威（Berkshire Hathaway）的年度會議中，華倫‧巴菲特表示：「我對死抱著固定收益投資的人們表示同情，」他告訴投資人：「柏南克面臨著極為困難的選擇，但他最終決定在貨幣政策上大踩油門，將利率壓到聽都沒聽過的低點，並且維持住。他的腳還踩在油門上，這的確傷害了存款人。這讓靠著固定收益投資過活的人面臨了極大的困境。」

極低的利率和金融抑制已造成許多退休基金面臨準備極度不足的問題。州政府與地方的退休基金處境最為艱難，因為大多數為確定給付制[21]。這些退休金資產面臨了極高的赤字，總數大約超過了4兆美元。這麼高的赤字幾乎保證多數公務人員拿不到足額的退休金。日前加州聖荷西選民投票決定大幅刪減消防隊員及警察的退休給付（這起因於當地市議會長年編列遠高於稅收的預算），這種情況在未來幾年間將成為新常態。另外像是伊利諾州的退休基金準備早已不足，退休人員甚至在職員工都已知不大可能拿到足夠的退休金。還有其他州政府和單位即將步上「林肯之

---

[21] 確定給付制（defined benefit）退休金計畫，也稱為最終薪資制（final salary），是早期退休金制度中最常見的一種。勞工在工作時期按薪資提撥退休金，無論提撥數額多少，到退休時依照退休前的薪資乘上一定基數，便可獲取一筆定額的退休金。目前台灣勞退舊制、軍公教人員退輔制多半還沿用此制。

地」（Land of Lincoln）[22]的後塵。像是底特律就相當危急[23]。

　　超過4,400萬的美國勞工，其雇主並沒有提撥足額的退休金以提供退休後所需。根據《經濟學人》的估計，到2012年底為止，即使股市強勁成長，美國企業退休金的赤字仍然高達5,570億美元，退休金提撥比例僅74%。就算把（2013年）第一季股市報酬算進去，赤字仍然還有3,720億美元。這些紙上富貴只要碰到另一個空頭市場就會消失無蹤。美國企業2012年共提撥了800億美元的退休金，比2011年增加了1倍。而這些救援退休基金的成本算在聯邦退休金保證公司（Pension Benefit Guaranty Corporation, PBGC）的帳上[24]，造成該機構260億美元的赤字。《經濟學人》總結寫道：「當更多的企業認為無法負擔退休金，只能依賴政府的法案（指PBGC）時，情況就更糟了。」

　　退休金不足的問題不止發生在美國，在英國，企業退休金赤字估計高達800億英鎊。這個駭人的數字是由美世（Mercer）的精算師計算出來的，顯示提供養老的資金嚴重不足。

　　這個問題部分是因為當初承諾的給付太高，另一部分是由於退休金顧問當初是以1980年和1990年代的股市多頭作為假設基礎。而如今，低利率環境讓當初這些假設難以為繼——地方和州政府無法完成當年如此慷慨的承諾。危機可能不會立刻出現，但未來數百個退休基金可能會加入納稅人紓困的行列。

　　不只退休基金有這個問題，保險業的年金（annuities）和壽險給付的負債也出了紕漏。他們發現在當今的利率環境下，根本不可能付得起當年賣出去的年金保險給付。

---

[22] 「林肯之地」即伊利諾州。林肯在伊利諾州長達三十一年，其政治生涯前半部均在此地。

[23] 2013年12月3日，聯邦法院正式裁定底特律市破產。

[24] 退休金保證公司為美國政府的獨立機構，根據1974年受雇人員退休所得安全法案（Employee Retirement Income Security Act, ERISA）成立。協助私人企業提撥退休基金以應付員工退休所需。

金融抑制同樣傷害了銀行。低利率幫了政府大忙,但卻沒幫到銀行。利率太低,銀行根本無意放款。在撰寫本章時,代表銀行間借款利率的三個月期的LIBOR(倫敦銀行間拆款利率)僅0.273%,在這麼低的利率下,誰要借錢出去?

如果你不夠富有,還想靠儲蓄過活的話,未來幾年你得存更多,並且工作到更老才行。因此,即使中央銀行想讓人們多花錢來振興經濟,低利率懲罰存款人,迫使他們增加更多的存款,並減少消費。我們正活在一個顛倒世界裡。

每樣東西都被高估了

對投資人來說,金融抑制帶來的最大問題之一是,不只是中央銀行扭曲了政府公債殖利率,還連帶扭曲了其他的資產價格。如今我們生活在一個不需要市場來決定短期和長期利率的新世界裡。

絕大多數的投資人把公債殖利率視為指標,就像指南針永遠指向北方。其他資產的風險定價與這個無風險利率緊密相關。萊因哈特指出:

> 政府公債市場愈來愈被非市場人士占據,其中最大咖的就是美國、歐洲和許多新興大國的中央銀行。帶來的問題是債券風險和價格之間的訊息,目前在金融抑制的體系下,一般認知的利率水準和風險沒有太大的關聯。

如果無風險利率無法適當反應風險,所有其他根據無風險利率定價的資產價格也會跟著失真。

無風險利率是沒有任何風險下的報酬。最初投入資本的報酬和每一期的利息都是已知的;一般情況下,這個利率被拿來當作投資政府債券的報酬。在美國,大家都知道是美國政府的公債;在歐洲,人們會認為德國公債是最安全的。任何其他的風險性投資都應該提供比無風險利率要高的報酬才行,多出來的報酬反映了承受額外的風險。

那麼為何一旦無風險利率低到不尋常,或是被政府和中央銀行刻意壓

抑時會出現問題呢？

在一般的情況，債券市場會設定無風險利率，投資人會根據這些利率來決定他們要借錢給政府的價格，可能是兩年、五年、甚至三十年。其他所有債券市場或銀行放款都基於這些無風險利率。例如，在本章寫作之時，美國十年期的債券殖利率在1.75%左右，如果蘋果電腦要借錢，借款利率會比公債殖利率高出一段利差（spread），當它發行十年期，利率2.4%，金額55億美元的債券，相對於公債的利差就是75個基本點（75 basis points）[25]。

投資人如果買了殖利率太低的債券，當利率反轉向上時很快就會出現損失，危機來自於再投資風險（reinvestment risk）。當利率上揚時，你可以賣掉手中的債券，到市場上再去另外買一個殖利率高得多的債券。如果投資人當時買進債券就決定持有至到期，是不會出現損失的；但如果利率持續上升，持有至到期的投資人就還得抱著低利息的債券很長一段時間，坐視通膨加速上揚。

〔暫停一下，想想看中央銀行未經選舉、獨立作業、並且經常介入利率和匯率的市場價格，幾乎可稱為「卡特爾」（Cartel，亦即聯合壟斷）。如果他們操縱銅價、航空票價、或是半導體的價格，主事者鐵定開罰。近期才發生一家龐大的商業銀行涉嫌在金融海嘯期間串通操縱銀行間借款的LIBOR利率，主管機關要針對操縱價格進行裁罰（根據央行官員陳述，金融海嘯期間銀行間根本沒有交易，又怎麼會有真實價格出現？價格當然是他們說了算！），但這些主管機關每天的工作就是操縱利率！這些是離題了……讓我們再回到無風險利率的討論……〕

無風險利率被扭曲等於強迫投資人放棄低到不行的政府債券，轉而投向較高殖利率的投資。這造就了新興市場債券、股市、高收益債券、不動產證券化信託（REITs）、農地，以及具有高股息的防禦性股票的泡沫。舉例來說，高收益、甚至垃圾等級的債券是最低等級的債券，但提供的殖

---

[25] 1個基本點（basis point）等於0.01%，1%就是100個基本點。

利率低到只能彌補過去的違約機率而已。

幾乎每一種傳統資產都只能獲得長期低報酬，無論你怎麼找，股票、公司債、新興市場債都一樣，他們都被過高本益比（price-to-earnings ratio）、低殖利率、低維持保證金高估了。2013年中美國十年期債券殖利率一度升到2.75%，但三十年期的殖利率仍低到僅3.75%而已。公司債是依據自身風險評價的，但中央銀行已成功地剝奪投資人獲取政府公債的權利，讓他們轉而投入高風險資產。

當實質利率如此低時，實質投資報酬如何出現？我的朋友，任職於Absolute Return Partners公司的尼爾斯·傑森（Niels Jensen）指出一項極有幫助的研究，顯示如何在負實質利率的世界裡壓榨投資人。在《瑞士信貸2013年的全球投資年報》（*Credit Suisse Global Investment Returns Yearbook 2013*）中，整理了過去一個世紀的投資報酬。直覺上，你會認為實質利率和債券及股票的實際報酬應有高度的正相關。這個有趣的研究支持這種看法。

讓我們看看這份研究怎麼說：

> 本研究的作者首先計算20個國家自1900至2012年每年各自的實質利率。然後計算隨後5年的股票和債券的實質報酬率，總共有2,160個觀察值（20個國家，每個國家從1900至2012年，每5年的移動值各108個）。再將這些觀察值由低至高排序，分成8個群組（前後各5%，中間每個15%，見**圖4.5**的X軸）。

從**圖4.5**來看，歷史資料證明，低實質利率和低實質報酬相關。不幸地，目前的實質利率為負，意思是大多數的投資人只能期待未來幾年間極低甚至負的投資報酬。如果沒有人為扭曲實質利率，投資人應該更為開心才是。

如果你認為風險資產高估的危機可能有誤，那你就大錯特錯了。這可不是中央銀行的軟體程式出現瑕疵，而是「紅色教條」世界的一部分。中央銀行希望人們將錢搬離安全性投資，轉而投向高風險資產。他們稱之為

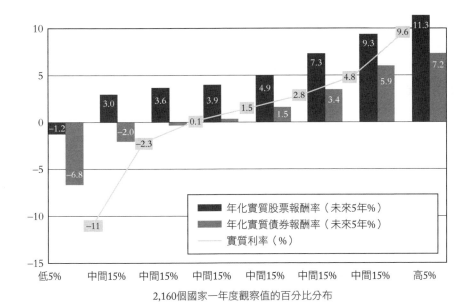

圖4.5 實質報酬與利率比較（1900-2012）

資料來源：《瑞士信貸全球投資年報》（*Credit Suisse Global Investment Returns Yearbook 2013*）。

「投資組合平衡通道」（portfolio balance channel），但你也可以稱之為「吃不到殖利率，他們就會挺而走險」。柏南克自己就曾說：

> 我們的確認為政策能引導利率下降──不只是公債利率，還包括所有的利率，包括抵押債利率、公司債利率以及其他重要的利率。它將影響股票價格，也會影響其他資產──例如房價。想像各種管道的效果，我們認為它足以影響經濟。

資產必須基於其風險和報酬的可能性定價，但在「紅色教條」政策和金融抑制的世界裡，人們被迫放棄公債而去尋找其他投資機會。在「紅色教條」世界，資產價格與風險和報酬是沒什麼關聯的。

1970年代的金融抑制導致了消費者物價膨脹以及所有糟糕的結果，這一次的金融抑制則導致了資產價格膨脹。我們都很清楚，低利率和寬鬆的

貸款法規將使得房價漲到泡沫的境地。許多投資人認為，極度擴張的貨幣供給進入了股市和債市之後不會發生什麼問題。如果手中握有資產，資產價格膨脹通常是好的。我們只能安慰自己這次真的不一樣。可惜的是，很少不一樣。

投資人很少經歷過在艱難環境中保護自身的財產。感謝中央銀行，讓身處金融抑制的投資人面臨了高估的股價和債券，報酬卻少得可憐的完美風暴。

● 本章重點

在本章中，我們學到了：

1. 政府發現自我借貸相當容易，原因之一是中央銀行印鈔票去買下大部分的債券。

2. 金融抑制導致的結果是，當政府和中央銀行人為降低政府債券的借貸成本時，同時也製造了通膨。負實質殖利率造福了政府，但懲罰了債券持有人和存款人。

3. 成熟國家的政府享受了金融抑制的好處，而新興市場由於高通膨，享受的好處更多。金融抑制是一種對人們溫和的、隱含的賦稅。

4. 金融抑制使股票和債券更貴，降低金融資產的殖利率，最終也減少了投資人未來潛在的報酬。當全世界的報酬率都接近零甚至是負的時候，靠投資賺錢真的很困難。

5. 在過去幾個世紀裡，投資人的預期報酬和實質利率具有相關性。當實質利率高時，投資人的報酬偏高；當殖利率為負時，投資人只能期望低報酬。不幸的是，我們正活在一個負實質利率的世界。

6. 退休人士是金融抑制下受害最深的。因為金融抑制造成的低報酬，美國和多數成熟國家的退休金計畫準備不足，不太可能支應得起人們期待的退休給付。

7. 將利率和公債殖利率維持不正常的低檔，扭曲了市場機制。因為所有的投資人都視公債殖利率為無風險利率，一旦無風險利率價格失真，所有資產價格也同樣會失真。

CHAPTER 5

做賊的喊捉賊

一份職業得先能讓人感到滿意，甚至與有榮焉，並在一絲不苟的態度下，經由自身的努力獲得成就。

——艾倫‧葛林斯潘（Alan Greenspan）

如果經濟學家能和牙科醫生同樣的謙遜和能幹，天下就太平了。

——約翰‧梅納德‧凱因斯（John Maynard Keynes）

耶穌跟他們打個比方：「瞎子能替另一個瞎子帶路嗎？還是他們都會掉到溝裡？」

——《路加福音》6: 39-40

在過去，中央銀行若是要收緊或放鬆貨幣，他們就會用升降息的手段。然而在「紅色教條」的世界，每件事都變得更難處理。像是零利率政策（ZIRP）、量化寬鬆（QE）、大規模資產收購（LSAPs）及貨幣戰爭，都讓問題更大、更複雜。要知道印了多少鈔票以及何時停止「紅色教條」都需要智慧及先見之明。實施這些政策並不難，就像擠牙膏一樣。但要收回可就難了，就好像是把擠出來的牙膏再塞回去。

當大多數的央行向聯準會看齊，英格蘭銀行或是日本央行似乎都認為在「紅色教條」的世界裡做起事來都很容易，但許多央行前官員可不這麼

想。前聯準會副主席艾倫‧布萊德（Alan Blinder）[1]，十分貼切地描述了在柏南克主席前面的巨大挑戰：

> 聯準會如今發現自己像個外星人，在零利率下，兩兆美元的資產負債表（敬告讀者：現下已經超過四兆了！），許多怪裡怪氣的資產。聯準會和財政部的界線已蕩然無存，國會跳出來反對，法規也毫無作用。
>
> 柏南克先生，當你選擇接受這個任命時，你的使命應該是帶領聯準會回到地球，採取一些從未用過的政策工具當作退場機制的主軸。當然，如果你和聯準會成員失敗了，國務卿和國會將否認知情。因此這段文字也會在五秒鐘後自動銷毀。祝你好運，柏南克。

橫在聯準會面前的挑戰十分巨大，許多他們研磨的政策工具過去從未使用過。管理這些無比沉重的貨幣政策就需要無窮的技巧、勇氣，以及遠見。希望央行官員們已準備好了。

有了這層意識，讓我們看看我們的傑瑟普上校[2]是否準備好這些非常規的行動了。在本章和下一章，我們會檢視他們這幾年怎麼做的，這些工具怎麼讓經濟走到這一步，往後又該往何處去。你會發現到了中央銀行手裡，事實往往不如臆測。

中央銀行的個人崇拜

過去二十年間中央銀行被世界所景仰，根本就是德爾菲神喻（Oracle

---

[1] 艾倫‧布萊德（1945- ）為美國經濟學家，1994年7月至1996年1月曾任聯準會副主席。

[2] 傑瑟普上校為《軍官與魔鬼》一片的海軍陸戰隊上校，片中以傑瑟普制定的「紅色教條」（Code Red）描繪軍中潛規則現象，本書作者以此借喻經濟政策的制定者們正在創造金融世界裡的潛規則現象。

of Delphi）[3]和貓王（Elvis Presley）的結合。在美國、歐洲和日本，中央銀行官員們可說是家喻戶曉。其中艾倫‧葛林斯潘更是佼佼者，這個過去吹薩克斯風，閒暇時讀艾茵‧蘭德（Ayn Rand）[4]的著作，再三向民眾保證不會出現大衰退的人。他的明星光環甚至讓英女皇為他加冕為騎士，而他根本不是英國人。授予這項榮譽是基於葛林斯潘「對全球經濟安定的貢獻」。

投資人把葛林斯潘說的話掛在嘴邊，即使他的話有如密碼般難以理解。有時候你根本無法從他的話裡聽出什麼頭緒。他有句著名的話：「如果我說的你都很明白，那你一定誤會我的話了。」他的言語晦澀難懂，讓人想起偉大的劍橋大學物理學家沃夫崗‧鮑利（Wolfgang Pauli）[5]，他有次讀完一篇同事的論文後說：「這並不對，但也不至於錯。」

葛林斯潘就像格林童話裡的「花音魔笛手」（Pied Piper of Hamelin）[6]一樣，讓中央銀行看起來能解決所有的問題，拯救所有的危機，讓市場恢復秩序。當記者訪問他時就像個緊張的女學生，國會議員在聽證會時爭相發問（但往往突顯出他們對經濟學的無知），以大量的溢美之辭歌頌他的智慧。參議員菲爾‧葛萊姆（Phil Gramm）稱他是史上最偉大的中央銀行家，並提議即使在他百年之後，也要為他留一個位子，讓他的光環永照

---

[3] 德爾菲為古希臘城市，為神喻的起源，以阿波羅神殿出名。

[4] 艾茵‧蘭德（1905-1982）為俄裔美籍哲學家和小說家。她的哲學和小說強調個人主義的概念、理性的利己主義，以及徹底自由放任的資本主義。她相信人們必須透過理性選擇他們的價值觀和行動；個人有絕對權利只為他自己的利益而活，無須為他人犧牲自己的利益、但也不可強迫他人替自己犧牲；沒有任何人有權利透過暴力或詐騙奪取他人的財產，或是透過暴力強加自己的價值觀給他人。

[5] 沃夫崗‧鮑利（1900-1958）為奧地利理論物理學家，是量子力學研究先驅者之一。1945年，他因發現鮑利不相容原理而獲得諾貝爾物理學獎。

[6] 「花音魔笛手」是德國的古老故事，被收錄於《格林童話》中。內容描述德國有一個村落鼠滿為患，因為一個風笛手吹吹笛子就讓鼠患解決的故事。

人間。這近乎噁心的崇拜在鮑伯・伍德沃（Bob Woodward）於2000年出版的《大師》（*Maestro*）一書中達到頂點[7]。

葛林斯潘在聯準會主席任內，被評為只要股市有一點疲弱的態勢，就會降息以對，並且把利率降得太低，拖得太久。這種單向刺激股市和股民的招數就是著名的「葛林斯潘賣權」（Greenspan Put）[8]，每個人心知肚明聯準會會用一切招數幫助金融市場。但這種寬鬆的貨幣政策卻充滿爭議，因為它形成了鼓勵冒險和追求套利的文化。對葛林斯潘而言，股市的信心和經濟成長是分不開的。

在葛老的主政下，中央銀行的天職就是灑更多的錢和降息。他辯稱：

> 在風險控管下，政策執行者的行為必須確保極端負面的結果不會發生。像1998年的流動性危機、1987年股市崩盤，以及2001年9月的恐怖攻擊事件。中央銀行採取大規模寬鬆的方式，乃基於歷史使命。

在網路泡沫破滅後，葛林斯潘在2003年6月將聯邦基準利率降至1%，並且維持長達一年，即使經濟已經開始復甦也沒有改變。後來的升息腳步幅度太小，速度也太慢。超低的利率吹大了房市泡沫，直到它破滅。更別說法令根本沒有要控管抵押房貸市場明顯的詐欺行為的意思。

葛林斯潘對任何問題的回答，千篇一律是更多的流動性、更多的流動性。如果他是《週末夜現場》（*Saturday Night Live*）[9]的來賓，他一定會

---

[7] 鮑伯・伍德沃（1943- ）為美國記者，是揭穿水門事件醜聞的兩名《華盛頓郵報》記者之一。該書中譯本為《大師的年代：葛林斯班與黃金十年》，由周銳行譯（2001），城邦發行。

[8] 葛林斯潘賣權：賣權是金融市場選擇權交易的一種型態。當看壞市場時，買進這樣的賣權可以抵禦市場下跌，但損失卻有限。後來有人將聯準會葛林斯潘灑錢支撐股市的行為，視為一種讓市場損失有限的政策，就好似讓大家買進賣權一樣。

[9] 《週末夜現場》為美國國家廣播公司（NBC）於每週六深夜播出的帶狀節目，自1975年10月11日播出至今，是美國電視史上最長壽的節目之一。

是克里斯多福‧沃肯（Christopher Walken）[10]的音樂製作人，要求「多一點牛鈴聲！多一點牛鈴聲！」（More Cowbell! More Cowbell!）[11]聯準會其他成員，包括柏南克和葉倫，也只是明哲保身而已。

在他的領導下，聯準會成了標準的個人崇拜。一開始，還有其他成員在委員會議中表達異議，尤其在1990、1991年間的經濟衰退期，利率決策眾說紛紜，對經濟體質也有不同的立場。然而，當1990年代經濟開始成長，股市回溫後，不同意見很快就消失了。股市的泡沫愈來愈大，葛林斯潘泡沫也跟著膨脹。每當葛林斯潘現身國會，那些聽到利率二個字就頭大的無知議員們，在面對大師到來也只能卑躬屈膝，幾乎沒有人反對葛林斯潘的見解。從2000年到2006年柏南克接任為止，平均一年提出異議的頻率僅有一次。悲哀的是，當最需要異議的時候，葛林斯潘的信徒和聯準會內盲從的群體思維恰是最佳的反證。最後造成了2008年的金融海嘯。

當葛老在2006年1月以主席身分主持完最後一次委員會後便退休，他留下毫無規範的銀行、超寬鬆的貨幣政策，以及一大堆根本無法事先預見，就算預見也無濟於事的瘋狂泡沫；而這些都是不定時炸彈。當他退休時，房市泡沫已開始破裂，而又撐了一年次貸風暴才正式爆發。

對葛老的讚譽幾乎讓人不忍卒睹。聯準會前任副主席，現任教師保險及年金協會——大專退休股權基金（TIAA-CREF）金融服務部門主管的羅傑‧佛格森（Roger Ferguson）[12]，稱葛林斯潘為貨幣政策裡的尤達（Yoda）[13]。是的，你沒看錯。在重要的聯邦儲備銀行紐約分行行長任內

---

[10] 克里斯多福‧沃肯（1943- ）為美國知名電視及電影演員。

[11] 這段典故源自於2000年4月8日的《週末夜現場》節目，當時由克里斯多福‧沃肯飾演一首名為The Bruce Dickinson歌曲的音樂製作。過程中沃肯要求伴奏牛鈴的樂手 "More Cowbell! More Cowbell!"。後來這句台詞成為美國流行語。

[12] 羅傑‧佛格森（1951- ）為美國經濟學家，於1999至2006年為聯準會副主席，當時主席即為葛林斯潘。

[13] 電影《星際大戰》中德高望重的絕地大師，比其他絕地武士更具智慧、冷靜、經驗和洞察力。

幾無缺失的提姆・蓋特納（Tim Geithner）就更熱情洋溢了。你甚至會以為他迷上了一個年輕美眉，這不能空口亂說。以下引用蓋特納的話：

> 我想把下面的話記錄下來：我覺得你（葛林斯潘）真是了不起（笑聲）。從機率的角度來看，我認為我們將來會遇到那些你已經做得比我們好很多的事情時，我們的決策風險還會高得多。（笑聲）

你也許為懷疑蓋特納怎麼了，因為他當時其實已被任命為財政部長，準備在金融海嘯時大展身手。

當那些葛老的歌功頌德者前仆後繼之際，當任舊金山聯邦準備銀行行長珍娜・葉倫（Janet Yellen）正被升任為聯準會副主席，而她也是下一任聯準會主席呼聲極高的人選[14]。在2006年1月的聯準會會議上，她是這樣讚揚葛林斯潘的：

> 不用說，葛林斯潘主席留下來的是一個扎實的經濟樣貌。如果用一個比喻來形容，我會說：主席先生，你交付給繼任者的就像是一把有個超大最佳擊球點的網球拍。

如果上面的段落讓讀者忍不住噴了一身咖啡，或是不小心噎到口中的早餐，在此深表歉意。

就在聯邦公開市場委員會（FOMC）結束後沒多久，危機開始蔓延，而他們仍舊沒有關切房市和經濟已出現問題。如果你計算聯準會表達欣慰的次數，**圖5.1**可為例證。房市泡沫愈大，委員會愈感到欣慰。我們可以說他們在大難臨頭時還歌舞昇平，但比較恰當的說法應該是，當次貸風暴開始時，他們還在沾沾自喜。

這裡有一點很重要。當時已有很多的聲音指出房市和次貸證券市場的扭曲，他們應該早已知曉並瞭解這種現象。中央銀行的責任應是在盛宴開

---

[14] 2014年1月，葉倫接替柏南克，正式成為聯準會新任主席。

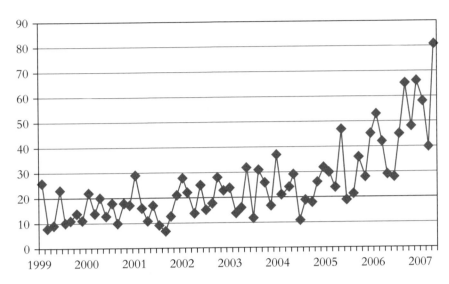

圖5.1 聯準會表達欣慰的次數和房市泡沫有直接相關

資料來源：www.acting-man.com

始前就把酒瓶拿走，所謂「我們無法在事先預測到泡沫」、「我們所能做的是在泡沫破滅後收拾殘局」只是推托之辭。許多重要的學術研究都已描繪出市場泡沫的形成過程。

最簡單的觀察就是股票市場資產價格膨脹以及房市是個好投資的觀點。每個人都希望自己手中的資產上漲，就像1920年代一樣，盛宴能夠繼續下去。在1970年代，聯準會把利率壓得太低，因此出現了消費者物價膨脹，我們也知道它怎麼收尾。在2000年聯準會同樣把利率壓低，我們也經歷了資產價格膨脹，也都知道它是怎麼收尾。這個委員會認為用超寬鬆的貨幣就能將經濟帶往「極樂涅槃」似（nirvana-like）的結局，這完全靠不住，過去也從未出現過。

在美國，隨著愈來愈多的聲音質疑聯準會的政策，大多數的成員仍一面倒的認為資產價格是決定聯準會政策成功與否的基礎。

保羅‧沃克當年容許股市下跌、失業率上揚，就是在挑戰所有中央銀行家第一順位的中心思想：價格穩定。

推向失敗

我們承認對中央銀行家，也就是「紅色教條」世界裡的傑瑟普上校的批評過多，讀者也不必因為我們說他們無知就照單全收。我們來看看其他人怎麼說。

在2009年，美國國會成立了金融危機調查委員會（Financial Crisis Inquiry Commission），揭露了這場幾乎摧毀全球金融體系的大災難始末。他們表明了對聯準會批評：

> 我們認為這場危機是可以避免的。這場危機是人們的作為與不作為所造成的……主要原因是聯準會沒有引導有毒抵押資產的資金流向，這可以從制定嚴謹的抵押貸款標準達成。聯準會有這個權力去做，但卻沒有付諸實行……我們認定金融法規與監管的普遍失靈是導致這場金融市場巨變的主要原因。

毫無意外，大眾對聯準會已信心盡失。

聯準會表現得荒腔走板導致了金融危機，但幾乎所有的央行也都亂了方寸。紀錄顯示，全球央行的作為將金融危機變成一場全面性的災難。所有經歷房市泡沫和大型銀行倒閉的國家都無法事先做出防範。以英國為例，幾乎所有的銀行都倒了，不是被國有化就是被賤賣給其他外國銀行，英格蘭銀行從未預見危機的到來。我們來看看《經濟學人》怎麼描述中央銀行的失能：

> 1996年英格蘭銀行先發展出「金融穩定報告」（Financial-Stability Report, FSR），後來十年大約50個國家的央行跟進。但根據霍爾·戴維斯（Howard Davies）和大衛·格林（David Green）於去年出版的《銀行業的未來：中央銀行的起與落》（*Banking on the Future: The Fall and Rise of Central Banking*）一書中的研究，在2006年包括英格蘭銀行在內所有央行的報告裡，金融系統都是健全的。在辨別新增威脅的基本功能上，

「許多央行表現都不及格。」他們寫道。

到處都出現房市泡沫膨脹和破滅：西班牙、愛爾蘭、拉脫維亞、塞普勒斯，以及英國。那些必須進行銀行資產重整或國有化的國家，同時被無法預知、準備，或採取保護措施的災難襲擊。以西班牙為例，即使危機發生後，西班牙央行仍然堅持沒做錯什麼，並且繼續幫助他們的銀行把一堆沒用的廢物賣給不知情的西班牙民眾，活像個皮條客般。〔原諒我們的用語，但沒有其他字眼比廢物（crap）更適合形容那些毫無價值證券，並且賣給可憐的退休人員——也許還有吧！但是這些人並不會增加消費的。〕

持平而論，中央銀行在雷曼兄弟破產後的確拯救了整個世界。聯準會在雷曼兄弟倒閉後的印鈔行為是完全適當的，避免全世界進入另一個大蕭條。但是把這件事歸功於他們，無異於稱讚縱火犯把他自己放的火熄滅一樣。

中央銀行的失職讓他們在危機動盪中被賦予更多的責任尤顯突兀。從2007年起，中央銀行開始擴張他們的信用，無論是他們自願或是政府命令。他們採取遠超出傳統貨幣政策的限制，大量買進長期公債、抵押債，以及其他資產。他們也承擔了過多監管銀行和穩定金融體系的責任。

1933年的銀行法，也就是大家熟知的葛拉斯—斯蒂格法案（Glass-Steagall Act），強制將商業銀行和投資銀行分家，避免商業銀行從事證券承銷，投資銀行也不能吸收存款。直到1999年，葛拉斯—斯蒂格法案都運作得很好，避免了大規模的銀行風險。但後來被格拉漢—林區—伯理利法案（Graham-Leach-Bliley Act）所取代，終結了防止銀行、券商和保險公司合併的禁令。美國人民的公共利益被扔給「華爾街之狼」，聯準會和柯林頓政府對金融的安定豎起了中指（不屑一顧）。

在金融海嘯過後，國會恢復了葛拉斯—斯蒂格法案。該法案僅有三十七頁，但卻產生了極大的效果。然而，在銀行業不斷遊說下，國會最終向這些把全世界帶進衰退邊緣的銀行家低頭，通過了杜德—法蘭克法案（Dodd-Frank Act）。該法案總共二千三百頁長，沒人知道裡面寫些

什麼，有什麼意義，只看到增加一大堆眼花撩亂、糾纏不清的法條和行政規章，去規範那些本來用簡單、直接的字眼就可以做到的金融改革。**圖5.2**可以比較杜德—法蘭克法案與其他主要法案的頁數（這個法案實在太長、太繁雜了，因此被戲稱為「2010年律師與顧問完全就業指南法案」）。你幾乎無法相信聯準會的權力因此而擴張。

請留意在杜德—法蘭克法案中盡力進行遊說的銀行和投資公司，和1999年遊說格拉漢—林區—伯理利法案的是同一批人，法案中的一些要點使得根本的問題依然沒有獲得解決。業內人士相信未來將運作如常，他們後來所獲得的利潤也一樣豐厚。

聯準會實在不需要更多的權力，在金融海嘯前那幾年，聯準會已擁有所有的權力去防止次貸問題，只是沒有去用它。你可以說鬆散不作為、不負責任、怠忽職守，或是沒盡到應盡的義務。如果你認為你無法預知泡沫，那麼世界上所有其他的規範也做不到。杜德—法蘭克法案僅增加了條文但缺乏強制性。心態上要改變，而不是只有法條。

根據金融危機調查委員會的報告，聯準會空有規範抵押債、金控公司，以及防止信用泛濫的工具卻吝於使用，導致危機形成。中央銀行沒有「意識到房市泡沫對金融體系的巨大危害，並且也沒有及時採取行動抑制

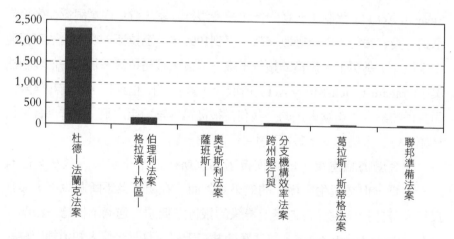

圖5.2　主要金融法案：頁數比較

其擴張，」該報告指出，它也「沒有遵照法令要求，建立並維繫嚴謹的抵押貸款標準，以防止超貸、搶貸的發生。」

在這場金融危機當中，最醜陋的部分不在中央銀行在規範上極度失職，最過份的是當危機肆虐時，中央銀行將大規模的紓困和補貼直接挹注銀行體系，此舉嚴重違反公眾利益。19世紀中葉，傑出的記者和評論員華爾特・貝吉哈特（Walter Bagehot）[15]曾批評在金融危機發生時，中央銀行可以大量放款，但必須施以高利率，以防止沒有急需的人趁機撈錢，並且還得有良好的擔保品才行。而此次危機中，聯準會和其他央行以零利率放出數兆美元的資金，並且取得極為低劣的擔保品；聯準會等於是把大禮直接送到銀行門口。舉例來說，當AIG破產時，提姆・蓋特納決定拿美國納稅人的錢全額支付AIG信用違約交換（CDS）的交易。高盛（Goldman Sachs）分得了其中100億美元，而蓋特納甚至沒有討價還價。錢進了銀行口袋裡，其中還有些不是美國本地的銀行。難怪蓋特納被稱為「華爾街的哈巴狗」。

我們的好友迪倫・葛瑞絲（Dylan Grice）曾寫過一段極棒的短文，告訴我們有太多的規則卻沒有一般常識判斷時會發生什麼事。在荷蘭一個名叫德拉赫頓（Drachten）的小鎮，當地政府突然決定移走所有的紅綠燈和交通號誌。他們希望人們把注意力放在馬路上，而不是墨守規則和法令。他們其實是對的，過去德拉赫頓每三年平均會有一件死亡車禍發生，但自從把紅綠燈搬走後，1999年至今沒有任何一件交通意外事故導致死亡。當然還是會有一些小意外擦撞發生，但卻極為發人深省。交通官員解釋：「我們認為小的意外能夠防止嚴重的傷亡事故發生。」我們看看迪倫怎麼把這個例子應用在資本市場中：

> 你們也許會認為交通號誌對整個市場是沒有用的，但我認為不是。不拿紅綠燈和標誌為例，看看信評公司（rating agencies）

---

[15] 華爾特・貝吉哈特（1826-1877）為英國散文家，也是社會學和經濟學家。曾任《經濟學人》主編。

吧；看看巴塞爾（Basel）對銀行第一級核心（Core 1）和第二
級核心（Core 2）資本的風險衡量；看看第二階段保險業清償能
力標準（Solvency II）；或是看看匯率市場的最終管理者——中
央銀行——以及被認為存在的葛林斯潘／柏南克「賣權」。這
些執法者難道沒有給予金融市場參與者一種安全的幻覺，就像
交通安全號誌給駕駛人的一樣？這些安全的幻覺難道不更具有
殺傷力？

如果中央銀行的思維像德拉赫頓小鎮的交通規劃者不是更好？但是中
央銀行和國會寧願把法令規章凌駕一般常識之上。

和德拉赫頓的官員不同，聯準會和全世界的中央銀行都制訂了一套多
如牛毛的法令，卻沒有好好執行它，以致變相鼓勵每個人超速；然後當崩
盤出現時，他們又盡全力保護銀行這些始作俑者。

聯準會迫切需要進行改革。這不是說讓政客們決定將利率或監管銀行
的權力從中央銀行手中拿走，但中央銀行必須對大眾說明他們如何執行他
們的權力。在整場危機中完全沒有追究責任，幾乎所有的央行都沒有盡到
基本的義務。他們制訂的法規，特別在歐洲，使得銀行承擔極大的風險賺
取暴利，最終還讓納稅人為他們紓困。

當使用他們設計的風險衡量模型時，他們相信被監管的銀行和其他金
融機構是沒有風險的。每個人、中央銀行和主管機關都相信身處於一個新
時代，舊的常識規則已不適用，中央銀行也不再需要更多的法條和規範
了。他們居然連簡單的事情都做不到！中央銀行的管理功能應該被視為其
他監管機構的監督者。這對我們追究中央銀行對銀行體系的管理能力至為
重要。

沒有道歉，還能升官

一次世界大戰中最慘烈的戰役之一是1951年土耳其的加里波利之戰

（Gallipoli campaign）[16]。該戰役極為慘烈，造成英軍超過50,000人受傷，以及將近100,000人死亡。英國海軍大臣溫斯頓‧邱吉爾（Winston Churchill）是參與該戰役的其中一位。該役結束後，他辭去大臣職位，轉而成為一名尋常士兵。邱吉爾是個謙遜的人，他認為在這場戰役中判斷錯誤。他真是值得尊敬。但如果邱吉爾是中央銀行官員，他根本不需要下台負責。他不但能保有職位，而且有更大的權力，並且還能加薪。

過去幾年間，中央銀行家們過得可真好。同一批人帶給我們金融海嘯，現在又帶給全世界「紅色教條」和金融抑制。真是做賊的自己喊捉賊。

有沒有任何一位中央銀行官員為了造成危機和怠忽職守道歉？以他們糟糕的表現還能保有工作，在台上繼續演出，這真是太奇怪了。就我們所知，沒有任何一位央行官員因為能力不足或管理疏失而下台。許多人順利退休，如今領著豐厚的退休金，從事高薪顧問，對基金投資表達意見，過去他們的同事都是這麼做。

中央銀行官員們自2008年以來，有足夠的時間討論這場金融危機，但他們卻只提供了一些學術論文，指出在銀行危機時出了什麼問題。沒有承擔任何責任，也沒有任何一個人承認可能對過於泛濫的債務疏於示警、利率降得太低太久、忽略了房市泡沫、沒有好好監督銀行，或是認為自己有點能力不夠。

這些央行官員不僅沒有丟了工作，許多人還升遷並加薪。像當時聯邦準備銀行紐約分行行長提姆‧蓋特納，不但沒能好好管理那些接受龐大紓困金的銀行，還成了華爾街銀行的最佳代言人，甚至因為這些努力被歐巴馬總統拔擢為財政部長。在歐洲，西班牙央行應該是最無能的一個，完全無視數十家銀行吹起歐洲歷史上最大的房市泡沫，不但事前沒能察覺，事後也搞不清楚問題究竟出在哪兒。央行官員像荷西‧維涅斯（Jose

---

[16] 加里波利之戰是一次大戰中英法聯盟強行闖入博斯普魯斯海峽，占領當時奧圖曼帝國首都伊斯坦堡的登陸戰。

Viñals）、荷西・卡魯阿納（Jose Caruana）和其他官員們在西班牙一事無成後，居然能高升到國際貨幣基金（IMF）和歐洲央行（ECB）擔任要職。

這些升職加薪的例子當中，最不可思議的應該是馬克・卡尼（Mark Carney）被任命為英格蘭銀行行長。卡尼先前曾擔任加拿大央行行長，同樣也忽略了近年發生的房市大泡沫。正當加拿大人慶幸自己比南方的鄰居穩定得多時，各項指標均顯示，加拿大的房市泡沫比起美國一點也不遜色。請看圖5.3，泡沫只是還沒破而已。卡尼真是幸運，自己加了薪，搬到英格蘭銀行，卻把一大袋垃圾丟在繼任者的門前。

大量被高估的加拿大房市也許在各位讀本書之時吹得更大，但卡尼做得還真絕：英國政府都已經開始撙節，卡尼卻還能談到75萬英鎊的年薪、退休給付每年21.5萬英鎊，以及一年38.5萬英鎊的房租補貼。這位前高盛的銀行家每年可拿135.5萬英鎊，足足是英國首相的6倍！真該死，當中央銀行家真好！

賦予央行額外的權力，卻沒改變其管理的理念，就像鼓勵一個不負責任的孩子一樣。想像一下你的兒子借了家裡的車卻把它撞壞了，你不但沒責罰他，反而再買一輛法拉利讓他再試試。傳統的貨幣政策像一輛堅固的家庭休旅車，但「紅色教條」政策像是一輛改裝的法拉利288 GTO，能飆

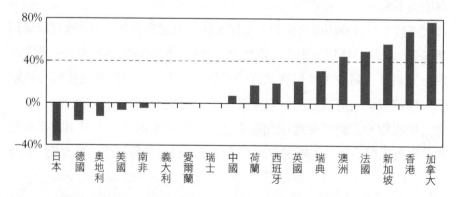

圖5.3　永遠都在吹泡泡——加拿大不斷膨脹的房市泡沫

資料來源：《經濟學人》。

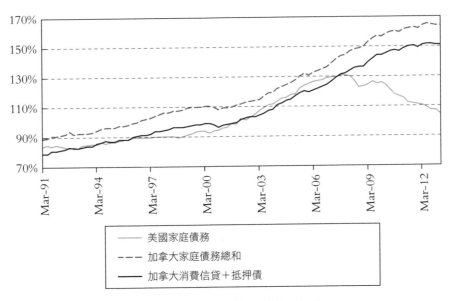

圖5.4　加拿大與美國的債務比較

資料來源：Variant Perception，彭博資訊。

到時速275英哩。無視央行官員在金融海嘯期間的失職表現，卻再讓他們
拿把超跑的鑰匙簡直是頭殼壞去。

　　本章最後一點看法：或許各位會以為我們反對法令和規章。正好相
反。我們只要求簡潔、可行的規範。再次強調，葛拉斯—斯蒂格法案限制
了銀行創造槓桿，當規模變大時要求提高資本。因為那些大到不能倒的銀
行實在太大了，拿掉讓他們膨脹的誘因，是對一國維持存款保險的謹慎作
法。允許銀行家獲取暴利但把虧損丟給納稅人不是個好政策，即便讓律師
多加一百頁的法條，銀行的說客也能想辦法暗渡陳倉，讓他們能恣意妄
為。

　　但是，這些期望恐怕只是空談，直到下一個危機出現，納稅人被要求
吸收更大的損失時才會出現改變（我們永遠期待！）。因此，作為保守的
投資人和經理人，我們必須正視我們所處的現實。非洲有一句名言，看得
到的獅子並不危險，躲在草叢裡窸窸窣窣不知何物的才危險。下面，我們
將談到一些策略，幫助各位掌握躲在草叢裡的風險。

● 本章重點

在本章中，我們學到了：

1. 全世界給了中央銀行無比的信任，認為他們能在對的時間，做出對的貨幣政策。

2. 在金融海嘯前，中央銀行家被媒體捧為大師。現在回想起來，這些崇拜全然用錯地方。

3. 幾乎所有的中央銀行家都無法預見金融海嘯的到來，其中許多還刻意製造危機。其中最著名的是葛林斯潘主席，只要出現一點衰退跡象，就向市場注入了過多的流動性。當然也沒看出泡沫的傾向。

4. 即使在承平時期，中央銀行也沒有善於運用貨幣政策，因此在危機時要他們做得更好本來就很難，他們只會用非正規的政策工具。

5. 今天，人們對中央銀行的信任度更低。奇怪的是，政府卻給這些人更大的權力。如果執法的人怠忽職守，再多的法條也沒用。

6. 在「紅色教條」的世界裡，中央銀行擁有過去不曾有過的權力。不幸的是，當初導致金融海嘯的同一批人現在還在台上繼續演出。

CHAPTER 6

經濟學家沒有魔法

經濟學家為自己設定的工作總是太容易且沒什麼用處。好比在
波濤洶湧中，他們只會說暴風雨過後一切都會歸於平靜。

——約翰·梅納德·凱因斯（John Maynard Keynes）
貨幣改革之路（A Tract on Monetary Policy）

人類歷史上對於金融世界的記載實在少得可憐。在過去的經驗
裡，記憶所及，多半是把如今看來極為珍貴的遺產，在當時卻
棄之如敝屣的人拿來消遣一番。

——約翰·高伯瑞（John Kenneth Galbraith）[1]

希特勒一定沒讀太多書，否則怎麼會沒學到拿破崙在莫斯科的
前車之鑑。

——溫斯頓·邱吉爾爵士

2008年11月某日，正當全球股市哀鴻遍野之際，英國女王蒞臨倫敦經
濟學院（London School of Economics），參加新學院大樓的落成典
禮。她在那裡還聆聽了一場學術演講。這位刻意低調、喜怒從不形於色的
女王陛下最後問了一個有關金融危機的簡單問題：「為什麼沒人能預見到
危機？」現場一片靜默，沒人能回答她的問題。

各位如果認為主流經濟學家沒能盡責預見危機，沒錯，數十篇研究顯
示，經濟學家完全無法預知衰退。但預測本來就很難。不過更糟的是他們

---

[1] 約翰·高伯瑞（1908- 2006）：20世紀具有影響力的加拿大裔美國經濟學家。

連現在經濟走到什麼樣的地步都搞不清楚。其中一篇廣為人知，由國際貨幣基金（IMF）的普拉卡希‧隆加尼（Prakash Loungani）所寫，探討經濟學家是否能預期衰退和金融危機的研究，直接了當的寫出：「經濟學家根本無法預測衰退。」不僅官方機構如國際貨幣基金、世界銀行，或其他政府機構的預測都失真，民間預測機構也好不到哪兒去，大家都一樣爛。隆加尼下了這樣的結論：「善於預測成長的普遍都沒有能力預測衰退。」多數經濟學家甚至在衰退發生時還無法認清事實。

用白話來說，經濟學家手中並沒有啟動未來的密碼。

各位如果認為聯準會或政府機關知道未來的經濟走向，那就大錯特錯了。政府經濟學家的作用像是臭味棒棒糖，出錯和失誤的機率高到難以想像，就算想幫他們掩飾也很困難。現在，在「紅色教條」的世界中，我們還得信任同一批銀行家告訴我們現在的經濟情勢如何，未來要怎麼走，以及對應的貨幣政策。

中央銀行認為他們知道什麼時候該結束「紅色教條」，什麼時候是縮減貨幣基數的最佳時機。但是看看過去的預測記錄，他們怎麼（how）會知道？聯準會在1990年、2001年和2007年都沒有預期到衰退，甚至衰退早已開始，他們仍渾然不知。金融危機的頻率之高，大多因為中央銀行太晚降息，並且太快升息。

目前，信任央行是一項極大的賭注，賭他們：(1)知道該做什麼；(2)知道何時是執行的最佳時機。可惜，他們通常並沒有未來事件的密碼。

不幸的是，問題不是在於經濟學家做的事沒啥特別，而在於他們實在做得太差，差到把事情搞到毫無轉圜的餘地。統計學者奈特‧席佛（Nate Silver）在他的《精準預測》（*The Signal and the Noise*）一書中特別指出：

實際上，經濟學家長久以來對他們預測經濟走向的能力太過於自信。如果經濟學家的預測真如他們宣稱的那麼正確，我們大可認為過去十次真實的GDP當中，有九次會落在他們的預測區

間內，或是二十年當中有十八年是對的。

事實上，過去十八年間，有六年的真實GDP數字落在經濟學家預測區間之外，也就是有三分之一的機率會出錯。另一項研究則回溯到1968年起「專業預測機構」（Survey of Professional Forecaster）的調查，結果更加糟糕：將近一半的時間落在預測區間之外。這恐怕不能只用運氣不好來解釋了；基本上這些人過於依賴他們的預測能力。

這樣更糟。經濟學家不但常常出錯，還對自己錯誤的預測過度自信。

如果經濟學家只是常常賭馬輸了倒無傷大雅。但中央銀行可是有權力貨幣創造、操縱利率、影響我們每個人的生活——然而他們根本沒有秘方。

儘管他們無知，卻絲毫不影響他們傲慢的態度。2010年12月的某次《60分鐘》（60 Minutes）節目中，史考特‧派里（Scott Pelley）訪問柏南克主席，問到他是否能準確的在對的時間做對的事。他的回答令人咋舌：

派里：您能夠快速反應，避免通膨失控嗎？

柏南克：如果必須這麼做，我們能在十五分鐘內決定升息。因此在適當的時間升息、收緊貨幣、放緩經濟、降低通膨不會是問題。而現在卻不是這個時機。

派里：您對您自己控制通膨的能力有多大的信心？

柏南克：百分之百。

看到了嗎？柏南克不是有95%的信心，也不是有99%的信心——不是。他對未來經濟的走向和該做的事沒有絲毫懷疑。如果人生當中的每一件事都這麼篤定那該有多好。

我們不是對柏南克吹毛求疵，我們是在批評那些認為自己萬無一失的中央銀行家。英格蘭銀行正實施著相對於經濟體而言最大規模的量化寬鬆（雖然日本央行已快追上了），而它過去的預測記錄卻是最糟的，包括對

通膨的預測。前任英格蘭銀行行長墨文‧金被問到是否有信心退出量化寬鬆時，非常有信心地說：「我絕對不懷疑，當縮減資產負債表的時間到來時，我們做得會比當初寬鬆時更加容易。」（中央銀行家是天生就比一般人傲慢，還是在會議中吸了什麼強力春藥？）

現在讓我們看看這種絕對的信心是否經得起考驗。

在丹‧加德（Dan Gardner）的《愚言未來》（*Future Babble*）[2]一書中指出，經濟學家被視為如古希臘眾神所頒布的德爾菲神論（Oracle of Delphi）般的崇高地位。但不像德爾菲神論那樣含糊其辭，經濟學家的預測是可以被未來檢驗的。加德納寫道：「任何人都能很快地發現，經濟學家是個很差勁的預言家。」

（先把這放在一旁。我們懷疑經濟學家的功能像是現代版的巫師，過去巫師們是從觀察羊腸的形狀來預測未來，而經濟學家則是從自己創造的模型中分析數據，加上既有的偏見，有信心地預測未來，或是為政府政策指出一條方向。通常指引出來的路徑和短期內的需求很相近，但最可恥的是，這些預測能否獲得青睞端視有沒有打中信徒們、領導人，或是未來領導人的要害，說中他們想聽的而定。如此看來，經濟學不太像是一門科學，倒像是一門宗教，只是大多數人不願承認。）

這些短視的經濟學家其實沒什麼變化。1994年保羅‧歐姆拉德（Paul Ormerod）寫了一本名為《經濟學之死》（*The Death of Economics*）[3]的書。他指出經濟學家在1989年日本泡沫破滅後無法預測經濟衰退，也無法預見1992年歐洲匯率機制的崩潰。歐姆拉德這麼揶揄經濟學家：「傳統經濟學家瞭解整個經濟體如何運作的能力看來十分薄弱（有些人或許會認為根本沒有）。」

當大家提到經濟預測時，多半是指經濟衰退時經濟學家對成長率和利

---

[2] 丹‧加德 著（2012）。《愚言未來》（*Future Babble: Why Pundits Are Hedgehogs and Foxes Know Best*）。出版：Virgin Books

[3] 保羅‧歐姆拉德著（1994）。《經濟學之死》。出版：St. Martin's Press。

率的預期。但一般人都只想知道：「我們很快就會進入衰退嗎？」——如果此時經濟已經進入衰退，大家就想知道：「什麼時候可以結束？」大多數的美國人關心這個問題的原因是，他們知道衰退就代表了裁員和解雇。圖6.1顯示，不論衰退何時發生，企業都會進行裁員，初領失業救濟（initial unemployment claims）的申請就會大幅提高。

不幸的是，經濟學家的預測對一般人而言都沒什麼用。觀察美國過去三次衰退的歷史，你會發現經濟學家和中央銀行對於瞭解當前經濟狀況的能力實在不怎麼樣，你甚至可以說他們根本就是無感。

我們回想一下什麼叫做衰退，而經濟學家又是如何定義衰退的發生。衰退是指經濟活動的降低。通常衰退是指失業率上升、國內生產毛額（GDP）的縮減、股市下跌，以及經濟活動萎縮。經濟衰退時點是由一個正式的國家經濟研究局（National Bureau of Economic Research, NBER）的商業週期測定委員會（Business Cycle Dating Committee）所決定，這個委員會是由著名的經濟學家和頂尖學者所組成。不幸的是，他們的聲明在現實生活中毫無用處。經濟衰退時點的決定多少具公信力，也還算正確，但

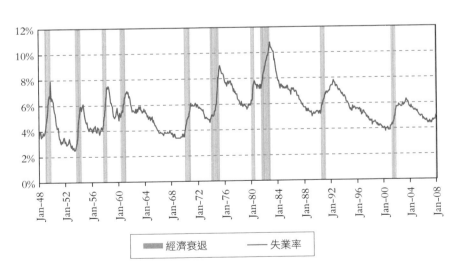

圖6.1　經濟衰退會讓GDP成長下降，失業率上升

資料來源：Variant Perception，彭博資訊。

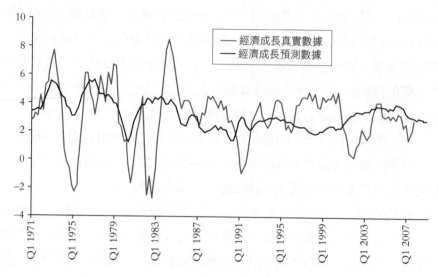

圖6.2　經濟學家從未正確預測衰退

資料來源：興業銀行股票研究部。

都是在衰退發生或結束很久以後才公布。

　　舉個例來說，在過去三次經濟循環裡，NBER認定1990、1991的衰退是起自1990年8月，並在1991年3月結束。但他們遲至1991年4月才公告，經濟衰退早已遠離並已開始成長。NBER在網路泡沫破滅後的衰退也沒有及時掌握，直到2003年6月才確認2001年的衰退——足足晚了二十八個月。NBER同樣也沒有測出2007年12月開始的衰退，直到一年後才確認，雷曼當時早就破產，全世界已被大蕭條以來最嚴重的金融海嘯淹沒。

　　聯準會和其他經濟學家也同樣沒能抓到過去三次衰退的出現——即使已經開始也一樣。我們很快地來回顧一下。

　　在1990、1991年的衰退中，聯準會的眾官員們——負責操縱美國貨幣政策的人——什麼時候才提到？那次的衰退是從1990年8月開始的，但就在一個月前，葛林斯潘還說：「即使最近我看到經濟下行的證據也很有限。」過了一個月後——經濟已經開始衰退了——他仍維持相同的基調：「……我認為那些宣稱我們已進入衰退的人的確錯了。」就算到了兩

個月後，1990年10月，他還是一樣無知，堅稱：「……經濟還沒進入衰退。」直到衰退即將結束，葛老才接受並承認經濟衰退的事實。

聯準會在網路泡沫期間也沒有比較好。泡沫在2001年3月破滅，科技股為主的那斯達克（NASDAQ）指數已跌了50%。即便如此，葛林斯潘主席2001年5月24日在紐約經濟俱樂部（Economic Club of New York）的演講中說：「而且，在未來幾季裡，我的判斷是僅僅只會出現這段二十年來重要的生產力提升和集體創新中，投資活動稍稍停歇的現象。」

已退休的銀行家和金融產業作者查爾斯‧莫理斯（Charles Morris）觀察了過去十年白宮經濟諮商評議會（Council of Economic Advisers）菁英們的預測成果。在2000年，評議會還調升了經濟成長的預期，時間點就在2001、2002網路泡沫即將破滅時。在2001年3月的調查中，95%的美國經濟學家認為沒有衰退，而3月份正好是衰退的開始，而且證據十分明顯。工業生產已連續五個月縮減了。

你或許認為過去二次預測衰退失準會讓聯準會、經濟諮商評議會和其他經濟學家學乖一點。也許他們會檢討為何如此失準，並且讓研究方法進步。你錯了，因為接下來的金融危機——再一次——他們完全坐失良機。

我們看看聯準會在全球2008年陷入危機前做了什麼事。根據後來公布的2007年10月聯準會會議紀錄，請記住二個月後經濟就開始衰退了。然而看完紀錄後令人沮喪，因為衰退這個字在整篇紀錄中沒有出現任何一次。

這真的很糟。當衰退開始的那個月，聯準會仍然相當樂觀，聯準會首席經濟學家大衛‧史塔克頓博士（Dr. David Stockton），2007年12月11日與柏南克主席和公開市場操作委員會後做了如此表示。

當你讀了下面的文字又不小心噎到時，記得那年春天許多次貸已經違約，聯準會已為影子銀行（shadow banking system）注入相當多的流動性，英國的北岩銀行（Northern Rock）已被收歸國有，歐洲銀行系統寢食難安，許多貨幣基金因為有毒資產、信用利差擴大、股市下跌，許多證

據均已顯示衰退的訊號。還有負斜率的殖利率曲線（inverted yield curve）已宣告衰退了，但當時聯邦準備銀行紐約分行的經濟學家仍不屑一顧。（墨爾丁曾在「前線臆想」中多次大聲疾呼）

看看這些聯準會首席經濟學家的文字記錄真令人感歎，真的別再唬弄人了。

> 總括來說，我們的預測可說仍在構成一幅優美圖畫的過程：儘管金融市場震盪，經濟仍能避免衰退；即使食物和能源價格高漲、美元匯率疲弱，我們的物價膨脹仍然溫和。如果有一天董事會決議針對資深員工——包括我在內——進行更頻繁的藥物檢測，我可不會身先士卒（笑聲）。但我可以確信，即使在當前市場氣氛的影響下，做出的預測可以不用負責，我們這些人也不會回頭去譁眾取寵找藉口。我們沒有修改這些預測數字，也不會比那些在半夜裡去買健怡百事可樂（diet Pepsi）和自動販賣機裡的Twinkies那些人更上癮[4]。

我們不是只挑史塔克頓博士的毛病，其他政府機構的經濟學家一樣糟糕。總統的經濟諮商評議會在2008年上半年還預期經濟正成長，並預估下半年更強勁的復甦。

---

[4] 此處引用健怡百事可樂（diet Pepsi）和Twinkies為喻，意指那些會讓人上癮的氣氛或習慣。Twinkies是美國常見的一種類似海綿蛋糕的甜食，內層夾香草奶油，是一種高熱量食物。這段文字的背景是：1977年，一位曾任舊金山警員及消防員的丹懷特，因個人職位因素將當時的市長喬治‧莫斯科尼（George Moscone）和另一位市政委員——知名同志平權運動者哈維‧米爾克（Harvey Milk）射殺。其辯護律師在法庭上請精神病學專家作證，丹懷特於作案前曾進食大量零食Twinkie及飲用百事可樂這些高糖份的零食，使腦部化學物質失衡，令丹懷特陷入抑鬱，降低了他控制自己的能力。陪審團最後接受了辯方的供詞，將原本控告丹懷特的有預謀謀殺罪改為罪名較輕的蓄意誤殺罪。這段辯方的證詞被後來稱為「甜點抗辯」（Twinkie Defense）；而哈維‧米爾克的事蹟於2008年被拍成電影「自由大道」（Milk），片中結尾時米爾克被射殺即為丹懷特所為。

　　同樣不幸的是，民間的經濟學家也沒有比較高明。例外者甚稀，多數人並沒有預期2008年的金融市場和經濟的崩解。在「專業預測機構」的調查中，經濟學家也沒有意識到衰退正在成形，當年他們預估的經濟成長率是略低於平均的2.4%，也不認為有機會出現後來真實的嚴重衰退。在2007年12月，《商業週刊》（*Business Week*）調查結果顯示，所有54位經濟學家都認為美國可以避免衰退，這些專家一致認為失業不會是問題，並得出2008年將是一個好年頭的結論。

　　奈特‧席佛指出，預測失準的麻煩之處不在於預測本身，而在於經濟學家對自己的預測有著高度的信心：

> 預測其實失準得離譜：金融海嘯肆虐那年的GDP實際上萎縮了3.3%。但更糟的是，經濟學家對其預測過份自信。他們認為2008年經濟會陷入衰退的機率只有3%，衰退超過2%的機率更小到只有五百分之一，但它確實發生了。

　　預測失靈是一回事，持續且過分自信又是另一回事。

　　當全球金融市場崩解，柏南克主席仍堅信美國能夠避開衰退。提醒各位，衰退從2007年12月就開始了，而2008年1月柏南克還在記者會上表示：「聯準會目前仍未預測到衰退的發生。」即使貝爾斯登投資銀行危在旦夕[5]，柏南克仍然認為美國經濟已見到天邊的彩虹和彩糖精靈（candy-colored elves）。他在2008年6月9日的談話中表示：「經濟下行風險在過去幾個月已逐漸消失。」就在此時，經濟已經衰退六個月了！

　　為何人們如此信任經濟學家？賓州大學華頓商學院（Wharton School）研究預測專家史考特‧阿姆斯壯（Scott Armstrong），提出了一套「預言家依賴」（seer-sucker）理論：「無論多少證據說明根本沒有預言家存在，人們還是相信預言家。」即使所謂的專家預測一再失準，大多

---

[5] 貝爾斯登（Bear Stearns Companies, Inc.）成立於1923年，曾是美國第五大投資銀行與主要證券交易公司，主要從事資本市場、財富管理等領域的金融服務。在2008年的美國次級貸款風暴中嚴重虧損，瀕臨破產而被收購。

數人還是寧願相信預言家、先知或是大師等，冠上各種名號的人告訴他們
——什麼事都行——未來會怎樣。

我們將經濟學家歸類為根本無法預測未來，甚至無法瞭解當下的一群
人。有了這層認識，想想看聯準會的經濟學家們居然擁有極大的權力去印
鈔和操縱利率。當你認為應該用十分細膩的手法去執行和管理「紅色教
條」政策時，你會瞭解這些人只是在盲人騎瞎馬。如果這些還不能讓你不
寒而慄，表示你還沒有把本章讀透。

完美世界的假設

傑出的哈佛統計學家喬治・巴克斯（George Box）曾說：「所有的模
型都是錯的，但有些還挺有用。」

我們不是排斥模型，在日常的工作上我們常使用模型。不過克
林・伊斯威特（Clint Eastwood）在《緊急追捕令》（*Dirty Harry*）[6]片
中的台詞：「人得知道自己有多大能耐。」（"A man's got to know his
limitations."）我們把它擴大解釋成：「經濟學家應該要知道模型的極
限。」

我們所欣賞的一位中央銀行家（是的，我們的確有欣賞幾位），達拉
斯聯邦準備銀行的理察・費雪在一場演說裡講了一個故事。費雪也會做一
些預測，但他把這些預測稱作「艾羅的警告」（Arrow's Caveat）。這句
話是源自上個世紀最偉大的經濟學家之一——肯・艾羅（Ken Arrow）[7]：

> 在二次大戰時，艾羅（當時尚未得到諾貝爾獎）擔任陸軍航空
> 隊的氣象官，他和隊友負責提供未來一個月的天氣預測。身為
> 專業人士，艾羅十分用心去檢視了他過去做的預測記錄，做成

---

[6] 《緊急追捕令》為美1971年上映的犯罪驚悚片。

[7] 肯尼斯・J.・艾羅（Kenneth J. Arrow, 1921- ）：美國經濟學家，於1972年獲得諾
貝爾經濟學獎，當時他五十一歲，是最年輕的諾貝爾經濟學獎獲得者。艾羅被
認為是二戰後新古典主義經濟學的代表人物。

統計報告，驗證了氣象預測還不如隨機丟骰子準確。於是他請求解除這項無意義的工作，但來自高層的回應卻十分有趣：「將軍知道預測沒太大用處，但他需要這些資料作為規劃的依據。」

身為投資者，每天都會運用經濟模型，根據結論做出決策。因為必須得有些東西作為決策指引，於是模型是最好的選擇。我們花一些篇幅來看看這些模型是如何建立出來的。（在本書最後，我們提供了一套減少對模型預測依賴性的方法）

讓我們用一個古老的經濟學家笑話開始：

一個工程師、一個化學家和一個經濟學家在一個荒蕪的小島上擱淺，當他們飢餓難耐時，奇蹟似地發現一個裝滿罐頭的箱子。這時該怎麼辦？三個人分別窮盡一生所學來思考這個問題。

實務派的工程師直接了當的建議，找塊石頭把罐頭打破，把東西吃了吧。「喔，不行！」化學家和經濟學家大喊：「這樣很多食物會流出來，便宜了那些鳥兒。」

又過了一會兒，化學家開口了，他建議生堆火把罐頭加熱，內部的壓力會讓罐頭破掉，同時食物也熟了。但工程師和經濟學家齊聲反對，認為罐頭反而會爆掉，食物飛濺四散在海灘，大家誰也吃不到。

輪到經濟學家了。他仔細觀察了罐頭並研讀標籤上的文字，開始在沙灘上草擬一堆方程式，把整個海灘都寫滿了。再三推敲之後，他興奮地宣布：「有了！有了！」他指著方程式的最後一行。其他二人迫不及待請他解釋，為了享受一頓大餐，他們急需經濟學家的金玉良言。

經濟學家清了清喉嚨，說道：「首先，假設有一個開罐器……」

這個笑話有多久已不可考，但至少是在經濟學家開始運用數學和模型之後，也就是經濟學家開始把自己視為科學家而非哲學家的時候，這可讓

物理學家大為嫉妒。

就像笑話裡擁有滿滿的罐頭卻沒有開罐器的漂流者一樣。經濟學家，無論是預測經濟成長或是政府預算，都面臨著預估未來極大、又極為真實的經濟體財務狀況，卻沒有水晶球的問題。前面提到，經濟學家在告訴我們過去一年發生何事上都沒有特殊能力，更別說談未來一年了。（而我們常常看到政府的預算總是假定未來十年以上的時間）

為了討論模型的限制以及探討為何他們常出錯，我們將分析美國政府預算估計，這應該是較預測經濟成長更為簡單易懂。但是我們發現，結果還是一樣。

基本上，問題十分簡單，就是要對未來的收入和支出作預估。這是必要的，因為不大可能漫無節制的花錢後再投票決定增稅。因此政府官員會要求經濟學家模擬未來的收支。

費用的估計更簡單。多數政府支出是跟著預算走。「我們計畫每年花費50億美元修橋鋪路，10億美元在國家公園，9,250億美元在國防等等」。社會安全給付也是一樣。醫療照護需要一些估計，失業成本則隨著經濟波動而增減。

收入就比較麻煩。所得稅收入明顯是跟著所得高低走，營業稅、社會安全和醫療保險收入也是一樣。如果經濟衰退，收入就會減少；如果經濟快速成長，收入可能會超出預估。在2005年前後，墨爾丁預期經濟將是不冷不熱（Muddle Through Economy），年平均成長僅2%，低於過去數十年的平均3%。即使2%聽起來夠低，但他還認為有點樂觀，如果這個十年間能維持每年2%的成長就夠好了。某些預測者像是傑若米・葛拉森（Jeremy Grantham）和羅伯特・戈登（Robert Gordon），認為1%就夠多了。

2012年實質通膨調整後的成長為1.7%，2013年第一季是1.8%的年成長[8]。2012年3.5%的名目成長率是二次大戰結束以來最低水準。不過猜猜

---

[8] 2013年第一季經濟成長後修正為1.1%、第二季為2.5%、第三季為4.1%、第四季為2.4%。

看這些勇敢的預算規劃人員如何預測未來十年的成長？在不滿現狀將持續下去的心態下，他們仍會自我感覺良好、過度樂觀，就像戴著一副玫瑰色的眼鏡（rose-colored glasses）般，許我們一個光明的前景。

大衛・梅爾帕斯（David Malpass）在《華爾街日報》上撰文，指出歐巴馬政府2013年的預算估計在2016年前經濟成長率可達3.6%，稅收可成長50%。但如果和國會預算辦公室（Congressional Budget Office, CBO）相比，歐巴馬政府的估計還相對保守得多。

圖6.3是韋羅尼克・魯吉（Veronique de Rugy）[9]的研究，顯示國會預算辦公室估計2013年的經濟成長將放緩至1.4%，然後在三年後增加3倍到4.2%！自2015至2017年，國會預算辦公室預計美國經濟平均年成長率達4%，這是實質成長而非名目成長。然而，前一次連續三年經濟成長達到4%以上得追溯至1960年代了。

我們看到這兒，直覺會想要去查查國會預算辦公室的原報告。該報告第四十頁所列的是實際數字。究竟誰有這種匪夷所思的能力預測出這種

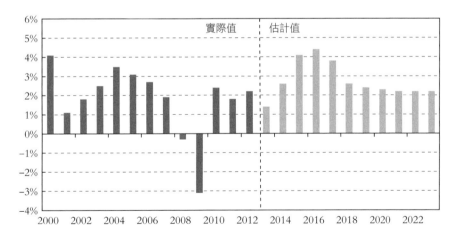

圖6.3　國會預算辦公室對GDP成長的假設

資料來源：國會預算辦公室。

---

[9] 韋羅尼克・魯吉（1970- ）：美國馬卡圖斯研究中心（Mercatus Center）資深研究員，專長於美國經濟、政府預算及稅務。

Twinkies自動販賣機才有的能力？

　　圖6.4是取自該報告的第四十一頁，仔細說明他們如何得出各項支出和收入的預測。正常來說，如果預期未來幾年經濟快速成長，利率應該不會維持在如此低的水準。然而歐巴馬政府卻假設至2016年利率還維持在1.2%，而當年的經濟成長預期是3.6%（通膨預期是2.2%）。聯準會真是寬大為懷。（我們懷疑歐巴馬總統有用這套預測結果決定柏南克的替代人選，如果真有其事，繼任者會是什麼反應？這真值得討論！）

　　不論什麼方法，利率在未來一段時間都會大幅上升，實質利率比現在高出2倍。從名目數字來看，利息支出更可能上升4倍，從目前的2,240億美元上升至8,570億！也就是說，利息支出在未來十年可能會占聯邦政府預算的16%（粗略估計）。

　　隨著經濟走強，利率走升，債務的增加（以美元計算）恐怕會大幅提高利息支出。依照國會預算辦公室的估計，在現今的預算法規下，政府年度利息支出占GDP的比重，會從2014年的1.5%成長2倍到2023年的3.3%，這種情況在過去五十年間只出現過一次。

　　我們必須瞭解，無論是國會預算辦公室或是歐巴馬政府對未來經濟的假設，都還比聯準會的經濟學家樂觀得多（在他們預估的範圍內）。而歷史紀錄顯示，聯準會對經濟成長的預估平均而言比實際值多出2.1%，只有一年低於實際值。

　　《里西歐報告》（*The Liscio Report*）[10]的菲利普·唐恩（Philippa Dunne）和道格·亨伍德（Doug Henwood）提供了一份令人訝異的數據，以及下面的評論：

　　這對未來具有什麼意義？由於量化寬鬆縮減的時機和重要的經濟指標息息相關，我們不禁要對聯準會未來的預測抱持懷疑。早有證據顯示他們預測一年甚至更短時間內的變化並不可靠，

---

[10] 《里西歐報告》是美國一份獨立的經濟研究機構，定期出版對美國經濟的研究，不涉入資金的操作。頗受到交易員、避險資金的歡迎。

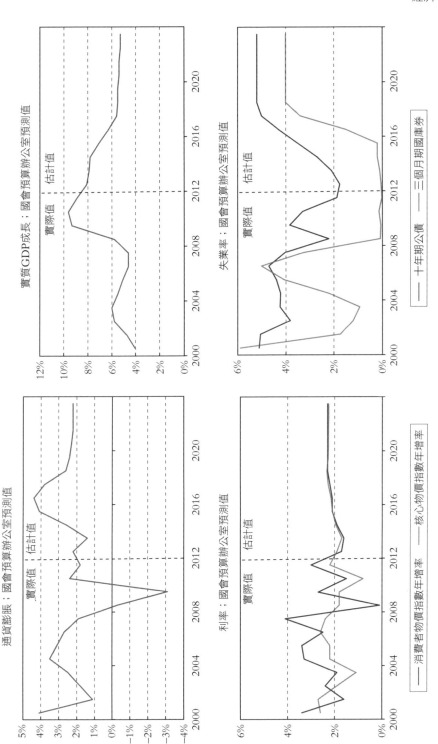

通貨膨脹；國會預算辦公室預測值

實質GDP成長；國會預算辦公室預測值

利率；國會預算辦公室預測值

失業率；國會預算辦公室預測值

—— 消費者物價指數年增率　　—— 核心物價指數年增率

—— 十年期公債　　—— 三個月期國庫券

圖6.4　實際值與國會預算辦公室的預測

資料來源：國會預算辦公室。

面對二年甚至更長的預測就更值得懷疑了。（這也間接證實我
們回頭看國會預算辦公室在2007年的預測，二年以上的預測都
是在浪費時間。）多數分析師都會根據當下和近期的狀況作推
斷，因此量化寬鬆縮減的時機多半是根據當時的經濟指標，而
非想像中的未來。

實物比後照鏡中看起來的更大

樂觀的GDP預測代表由此延伸的收入預估也可能會過於樂觀。在聯
邦政府對支出缺乏控制能力，以及過去對費用估計的不良紀錄之下，實際
支出很有可能是被低估的，最後真實的赤字將遠比預期的為大。舉一個例
子：我們已看到歐巴馬健保（Obamacare）的成本已經比兩年前的預估多
了40%。

但別以為這只有在自由派人士[11]主政下才會發生的事。國防支出破表
已成為經典，就算是農業法案也總是超支，最後受惠的農民卻不多。在圖
6.5中，韋羅尼克‧魯吉提供了近年農業法案的支出慘況。當然，每當同
一批人把事情搞砸了之後，會再一次告訴我們根據他們的模型，支出會如
何如何……。

現在我們進入了問題的核心。請看圖6.6。過去每十年至少會有一次
衰退，最多時候有二次，而如今歐巴馬、參議院、眾議院都假設我們在不
久的未來都具備了免疫能力，能夠再次避免經濟衰退的病毒感染。

讀者當中有沒有人願意和我們打賭，美國在未來幾年都不會出現衰
退？有人願意嗎？我們認為沒有。

但這卻是國會和歐巴馬用大家的稅收，或是聯準會用它的預測下的賭
注。未來十年的預算開支仍節節上升，一旦出現衰退，赤字想必更大。他
們辯稱在衰退時期不太可能削減財政赤字──反而會擴大！撙節是沒有用
的，這點我們都知道。

---

[11] 即民主黨。此外，相對於自由派，指的是保守派，也就是共和黨。

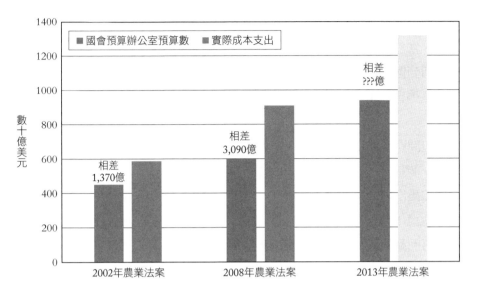

圖6.5　實際支出和農業法案預算比較

資料來源：國會預算辦公室（via Taxpayers for Common Sense, www.taxpayers.net）。韋羅尼克‧魯吉製圖，喬治梅森大學：馬卡圖斯研究中心。

圖6.6　國會預算辦公室GDP差距的假設

資料來源：Congressional Budget Office, *The Budget and Economic Outlook, FY 2013 to 2023.*
OMB Historical Tables.

如果出現衰退會發生什麼事？收入下降是必然的，失業率上升也可以預見，當然，相關的成本像是失業救濟也會跟著水漲船高。

回到**圖**6.6。國會預算辦公室預測GDP成長率將會回到過去的軌道，而不是停留在低度成長而已。難怪他們可以做出連續三年4%成長的美好願景。

但問題就在這裡。我們一直在用「假設」（assume）一詞，然後再創造出一個基於這樣美好假設下的模型來加強論述。

如果出現衰退會發生什麼事？我們不僅回不到過去的軌道，反而離它愈來愈遠！難道國會預算辦公室會再預測個連續三年5%的GDP成長，讓我們再回到軌道上嗎？這種荒唐事他們現在正在做，沒太大差別。

事實上，沒有政客或政府機構願意預測衰退出現（除非，就像在2012年，他們反對預期將造成實際削減開支的假扣押。）沒有人會知道下一次的衰退會在什麼時候出現。理論上，我們可能未來十年都遇不上一次，也有可能政府承認51區（Area 51）真有外星人。各位自行判斷哪一種比較可能發生。

當我們認知到預測衰退是件不可能的任務，在政治上也不可得的時候，最低限度這些預測者和政客多少要把收入低估一些，心甘情願開始思考萬一衰退發生時的後果。今天的美國債務承擔能力的確相當脆弱，我們想要問：「請告訴我們如果出現衰退時，你們的計畫是什麼？」

我們今天聽到的答案是：「我不想推測衰退的可能，它沒有意義。」但我們會反駁：「你們居然會推測我們不會有衰退，而且還會有過去四十多年從未出現過的成長率，即使在雷根和柯林頓總統經濟擴張時期也沒見過。你們到底怎麼推測出來的？」（我們需要尼克森的時候，他在哪兒？還是他在位期間的高成長只是甘迺迪到詹森總統遺留下來的而已？）[12]

---

[12] 美國第四十四任總統甘迺迪、第四十五任總統詹森，尼克森是第四十六任總統。此處意指尼克森總統只是坐享了前二任總統的成果。

　　預算估計往往沒什麼用處。政客們都想制訂一些削減赤字的政策，而這需要一些假設讓它成真。因此他們會找一些友好的經濟學者，乖乖地回答：「你需要4%的成長才行嗎？沒問題，資料就在這兒，而且數學模型支持這樣的假設。」

　　國會預算辦公室理應行政中立，事實上也是：做出4%的成長假設對二黨都有好處。如果假設未來八年只有2%的實質成長，這個部門大概就會關門大吉了。當然也不會允許傑若米・葛拉森和羅伯特・戈登認為的1%，或是比爾・葛洛斯所稱的1.5%。用這麼低的成長率來預估，國會預算辦公室所估計的預算赤字將會一飛沖天，新的支出項目根本無法提出，他們言之鑿鑿的減稅方案也會難以施行。

　　政府的經濟學者們假設的是一個完美世界——一個無須擔心衰退，並且會經歷前所未有與無止盡成長的世界；一個平靜無瑕，赤字和失業隨著時間一併下降的世界；一個利率依照經濟學家的理想，稅收就這麼年復一年的增加，即使政府支出占了大部分的經濟活動也無影響的世界。

　　成為經濟學家並不容易。對政府支出做出預測絕對是必要且負責任的，但是我們應該對預測的數字多點懷疑，多用一些常識判斷我們的預算數字，允許有時候會出現壞天氣才對。

　　自由社會主義國家像瑞典，允許其退休金資產隨著經濟景氣與否上下起伏，避免退休金提撥影響了預算編列程序。他們在信用危機時做出了如此艱難的選擇。也許其他的已開發國家也應該仿效，以確保我們自己不會造成嚴重的危機。

　　等到這些不切實際的美好預測將來被證明錯誤時，我們會再提出其他仍然無效的「拯救方案」（是指基於臨時抱佛腳，用其他錯誤預測所作的解決之道），結果只會更糟。因此，除非我們自己先行逃離險境，否則根本不需要開著車硬闖。

瘋狂的定義

　　基於聯準會拙於預測經濟成長，各位可能會認為他們應該懷疑他們的

模型了吧。事實不然，大大的不然。

經濟模型是聯準會決策極為重要的依據。例如，2012年12月聯準會宣布在失業率降到6.5%之前，通膨壓力和緩之下，利率都將維持接近零的水準。為了預測他們貨幣政策的效果，聯準會相當倚賴數學模型。

在聯準會內的經濟學家把他們的數學模型分別命名，像是費爾比（Ferbus）、江戶（Edo）、西格瑪（Sigma）等等。這些電腦模型極為複雜，有數百個變數。如果要聯準會經濟學家解釋一下，他們會說這是貝氏（Bayesian）向量自我迴歸，以及動態隨機在多維空間系統的一般均衡模型。這些都不重要，重要的是從過去的成功率來看，這些模型並沒有解決什麼問題，也沒有從我們需要知道的角度去建構合理的政策。

如果你要問聯準會有些什麼工具來幫助他們預測就業市場和通膨未來的狀況，何時應該收緊資金，何時又如何讓「紅色教條」退場，答案就是那些令人眼花瞭亂的模型。《華爾街日報》的瓊‧希絲拉（Jon Hilsenrath）認為：「像費爾比和其他模型都是聯準會近期利率決策的工具。在今年二場重要的演說當中，副主席珍娜‧葉倫曾詳細解釋她和聯準會同事們如何使用這些模型來評斷低利率會維持多久，而且不會造成太高的通膨。」你瞭解了嗎？

這些模型最大的問題之一是：他們與過去歷史和經驗法則無關。他們不是在解釋經濟實際上如何運作，而是依賴理論告訴大家經濟理應如何運作，而這些就需要大量的假設。這讓我們想到另一個有關經濟學家的笑話：各位可知道當經濟學家掉到井裡時會做什麼？首先，他們會假設有一個梯子。

在前一次衰退中，這些模型就失準了，你如果認為聯準會應該會把這些模型束之高閣，再來開發新的，那你又錯了。柏南克曾在執教二十年的普林斯頓大學的一場演講中，一再替這些失準的模型辯解。他說：「雖然經濟學家要從此次危機中學到教訓⋯⋯但要全面檢討整個經濟學領域就太超過了。」

亞伯特‧愛因斯坦（Albert Einstein）曾說，瘋狂的定義是一次又一

次的重複相同的事情，並期望有不同的結果。我們可以據此為中央銀行的行為下總結。

利用先行指標（Leading Indicators）

經濟學家為何對景氣起伏的預測如此差勁？他們都極端聰明，在名校拿到博士學位，一般來說也很斯文、誠實，很想把工作做好。他們對經濟走向的失準背後應該有些更複雜、深沉的原因。

經濟學家對未來經濟走向其實並沒有秘技，其中一個主要的原因是轉折點其實相當難預測，因此通常只能憑著當下的趨勢來判斷。他們非常依賴既有的消費、產出，以及物價水平的趨勢。如果各位想瞭解經濟學家們的思考模式，**圖**6.7可為例證。例如2006年1月聯準會例行會議中，唐諾·柯恩（Donald Kohn）為聯準會對經濟的思路提供了寶貴的訊息。柯恩維持他對經濟樂觀的看法，為了堅持他的意見，他向同僚進一步闡釋：「我對2006年的預測和去年1月與6月的看法非常接近，這應該是一種擇善

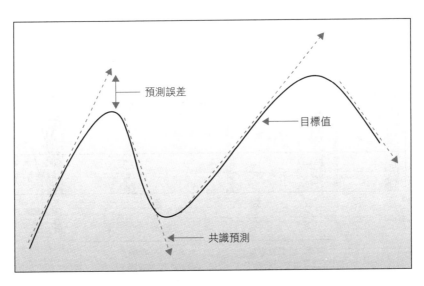

圖6.7　經濟轉折點相當難預測

資料來源：Variant Perception，彭博資訊。

固執吧。」

　　儘管經濟循環的轉折難以認定，預測方向應該比較有可能。經濟學家常常在轉折點上失準主要有二個原因：(1)他們關注的方向錯了；(2)他們所憑藉的是不完全正確的資料，而這些資料在未來還會修正。不過好消息是這二個問題都有可能克服。

　　許多經濟學家和政治人物都把經濟數據視為每個月都會公布的一連串數字，有時候這些數字看起來實在太多了，太多的資訊反而成為一種噪音。然而，資料本身是有規則可循。

　　大致來說，經濟數據可分為三類：領先（leading）、同時（coincident），以及落後（lagging）指標（見圖6.8）。經濟運作就好比一輛在路上跑的車子，所謂「落後指標」就是告訴你這輛車曾經到過哪兒；而「觀察落後指標」就像是從照後鏡看這輛車曾走過的軌跡，同時，指標會告訴你這輛車目前正經過哪兒。「觀察同時指標」就像是從旁邊的車窗看出去一樣，讓你知道你正在什麼地方。要注意的是，並非所有

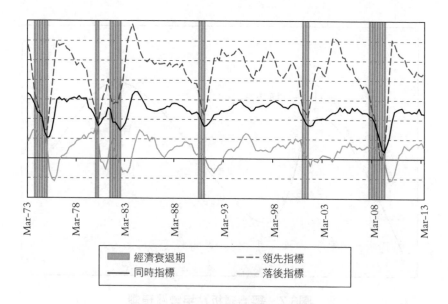

圖6.8　領先、同時與落後指標

資料來源：Variant Perception，彭博資訊。

的數據都一樣重要：最有用的其實是「領先指標」；「領先指標」會告訴你前方常有彎道、有時甚至佈滿坑洞；但奇怪的是，中央銀行多半花了大部分的時間看照後鏡，鮮少關心前方的道路。（想像一下這樣開車怎麼可能開得到終點？）

　　試著用直覺想一下經濟是如何運作的。聯準會的目標是通膨和就業，但這兩種指標在定義上都只能告訴你過去已發生，而不是未來的事。如果你開一間工廠，你不太可能只因為一、二個月營運狀況不佳就裁員；通常你會等到確定經濟狀況實在不好的時候才會這麼做。裁員後再招聘其實很花成本、耗時，同時形象也不佳。同樣的，如果觀察通膨，超市經理也不會因為一個月的業績大好就漲價，他們也會等到確定需求實在強勁並且持續才會考慮這麼做。重新定價是一件苦差事，如果太早漲價，有可能很快就得調回來，不僅費時，代價也不小。

　　做了以上的頭腦體操後，各位應該不難理解失業和通膨是兩個最落後的經濟指標了。他們只能告訴你過去經濟的樣貌，而不是未來會朝哪兒走。事實上，他們往往是反指標。中央銀行大量關注在這些最落後的指標上，就像是看著後照鏡開車一樣。信不信由你，當失業率最低的時候往往就是經濟衰退的開始；通膨在最高點時往往經濟已經衰退，在谷底時經濟開始擴張。

　　相反地，有些資訊能夠為經濟活動提供非常前瞻的訊息。營建許可（building permits）就是其中一種可依賴的經濟活動領先指標。用邏輯來想一下：如果你取得了蓋一棟房子的許可，幾個星期後得雇一些工人到現場開工，少則數月多則幾年才能把房子蓋好。然後還得買傢俱、家電及其他用品。營建業的復甦對經濟的許多層面都是極大的正面訊號，瞭解營建許可的增加或減少，有助於觀察經濟將往何處走下去。在過去七十年間，營建許可的變化引導了每一次景氣循環。圖6.9將這個關係清楚的描繪出來。為何聯準會看不到房市泡沫破滅對其他經濟活動無可避免會產生影響的連鎖反應？如此失職讓人不禁感歎。

　　當中央銀行只關注在沒用的花俏模型上，真正領先的經濟指標像是營

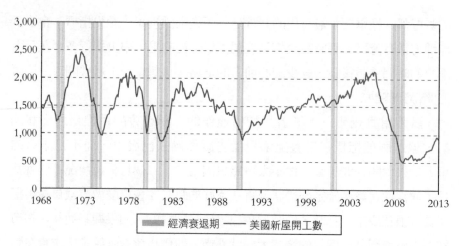

圖6.9　新屋開工數（千戶）與經濟衰退（灰色柱為經濟衰退期）

資料來源：Variant Perception，彭博資訊。

建許可、貨幣供給成長率、平均工時和殖利率曲線都已經告訴我們未來的
經濟走向。（聯準會的研究員對殖利率曲線的研究多到不行，不過根本無
需在意，或是乾脆把這些研究喊停即可。）這些經濟的領先指標才是最有
用的，但通常被忽略。投資人只要花點心思關注就能占得先機。

　　更令人感歎的是，領先、同時、落後指標早就在數十年前就已經完
成了。1938年國家經濟研究局（NBER）的研究員亞瑟‧伯姆斯（Arthur
Bums）和魏斯理‧米契爾（Wesley Mitchell）最早提及並開發出同時、領
先和落後指標的一套體系，直到今天美國商務部仍定期公布這些數字。

　　每個人都能在網路上找到這些數字（聯邦準備銀行聖路易分行甚至主
持這項計畫！）聯準會想必一定看得到，但應該幾乎沒花太多心思在上
面。在每一次衰退之前，領先指標都率先轉負而且急速下探。而聯準會每
一次也都看不到衰退就在眼前。

即時做出決策

經濟學家對未來的預測如此差勁，有一個見不得人的小秘密，那就是他們長期以來都靠著沒什麼用的資訊來進行預測，用的都是老舊或「過時的」的資訊。如果用錯了資訊，很難在當下做出正確的決策。

幾乎所有的經濟數據都會面臨修正。這修正可能發生在初次公布後的三、六、甚至十二個月後；有些資訊更要在許多年後才會修改。有些修正幅度不大，但有時候就會很劇烈，其中變動最大的要算是就業市場和GDP的數據了。不過壞消息是，修正幅度最大的時候，往往也是經濟面臨轉折時。如果你是必須利用這些資訊來做決策的中央銀行家或是投資人，一旦用的是官方資料，事情大多都會搞砸。我們發現每個月第一個星期五公布的失業率資料，會帶給許多人極大的困擾，有時令人發噱。人們依照這類資訊進行交易，但資料本身會被修正，因此造成的損失也只有自己承擔。

舉一個絕佳的例子，來說明一開始公布的成長率預測值會和實際偏離多遠。當雷曼兄弟破產，美國經濟正歷經急速下滑時，最初公布2008年第四季的GDP預測是衰退3.8%（年化）；但後來經濟學家修正預測時，居然一口氣變成衰退9%（年化，請見**圖**6.10）。換句話說，聯準會所依據的資訊不僅在轉折點失準，還差很大。

過去四十年來，初次公布GDP季成長預測值和最終的修正值相比，平均差了1.7%。這真是不小的修正，在**圖**6.11中可清楚看出。實務上，這意味著有可能在初期預估GDP為成長，最後卻出現衰退。身為投資人，如果已知最後的結果，投資決策應該會大不相同。

接下來讓我們看看實務上資料修正如何運作。

還記得1992年柯林頓總統競選時的口號：「笨蛋，問題在經濟？」這是歷屆總統大選中最令人印象深刻的其中一句話，並且成功引起選民的共鳴。在1990至1991年間的波斯灣戰爭，老布希總統（George H. W. Bush）

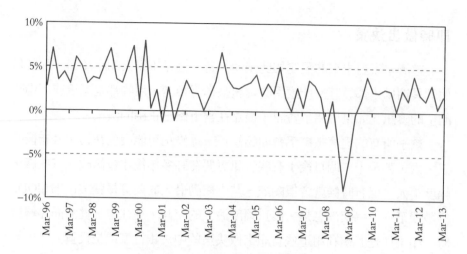

圖6.10　美國實質GDP成長率

資料來源：Variant Perception，彭博資訊。

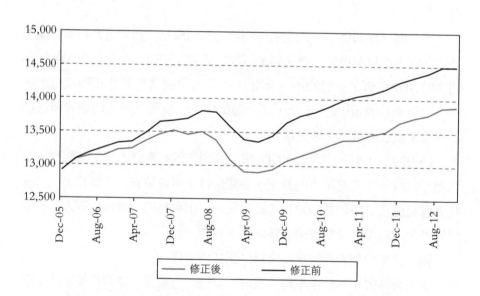

圖6.11　GDP原先預測值與後來的修正（單位：10億美元）

資料來源：Variant Perception，彭博資訊。

[13] 享有超過90%的高支持度；但僅僅不到一年，選民卻用選票請他下台。老布希總統任內的經濟衰退讓他付出了連任失敗的代價。（「仔細聽好了」這招也沒用！）**[14]**

在大眾的印象中，1992大選年，美國深陷經濟衰退的泥沼。但詹姆士‧漢彌爾頓（James Hamilton）**[15]** 教授寫了一篇論文，名為：「及時告知衰退」（Calling Recessions in Real Time）：

> 在1992年10月13日的副總統大選電視辯論上，民主黨副總統候選人高爾（Al Gore）指出：「這段時間是自大蕭條以來經濟最差的一段時期。」雖然今日看來，1990至1991年是戰後最短、也是最溫和的經濟衰退之一，但在1992年12月22日（總統大選結束前）國家經濟研究局（NBER）並不這麼認為，它後來宣布這次的衰退實際上在1991年3月就結束了。如果真如高爾所言，衰退是從1990年8月開始，直到1992年10月還沒結束，那還真是1933年以來最長的衰退期。

即便老布希總統憂心經濟，請求聯準會調降利率。但衰退早在大家認清之前便已開始，並在每個經濟學家搞清楚前就已結束。

這是個典型的「過時」資訊所帶來的問題。1991年7月，經濟學家手中掌握的資料其實是錯誤的。當時顯示經濟成長在1990年就已放緩，但直到當年第四季才開始下滑，並且只持續了二季。

不過一年後政府公布了修正值，樣貌卻全然不同。修正後的資料指出，衰退在1990年第三季就已開始，並且持續到1991年第一季。這差異實

---

[13] 老布希總統（1924- ）：美國第五十一任總統，1992年敗給民主黨參選人柯林頓連任失敗。

[14] "read my lips"（仔細聽好了！）原是一句美式俚語，1988年美國總統大選，老布希說出了這句名言："Read my lips: no new taxes."，為他贏得了美國總統寶座。

[15] 詹姆士‧漢彌爾頓（1954- ）：美國加州大學聖地牙哥分校（UCSD）經濟學教授，此處引用的是他在2010年5月13日發表的一篇論文。

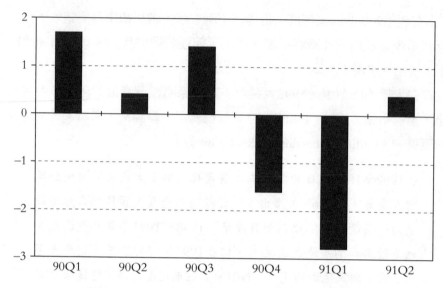

圖6.12　1990-1991年GDP成長率原始預估值

資料來源：Variant Perception，彭博資訊。

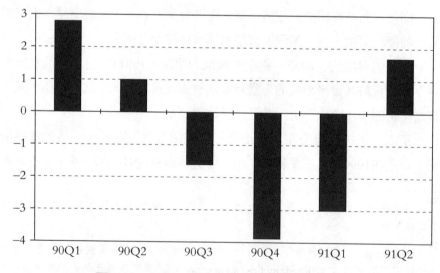

圖6.13　1990-1991年GDP成長率修正值

資料來源：Variant Perception，彭博資訊。

在不小，各位可以從**圖6.12**和**圖6.13**的比較可以看出。

差異不僅僅是衰退開始得比經濟學家以為的要早（1990年第三季 vs. 第四季），向上翻揚也比較早（1990年第四季 vs. 1991年第一季）。到了1992年10月，當老布希總統對上柯林頓尋求連任，經濟早已復甦十八個月。但《投資者商業日報》（*Investor's Business Daily*）當時曾指出，報紙上90%的經濟新聞都是負面的消息。暢銷刊物製作了一連串經濟末日的封面，包括1992年9月的《時代雜誌》（*Time*）以亮黑色封面問道：「經濟：隧道的盡頭有亮光嗎？」（The Economy: Is there light at the end of tunnel？）《時代雜誌》實在錯得離譜。當經濟反轉向上，1992年出現了美國經濟史上難得的好年頭，全年GDP成長達3.4%。當然，當時的聯準會和經濟學家們同樣未能預測到成長。

如果醫生像經濟學家判斷衰退一樣，對診斷疾病總是慢半拍，他們可能會在你死了以後才說你病了。

我想大家都會有一個疑問：「如果所有的經濟學家都只能在事後修正數據，你如何能在當下知道經濟發生了什麼事？你怎麼避免『過時』資料的問題？」關鍵在於：經濟學家、投資人、政策制訂者都得用未來無須修正的數據和價格資料，在當下做出決策。例如，從抵押債、公司債、到股票價格都隱含了未來的訊息。各位可以每天在報紙上找到股價和殖利率資料，這些資料不會每三個月、一年、甚至二年後更動。各位眼中看到的就是真實的價格。

各位有看過哪部電影，裡面的英雄可以提早發現未來才會發生的事？我們沒看過，也不會。在經濟上也不需要時光機。到目前為止，對經濟活動的最佳預測指標是殖利率曲線（yield curve）。所謂「殖利率曲線」是指從短期到長期政府債券殖利率的利差（spread）。例如，交易員最常觀察的是二年期和十年期債券，或是三個月國庫券（Treasury Bill）和十年期債券的利差。在正常的情況下，長天期債券的殖利率永遠高於短天期債券。然而，在經濟衰退前，殖利率曲線往往會出現反轉，也就是短天期債券的殖利率高於長天期。信不信由你，反轉的殖利率曲線出現後每

次都接著經濟衰退（只有一次例外，不過那次經濟成長也明顯放緩）。

除了殖利率曲線的妙用已被杜克大學的坎貝爾・哈維（Campbell Harvey）教授證明，柏南克的一些同僚們：費德瑞克・米希金（Frederic Mishkin）、奧圖羅・艾斯特拉（Arturo Estrella）也對殖利率曲線作了極佳的研究。聯邦準備銀行紐約分行曾為他們出版論文。而他們也直言不諱：

> 殖利率曲線——特別是三個月國庫券和十年公債之間的利差——是十分重要的預測工具。它們簡單易懂，但卻比其他金融和經濟指標有用得多，通常出現得比實際衰退要早二至六個季度。1981年第一季，殖利率利差平均為-2.18%[16]，隱含未來四季發生衰退機率高達86.5%。結果，一如預測出現衰退，國家經濟研究局（NBER）後來認定那次衰退始於1982年第一季。
>
> ……殖利率曲線比其他預測指標表現都好很多，預測時間較為提早，運用起來更得心應手。

當衰退迫近眼前，多數經濟學家仍渾然不覺時，殖利率曲線早在六到十八個月就預見了。圖6.14顯示，過去四十年間，殖利率反轉成功的預測了每一次的經濟衰退。

只不過，聯準會忽略了自己對殖利率曲線的研究成果。2006年8月殖利率曲線再次出現反轉，十六個月後經濟的確進入了衰退。這對經濟學家來說應該是再明顯不過的訊號了吧！但並沒有。到了2006年底至2007年初，殖利率曲線反轉得更明顯了。如果當時不理會葛林斯潘、柏南克，以及其他多數經濟學家的言論，只觀察殖利率曲線，應該可以預見2007年經濟會出現衰退了。（墨爾丁當時看到了這個訊號，加上其他指標，預測經濟即將衰退。他也在電視和媒體不斷強調熊市即將來臨。當他認為對的事，做起來決不退縮。）

---

[16] 指當季三個月國庫券殖利率平均高於十年期公債殖利率的2.18%。

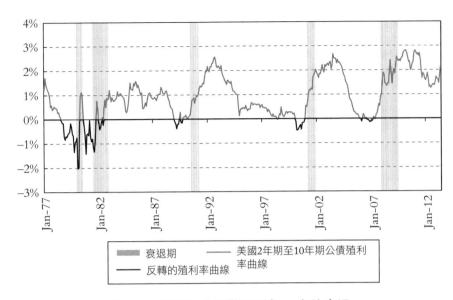

圖6.14 殖利率曲線警示了每一次的衰退

資料來源：Variant Perception，彭博資訊。

　　那一次特別不一樣。衰退的訊號不僅出現在美國，更是遍地開花。2007年底至2008年初，幾乎主要國家的殖利率曲線都反轉了。很少看到這麼多國家殖利率曲線在同一時間出現反轉，這應是全球即將同時進入衰退的警鐘了。當時只要買一本《經濟學人》雜誌，翻到最後幾頁就可以看到了（我們在**表6.1**中照原表列出）。然而，全球央行完全忽視殖利率曲線和利率飆升的訊號。例如，在2008年6月，歐洲央行升息，當時美國已進入衰退六個月了，歐洲也正式進入衰退。

　　既然我們已知殖利率曲線是個有用的經濟預測工具，各位可能想知道現在的殖利率曲線傳達給我們什麼樣的訊息。我們很高興有這樣的問題，這也是我們常拿來問自己的問題。

　　不過不幸的是，殖利率曲線如今的預測能力大不如前。本書前面提到了金融抑制，以及中央銀行如何人為地壓低政府債券殖利率。中央銀行不僅扭曲了政府債券殖利率，也扭曲了殖利率曲線的形狀。

表6.1 全球都出現了殖利率反轉

	最近12個月貿易收支（10億美元）*	經常帳餘額		匯率（每1美元兌換當地貨幣）		政府預算收支占GDP（%）-2007年†	利率水準（%）	
		最近12個月（10億美元）	占2007年GDP %	2007/12/18	一年前		3個月期	10年期政府公債
美國	-806.4（10月）	-752.4（第3季）	-5.5	-	-	-1.2	4.16	4.12
日本	+107.6（10月）	+211.3（10月）	+4.7	113	118	-2.6	0.73	1.51
中國	+259.8（11月）	+249.9（2006）	+11.4	7.39	7.82	0.2	4.35	4.87
英國	-165.8（10月）	-86.6（第2季）	-3.3	0.50	0.51	-3.1	6.41	4.74
加拿大	+49.0（10月）	+16.3（第3季）	+1.5	1.01	1.16	1.0	3.86	4.02
歐元區	+51.7（10月）	+34.2（9月）	+0.1	0.69	0.76	-0.9	4.88	4.32
奧地利	+0.9（9月）	+12.3（第2季）	+2.8	0.69	0.76	-0.6	4.88	4.40
比利時	+19.2（10月）	+13.0（6月）	+2.5	0.69	0.76	-0.4	4.88	4.42
法國	-47.4（10月）	-28.3（10月）	-1.2	0.69	0.76	-2.4	4.88	4.39
德國	+263.1（10月）	+207.8（10月）	+5.8	0.69	0.76	-0.3	4.88	4.31
希臘	-52.1（9月）	-43.2（10月）	-13.6	0.69	0.76	-2.7	4.88	4.59
義大利	-12.0（10月）	-47.7（9月）	-2.5	0.69	0.76	-2.4	4.88	4.59
荷蘭	+54.4（10月）	+57.2（第3季）	+7.6	0.69	0.76	-0.3	4.88	4.38
西班牙	-126.0（9月）	-126.1（8月）	-9.3	0.69	0.76	1.8	4.88	4.41
捷克	+3.7（10月）	-5.4（10月）	-3.8	18.2	21.0	-3.9	4.09	4.72
丹麥	+4.2（10月）	+4.3（10月）	+1.5	5.18	5.66	3.8	5.00	4.40
匈牙利	-0.8（10月）	-6.8（第2季）	-5.8	177	193	-6.0	7.50	7.05
挪威	+56.3（11月）	+59.9（第3季）	+14.6	5.59	6.19	18.9	5.89	4.69
波蘭	-11.7（10月）	-16.2（10月）	-4.1	2.51	2.90	-1.8	5.69	5.59
俄羅斯	+124.0（10月）	+73.5（第3季）	+6.1	24.7	26.3	3.0	10.00	6.31
瑞典	+18.5（10月）	+29.4（第3季）	+7.0	6.56	6.86	2.9	4.02	4.35
瑞士	+11.2（10月）	+64.9（第2季）	+16.2	1.15	1.22	0.3	2.78	2.99
土耳其	-59.6（10月）	-35.2（10月）	-7.4	1.19	1.43	-2.5	17.13	6.05#
澳洲	-15.9（10月）	-49.9（第3季）	-5.8	1.16	1.28	1.6	7.35	6.28
香港	-21.9（10月）	+24.9（第2季）	+9.6	7.80	7.78	2.0	3.73	3.26
印度	-66.0（10月）	-9.7（第2季）	-1.1	39.5	44.8	-3.4	7.42	8.15
印尼	+41.2（10月）	+11.0（第2季）	+2.4	9,395	9,140	-1.4	8.04	6.61#
馬來西亞	+29.3（10月）	+27.6（第2季）	+13.5	3.35	3.58	-3.2	3.62	4.77#
巴基斯坦	-15.2（11月）	-7.3（第3季）	-4.7	60.7	60.9	-4.6	9.84	8.19#
新加坡	+35.8（11月）	+46.3（第3季）	+24.5	1.46	1.54	0.3	2.56	2.76

（續）表6.1　全球都出現了殖利率反轉

	最近12個月貿易收支（10億美元）*	經常帳餘額 最近12個月（10億美元）	占2007年GDP %	匯率（每1美元兌換當地貨幣） 2007/12/18	一年前	政府預算收支占GDP（%）-2007†	利率水準（%） 3個月期	10年期政府公債
南韓	+17.4（11月）	+9.7（10月）	+1.0	939	932	0.7	5.71	5.79
台灣	+17.6（11月）	+28.4（第3季）	+6.3	32.6	32.7	-2.1	2.70	2.61
泰國	+10.5（10月）	+12.9（10月）	+4.6	33.7	35.9	-1.9	3.90	4.72
阿根廷	+10.7（10月）	+7.4（第2季）	+2.7	3.14	3.06	1.2	14.50	na
巴西	+41.4（11月）	+7.4（10月）	+0.7	1.81	2.15	-1.8	11.18	6.16#
智利	+24.8（11月）	+6.7（第3季）	+4.4	499	527	8.8	6.36	4.78#
哥倫比亞	-1.8（9月）	-4.8（第2季）	-3.8	2,011	2,254	-0.2	8.90	5.88#
墨西哥	-12.1（10月）	-7.5（第3季）	-0.5	10.9	10.8	nil	7.44	8.08
委內瑞拉	+23.4（第3季）	+20.2（第3季）	+9.2	5,675	3,283@	-1.4	11.35	6.55#
埃及	-15.8（第2季）	+2.7（第2季）	+1.8	5.53	5.71	-7.5	6.98	5.50#
以色列	-9.7（11月）	+5.9（第3季）	+3.8	3.95	4.19	-0.1	4.64	5.71
沙烏地阿拉伯	+146.6（2006）	+98.9（2006）	+25.5	3.76	3.75	21.8	4.01	na
南非	-11.3（10月）	-19.9（第3季）	-6.8	6.92	7.02	1.0	11.30	8.50
其他國家（未在當期《經濟學人》雜誌列出者）								
愛沙尼亞	-4.1（9月）	-3.2（10月）	-14.8	10.9	11.9	3.0	7.30	na
芬蘭	+12.7（10月）	+14.2（10月）	+6.2	0.69	0.76	4.4	4.65	4.38
冰島	-1.6（11月）	-3.0（第3季）	-16.9	63.0	69.1	5.3	14.15	na
愛爾蘭	+36.9（9月）	-10.5（第2季）	-5.2	0.69	0.76	1.2	4.88	4.48
拉脫維亞	-7.2（10月）	-6.4（9月）	-22.2	0.48	0.53	0.4	9.46	na
立陶宛	-6.7（10月）	-4.6（10月）	-14.5	2.40	2.62	-0.5	7.22	na
盧森堡	-5.9（9月）	+4.6（第2季）	n/a	0.69	0.76	1.0	4.88	na
紐西蘭	-4.2（10月）	-9.2（第2季）	-8.1	1.33	1.44	4.6	7.30	6.37
秘魯	+8.6（10月）	+2.2（第3季）	+1.9	2.98	3.20	0.7	5.00	na
菲律賓	-4.3（9月）	+6.4（6月）	+6.7	42.0	49.4	-0.8	6.56	na
葡萄牙	-24.1（9月）	-18.4（9月）	-8.5	0.69	0.76	-3.0	4.88	4.50
斯洛伐克	-0.9（10月）	-4.0（未知）	-4.7	23.3	26.5	-2.9	4.14	4.62
斯洛維尼亞	-2.8（10月）	-1.6（9月）	-3.3	0.69	0.76	-0.5	na	na

說明：* 僅商業貿易額；† 《經濟學人》票選或「經濟學人資訊社」預測；# 美元計價債券；@ 非官方匯率資料
資料來源：《經濟學人》雜誌，2007年12月22日。

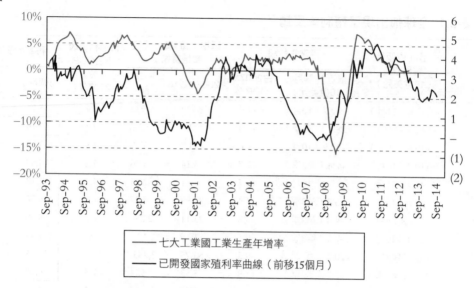

圖6.15 殖利率曲線預測了全球工業生產活動

資料來源：Variant Perception，彭博資訊。

　　即使如此，我們還是可以看看今天的殖利率曲線傳達給我們的訊息。**圖6.15**顯示七大工業國（G7）的殖利率曲線和工業生產（industrial production）年增率，可以看出殖利率曲線領先景氣榮枯大約一年多。目前，殖利率曲線走平，隱含2014年工業生產活動會下降。我們已知殖利率曲線是工業活動的最佳預測值，但因為聯準會刻意將曲線壓平，他們壓迫了存款者，無法建立健康的經濟環境。我們如今生活在一個顛倒世界。

　　中央銀行家的操縱不只扭曲了殖利率曲線，聯準會和全球央行也扭曲了經濟活動和領先指標。幾乎所有的指標都被扭曲影響：股價、商品價格、信用利差（credit spread）、殖利率曲線。領先指標向來對理解經濟未來走向非常有用，但因為中央銀行的操縱和扭曲，下次衰退發生的時間就只能憑空瞎猜了。

太寬鬆也太長久

職業曲棍球的傳奇人物韋恩・葛雷斯基（Wayne Gretzky）[17]曾說過一段話：「好的球員是滑向曲棍球餅，但偉大的球員是滑向球餅要去的方向。」在貨幣政策的世界裡也可以這麼比喻，偉大的政策跟今天的經濟狀況無關，而是跟明天的走向緊密關聯。

貨幣政策有其延遲性，它不會立即影響經濟，但會隨著時間過去，而逐漸發酵。偉大的米爾頓・傅利曼（Milton Friedman）形容它是「長期且可變的延遲」（long and variable lags）。調整利率在六到十二個月間不太會影響成長和物價，有時還會耗時更長。升息對抑制物價的影響在一年內都不見得會有效果，因此若聯準會要壓抑通膨，它必須早點採取措施；如果等到真的看到通膨才動手，還得多等一年才看得到效果。前聯準會副主席艾倫・布萊德曾觀察到，邦克山戰役（Battle of Bunker Hill）[18]的策略對貨幣政策是沒有用的：「如果要等到敵人近在眼前才開始進攻，那你就死定了。」

現在讓我們來看看過去二次衰退期間，聯準會對於升息的會議紀錄。

還記得1990年初有多少經濟學家認為美國不會進入衰退嗎？直到1992年他們驚覺衰退已至，仍只是回顧過去，堅稱美國只是陷入經濟低迷而已。不過那個時候，美國經濟卻已強勁復甦。到了1994年，美國開始擴

---

[17] 韋恩・葛雷斯基（1961- ）：加拿大著名曲棍球運動員，被許多人認為是曲棍球史上最偉大的運動員，他曾經率領愛德蒙頓油人隊（Edmonton Oilers）四次奪得斯坦利杯，九次當選MVP，十次獲得得分王頭銜。

[18] 邦克山戰役是發生於1775年美國獨立戰爭波士頓之圍期間的一場軍事衝突。當時北美英軍總司令托馬士・蓋奇（Thomas Gage）在波士頓被民兵包圍，決定等待英軍的援軍由海路抵達，未有大規模軍事行動，導致民兵先行占領多徹斯特及邦克山。後來英軍突圍，奪取了波士頓對岸的查爾斯鎮險要，卻付出沉重代價。英軍一共有226人陣亡，是整場獨立戰爭中傷亡人數最多的戰役。民兵雖然落敗，但傷亡較少，繼續包圍波士頓，戰事因此陷入僵持。

張，經濟成長是1984年以來最快的一年。而聯準會卻遠遠落後現實，直到此時才開始升息，短短十二個月間連續升息達3%。不過聯準會這時升息已無法對1994年開始的通膨上升有任何作用了。事實上，這波升息直到1995和1996年才開始抑制通膨。

不論聯準會什麼時候開始升息，總會開始有壞消息出現。這不難理解，1994年的快速升息扼殺了許多在債券市場上利用槓桿操作的投資人，橘郡（Orange County）的利率衍生性商品市場就破滅了[19]，造成了美國史上最大的市政債（municipal bond）破產的紀錄。新興市場的股市和債市也遭重擊，墨西哥在金融危機的肆虐下被迫讓貨幣貶值。如果今天聯準會開始升息，我們將會看到更多類似橘郡的破產和墨西哥龍舌蘭危機（Tequila Crisis）。全球在「紅色教條」下維持太低的利率，代表有成千上萬個類似橘郡的投資人；這也是為何金融市場對於聯準會縮減量化寬鬆的建議如此緊張的原因。一旦量化寬鬆收場，升息還會遠嗎？

讓我們很快回顧一下2000年網際網路泡沫破滅後的經濟復甦。

那斯達克（NASDAQ）崩盤後，美國經濟進入衰退，當時聯準會將聯邦基準利率從2000年底的6.5%降到2003年中的1%。葛林斯潘和柏南克很擔心通貨緊縮，即便領先指標已出現了和他們截然不同的成長和通膨趨勢。經濟已開始加速成長，然而聯準會仍維持低利率，而當他們開始升息時為時已晚，美國房市泡沫早已成形。而最後我們都已知那不幸的結果。

回到1970年代

從各方面判斷，我們相信現在全球各國的中央銀行家依然是看著照後鏡，奮力駕駛著「紅色教條」座車。在本書第二章裡，我們看過1970年代經濟學家相信高通膨帶來低失業率的觀點。而如今，我們仍未看到量化寬

---

[19] 橘郡位於美國加州南部，洛杉磯東南方，人口約300萬，是美國相對富裕的區域。1994年，橘郡因市政府財務主管投資利率衍生性金融商品發生大量虧損，致橘郡政府宣布破產，最後以裁員和縮減市政服務來償還債務。

鬆對就業市場有多大的助益，但柏南克和其他聯準會理事仍堅稱持續印鈔買政府公債的原因是勞動市場依然疲弱。請注意他們並沒有說是為了對抗通貨緊縮，而是就業，他們仍相信輕微的通膨是造成高就業率的最佳妙方。我們彷彿回到了1970年代和菲利普曲線（Philips Curve）為伍[20]。聯準會承諾將持續放寬貨幣直到失業率降至6.5%以下，即使這樣，也沒有證據顯示量化寬鬆和失業率之間有何直接關聯，只是讓通貨膨脹蠢蠢欲動罷了。

（我們還沒開始計較失業率是怎麼算出來的。相比之下，通膨的計算方式就直接了當得多！）

中央銀行家再三說明不會立即停止非正規政策。柏南克在眾議院經濟委員會聯席會議上的證詞，讓投資人相信聯準會將一直寬鬆下去。他說：「提早收緊貨幣政策將導致利率暫時上升，但卻讓經濟陷入停滯及衰退的風險大增，通膨也將進一步萎縮。」

這時，溫和的通膨給了中央銀行和一些對通縮抓狂的經濟學家像保羅·克魯曼一種錯誤的安全感。今天通膨之所以低是因為它是個落後指標。我們曾談過，企業在經濟剛開始復甦時是不會漲價的，他們會等到需求確實強勁時才會這麼做。同樣的，企業也不會因業績差一點就開始裁員；因為如果他們真這麼做，將來就會發現很難找人或漲價。這就是為什麼過去一個世紀間，通膨往往在衰退中期達到最高，而在經濟開始擴張時達到最低的原因。通膨告訴我們的大多是過去，很少關於未來。過去幾年疲弱的全球經濟已讓通膨奄奄一息，當通膨開始上升時，相信中央銀行家會再次看著照後鏡，眼睜睜看著數兆美元的貨幣到處流竄。

如果中央銀行在好年頭時沒能管理好正規貨幣政策，我們為什麼要相信他們今天會把非正規政策做好？

---

[20] 菲利普曲線：統計學家威廉·菲利普（A. W. Philips）在1958年提出，根據英國近百年的通貨膨脹與失業率的數字，畫出一條兩者的關係曲線。以工資成長取代通膨率，說明兩者之間的反向關係。即高通膨伴隨低失業率，低通膨伴隨高失業率。

曾有個喜劇演員說過，再婚是希望戰勝了經驗[21]。選擇相信中央銀行會做對事的人正是這麼想的。

● **本章重點**

在本章中，我們學到了：

1.中央銀行認為他們可以在對的時間做出對的決策，脫離「紅色教條」。不幸的是，他們過去在認清當前經濟情況的紀錄並不怎麼樣。

2.經濟學家沒有預測衰退的能力。過去幾十年間，他們幾乎在全世界每一次的經濟衰退預測中都失準。

3.中央銀行對當前經濟現況的判斷和走向沒什麼特異功能，幾乎所有經濟學家的預測紀錄都不良，也都無法當下認清過去的每一次衰退。

4.經濟學家對衰退經常判斷錯誤的原因是因為他們關注的方向錯了。他們只關心經濟的落後指標。

5.經濟數據經常在公布後數月至數年間進行修正，這稱為「過時資訊的問題」。如果太關注經濟數據，往往無法理解當下發生了什麼事。若要理解當下發生的事，經濟學家最好關心的是「不會被修正的價格」。

6.經濟的領先指標說的是未來；同時指標說的是現在；落後指標說的是過去。可惜多數的經濟學家關心的是落後指標，而這就好比看著後照鏡開車。

7.聯準會仍然依賴那些無法預見過去幾次衰退的模型。

8.中央銀行扭曲了殖利率曲線、股價、信用利差，以及其他原本能提供關於未來有用訊號的價格。

---

[21] 指的是愛爾蘭著名的喜劇作家王爾德（Oscar Wilde, 1854-1900）所說過的一段話。原句為："Marriage is the triumph of imagination over intelligence. Second marriage is the triumph of hope over experience."（結婚是想像戰勝了理智，再婚是希望戰勝了經驗。）

CHAPTER 7

逃逸速度[1]

資金流向的重要性在於它連結著過去和未來。

————約翰‧梅納德‧凱因斯（John Maynard Keynes）

拿貨幣數量當作目標的政策從未成功過。我不確定一旦做了，
能否一直堅持下去。

————米爾頓‧傅利曼（Milton Friedman）

《金融時報》（*Financial Times*），2003年6月7日

幾年前，一位傳道士兼廣播員哈洛德‧坎培（Harold Camping）預測
耶穌將在2011年5月21日降臨地球。他的信徒於是走上街頭，廣發
小冊子宣揚：「世界末日即將來臨。」連本書其中一位作者在紐約街頭都
被力邀去聽了一場「審判日要來了」的演講。幸好，後來世界還在；但對
哈洛德‧坎培來說可就不太妙了，他的信譽因此一敗塗地。信徒們理應
會相當失落，在2011年5月21日那天決定回過神來，繼續過著正常的生活
吧。但是錯了，因為人們總有理由去欺騙自己，結果坎培改了世界末日的
日期，至少在下次預言失準前，他的信眾仍然相信他。（這已經是他第三
次預言失準了，應該將他棄之不理。不過這還是給了我們一個啟發：如果
要預測一件事，千萬別把日期設在自己的有生之年。）

在經濟政策當中也可以發現類似的情形：四處佈滿敵人，而且預測

---

[1] 逃逸速度（escape velocity）原為天文物理名詞。是指為擺脫地心引力束縛飛離重
力場所需的最低速率。

結果都不忍卒睹。不過目前為止，這些預言都還沒成真，什麼事都沒發生，不過即使事實蓋過了深植人心的期望，他們也不會承認錯誤。

通膨主義人士相信惡性通膨不久即將到來。當中央銀行開始量化寬鬆時，許多人便預測通膨即將上升，甚至出現惡性通膨。他們相信整個世界是處在威瑪共和（Weimar Republic）時代[2]，鈔票印得太多，人們必須裝在手推車才能上街買東西。

通膨主義人士們建議投資人去買黃金避險，以免貨幣貶值。他們預期一旦貨幣供給加倍，中央銀行又為政府支出融通，通膨就會暴增，金價將一飛沖天。但是當本章寫作之時，美國、歐洲以及許多新興國家的各項通膨指標只呈現溫和上升，而金價卻已跌了30%。但事實證明預測失準並沒有讓這些人士對通膨的信念有絲毫動搖。就像邪教人士那樣，他們仍深信通膨將肆虐全世界，批評中央銀行壓抑金價，只不過日期延後了。

另一頭則是通縮主義人士。他們相信全世界陷入1930年代的經濟恐慌，最好的解決辦法是讓政府任意花錢，中央銀行印鈔來支應其開銷，而各國採取貶值匯率的策略。他們想要鉅額、有野心的支出計畫，中央銀行大膽、甚至有點放任——就像「負責任地不負責」（responsibly irresponsible），去執行他們的任務。通縮主義人士相信，如果沒有照他們的建議去做，我們會陷入另一個更糟的大蕭條，或是進入一個長期黑暗的深淵，就像過去這段時間的日本。

即使多數國家採行了通縮主義人士的主張，這些人（或稱之為新凱因斯主義）仍批評政府的支出、中央銀行的融通（印鈔）、貨幣貶值的幅度都不夠。「紅色教條」政策無法帶來實質的經濟成長，但這並沒有降低他們的信念。在他們的思維裡，支出和印鈔永遠不夠。對他們而言，現今世界的狀況證明了需要加強他們的處方劑量。

---

[2] 威瑪共和時代：指德意志帝國在第一次世界大戰戰敗後，在1918至1933年期間採用共和憲政政體的德國。由於凡爾賽條約迫使德國交出資源豐富的國土和巨額賠款，迫使威瑪政府大量印製鈔票應付其赤字，結果引起惡性通貨膨脹。是西方歷史上最嚴重的惡性通膨期之一。

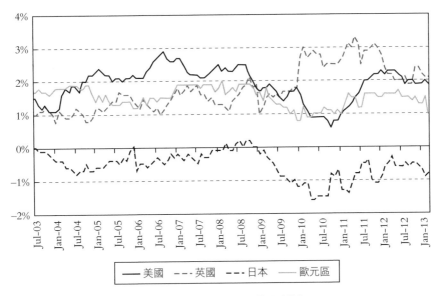

圖7.1　多數國家的通膨緩和

資料來源：Variant Perception，彭博資訊。

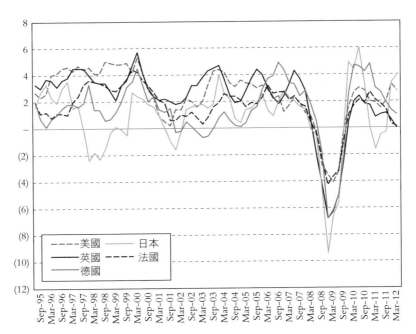

圖7.2　美國、英國、日本呈現低成長；歐元區呈現衰退

資料來源：Variant Perception，彭博資訊。

通膨主義人士和通縮主義人士都像是哈洛德‧坎培的邪說信徒；而雙方也都沒有足夠的證據證明另一方是錯的。就像大多數的情況，真相往往位於二者之間。貨幣供給的大量增加的確會導致高通膨，而通縮人士主張有時需要「紅色教條」的思維也沒有錯。但是得看時機和場合。

在本章裡，我們將告訴大家經濟上發生的真實情況，以及為何中央銀行卯足全力，高通膨和高成長卻都沒出現的原因。經濟社會的構造不像車子那麼複雜，但我們也會打開引擎蓋看看引擎、變速箱和傳動軸如何運作。我們也會觀察當前的經濟狀況，以及什麼是中央銀行該知道的真相。

困在流動性陷阱中

經濟社會就像一台車，有著許多運作的零件，坐在車後座的每個人都認為自己會開車，但車禍仍是不斷。但嚴格來說，用車來比喻是很恰當的，特別是那些全球經濟大國。

目前，中央銀行把鈔票變得廉價且充裕，而這些被創造出來的鈔票其實並沒有在經濟社會裡流通，也沒有刺激需求。用車子來比喻是他們能大力踩油門，同時把引擎灌滿油，但變速箱卻已經壞了，車輪也不會轉。也就是說，缺乏傳動系統的協助，貨幣政策也沒用；這不是常見的現象，但卻是現在進行式。在信用危機發生後，中央銀行就算把名目利率降到零，也不足以刺激經濟了。經濟學家稱之為「流動性陷阱」（liquidity trap）（雖然這個名詞和凱因斯最初的意義有點出入）。

金融危機將我們帶進了流動性陷阱，每個人瞭解最好手中握有現金就行。大蕭條時期許多國家就發生了流動性陷阱的現象，日本自1989年泡沫破滅後歷經了最長時期的流動性陷阱。

研究流動性陷阱的經濟學家瞭解，平時可行的經濟規則在此時不管用。大規模的預算赤字無法提振利率；印鈔也不是通膨手段；而削減政府支出對經濟更是造成極大的衝擊。

事實上，在債務危機後發生的經濟衰退，成長都極低。例如奧斯卡‧

喬達（Oscar Jorda）、莫瑞茲・舒拉瑞克（Moritz Schularick）和艾倫・泰勒（Alan Taylor）的研究[3]發現，在信用快速擴張後發生衰退的那幾年，大多都比其他型式的衰退來得糟。他們的研究發現，主因是債務泡沫後很難讓成長元氣恢復。

中央銀行希望創造出緩和的通膨，以降低實際價值，但是做起來卻困難重重。創造通膨可不像印鈔或壓低利率那麼容易。西方中央銀行過去數十年來已建立了極高的信譽，1970年代的高通膨對今天多數投資者來說已是亙古已久的回憶，也幾乎沒有人嚴肅地看待惡性通膨。像英國從未經歷過惡性通膨，美國上一次的惡性通膨得回溯到1770年代——當大陸會議決定用印鈔票來支應獨立戰爭時引發的高通膨。（這就是憲法第一章第十節的架構來源：任何州不得……鑄幣、發行信用票據，只能以金幣和銀幣作為償還債務的法定貨幣……）至於日本和德國也已經超過六十年沒有見過惡性通膨了。

今天的中央銀行家只希望短時間，不是長期的通貨膨脹。珍娜・葉倫深知，有信譽的中央銀行一旦承諾未來的通膨，就會出現信用問題。如果人們深信中央銀行在通膨失控時就會打壓，今天就很難製造出通膨。而許多經濟學家的答案卻是中央銀行應該更大膽、更瘋狂，就像很多人身邊的怪叔叔一樣——或是文明一點，像是保羅・麥考利（Paul McCulley）[4]所稱的：「負責任地不負責」。

在流動性陷阱中，經濟學的規則變了，過去成立的事今天變了樣。前面提過的經濟模型變得更不可靠。事實上，它們建議的行為甚至具有破壞性。為什麼模型失效了？

---

[3] "Financial Crises, Credit Booms, and External Imbalances: 140 Years of Lessons", Òscar Jordà, Moritz Schularick, and Alan M. Taylor, Forthcoming, IMF Economic Review, 13 April 2011.

[4] 保羅・麥考利：美國經濟學家，也是前太平洋資產管理公司（PIMCO）的常務董事。

有時理解一件複雜主題的最好方法是引用比喻。在這裡要向本書的數學家讀者致歉，因為接下來要談的是——「經濟奇點」（Economic Singularity）。

經濟奇點

奇點（singularity）是一個數學上的名詞，意思是在方程式沒有確定解的一點。在物理學上已被證明夠大的星體爆炸最終會形成黑洞，其重力和密度會形成時空結構中的「奇點」，在奇點內標準的物理方程式會突然無解。

在黑洞的「事件視界」（event horizon）外，任何模型都無法運作。在廣義相對論中，「事件視界」是時空之間的曲隔界限，視界中任何的事件皆無法對視界外的觀察者產生影響。在黑洞中，這就是「極限點」（the point of no return），就是重力大到沒有任何東西能逃離的那一點。

這理論對科幻小說的讀者來說再熟悉不過；每個人都曉得無法太接近黑洞，否則就會被吸進去；但如果能接近到極限，你就能利用巨大的重力將你拋向橫亙無際的時空。

（理論上）創造黑洞的方法之一是讓一個星體自我爆炸。星體愈大，黑洞的引力愈大，附近被吸進去的東西也就愈多。銀河的中心就像是一個巨大的黑洞，估計約有四百三十萬個太陽。

我們可以將黑洞和現今的全球經濟情況作個類比。（對物理學家來說，這是個很粗淺的比喻，但請暫時聽我們的。）任何型式的經濟泡沫，特別是債務泡沫，可以被視為初期的黑洞。當泡沫破滅時，就如同用事件視界創造自身的黑洞，所有傳統的經濟模型都失效。任何無法超越該龐大債務「事件視界」的經濟理論，都沒有辦法提供解除經濟危機的良方。更糟的是，有些建議甚至會讓危機加深。

明斯基時刻

適當的運用債務（槓桿）是一件好事。例如，如果債務是拿來購買生

財工具，不論是工廠的機械設備還是有利於貿易的修橋鋪路，這樣的債務會產生額外的生產力。

海曼・明斯基（Hyman Minsky），20世紀最偉大的經濟學家之一[5]，曾指出債務會以三種形式出現：避險（hedge）、投機（speculative）以及龐氏騙局（Ponzi）。簡要來說，對明斯基而言，「避險性的融資行為」是拿借來的錢購買資產，產生的獲利能逐步償還債務；「投機性的融資」則是購買的資產獲利僅能維持債務利息，貸款本身必須靠展延（roll over）；至於「龐氏融資」則是靠著變賣資產才能產生獲利。

明斯基認為，如果經濟是以避險性的融資行為為主，則會朝向均衡、包容的體系；然而，如果投機性和龐氏的融資比例愈高，經濟將會進入所謂「偏差擴大」（deviation-amplifying）的體系；此時，明斯基的金融不穩定假說認為榮景能夠維持一段時間，在資本主義經濟下，必然會從避險性的融資朝向投機性和龐氏融資。

明斯基提出的這套理論連結了金融市場的脆弱特質，在正常的經濟循環下，投資性的投資泡沫是金融市場的一部分。他認為在經濟繁榮時期，企業擁有的現金遠超過償還債務所需，因此投機的氣氛逐漸建立；很快地債務就會超過借款人未來收入的償付能力，金融危機於是形成。當這樣的投機性泡沫接近臨界點，銀行和其他放款人就會開始緊縮信用，到那時即使是有能力還債的企業也會被波及，經濟因此開始衰退。

「經濟的基本特性，」明斯基在1974年就寫道：「是金融體系在建全和脆弱之間擺盪，這種擺盪也是整體景氣循環的一部分。」

在《Endgame：終結大債時代》一書中，我們已經探討了債務的超級循環，這個集了數十年借錢的大成，最後以戲劇性的破滅結束。不幸的是，多數已開發國家正位於長達六十年債務超級循環的末端，卻創造出另一個經濟奇點。景氣循環的衰退與債務超級循環的結束在本質上有極大的

---

[5] 海曼・明斯基（1919-1996）：美國經濟學家，研究金融危機的權威。他的「金融不穩定性假說」是金融領域的經典理論之一。

不同，歐洲正在承受其苦，日本很快就要面臨，而美國唯有靠著同心協力才能避免在未來幾年跟進。

景氣循環的衰退可以用增減貨幣和財政政策來應對，但如果是在崩潰的債務黑洞的事件視界裡，貨幣和財政政策的效果和過去全然不同，用一般狀態下的模型也無法預測。

在債務黑洞裡有兩股互斥的力量在角逐：擴張的債務與崩解的成長。增稅或削減支出能降低債務，但卻對經濟成長有最直接的影響。

然而，政府能借多少錢是有限制的，這個限制依國與國的不同有著明確的差異，但也因為如此，造成許多人認為沒有限制。

事件視界

我們拿事件視界做比喻是比較容易瞭解的。這也就是羅格夫和萊因哈特所謂的，「當一個國家喪失了債券市場對它的信任度時，就會『爆！』了。」1998年，俄羅斯金融危機時的債務占GDP的比重為57%；而日本現在卻高達240%，並且還在上升中，然而人口卻在減少——看來，快要「爆！」了。希臘幾年前已經歷過這段痛苦，如果沒有歐洲央行的干預，西班牙2012年就會失去債券市場的籌資能力，義大利也一樣。其他還有些國家將陸續跟進。

順道提一下，上述說法似乎表示，各國債務累積的方式沒啥不同。事實上，希臘和阿根廷的債務黑洞起源，與西班牙、瑞典和加拿大完全不同（後面兩國的債務危機發生於1990年代初期）。西班牙的問題不在於政府過度借貸，而是因為房市泡沫。房市崩盤時，西班牙的勞動人口中有17%從事房產業，今天它們的失業率高達25%會很奇怪嗎？25%的失業率表示政府支出會大幅增加，同時稅收等比例減少。

政府政策的問題在於：如何在破滅前施以反向力量，將國家從黑洞邊緣拉回來？如何能啟動「逃逸速度」（escape velocity）讓經濟回到成長軌道，同時降低赤字——甚至大膽地說，創造盈餘來償還舊債呢？怎麼去調和成長不足和過度舉債這兩股相抗衡的力量呢？

這問題的癥結點不在於支出不夠，而是收入不足。根據定義，收入應該早於支出才對。你當然能左手拿錢右手出，但這無法創造實質成長。提到實質成長，我們通常只會想到單一企業，但一個國家也有實質成長。來源包括天然環境，像是能源供應、氣候、農業耕地的地力，以及人民的教育水平。總括來說，一國的實質成長可以從多方面衡量：能源、旅遊、科技、製造業、農業、貿易及金融等等。

當預算赤字能幫助國家經濟渡過衰退，國家前景看好，最終一定會反映在一般企業的成長上。凱因斯理論主張在景氣衰退時進行赤字預算，在景氣好轉時累積盈餘，以便日後無可避免再遇上衰退時能支應舉債。但問題是凱因斯的理論模型在遇到債務黑洞的事件視界時，就破功了。

赤字預算對西班牙而言是一個良方，但它的問題是當債券市場對西班牙失去信心時，誰會對赤字買單？歐洲其他國家有責任為西班牙或希臘還債嗎？那義大利或法國呢？還是其他無法解決國內事務的國家都比照辦理？

赤字預算對有中央銀行的國家，像是美國，都是很有用的工具。但這種向子孫借錢的方式在什麼情形下會被認為未來的支出和稅收政策也難以支撐得下去？當我在讀海曼・明斯基的主張時，發現這是不一樣的。借錢花在基礎建設上好歹能造福子孫，但花在今天我們自己身上時，對未來一點好處也沒有。

赤字當然必須被控制。如果按照現在的狀況走下去，我們遲早會遇上債務黑洞，甚至大黑洞，讓我們更難以脫身。但如果試著放開油門（大幅削減赤字），將立即讓經濟熄火。突然削減GDP 8%的赤字，無論是削減支出還是增稅，都會讓經濟立刻陷入蕭條。這用簡單算術即可得知。

在《Endgame：終結大債時代》中，我們提到每個國家都會找到自己的出路。但很明顯在西班牙，會像希臘一樣，出現部分的債務違約；愛爾蘭和葡萄牙也是如此。日本會一直印鈔下去，數量將超乎想像，震動全世界，但是到最後他們還是得面對赤字預算的現實面。

滑行通道

　　談到自己國家時可以稍微天馬行空一下了。美國仍有機會實現所謂「滑行通道」（glide path）的選項[6]。我們可以慢慢地削減赤字，像是每年減1%；同時積極地實施內生增長（organic growth）政策，像是開放能源開採和發展生物科技產業，提供小型企業有關政府健保、放寬法規、創造具有競爭力的營業稅環境（像是降低營業稅率，但無可扣抵項目，包括用油津貼），以及積極成長的稅務政策等等。

　　我們（美國）能在五至七年間達到預算平衡，如果債券市場認知到美國清楚承諾要平衡預算，利率會持續維持低檔，美元也將更強勢（特別是當我們達成能源獨立時），如此一來我們就能擺脫黑洞的威脅。如果像辛普森──鮑爾斯（Simpson-Bowles）的計畫這樣的關鍵性事務能完成[7]，甚至更大規模的稅務重建計畫，對美國或全世界來說都是天大的好消息。健保則是一大挑戰，但終究會有完整的折衷方案，就像過去幾次保守的共和黨與自由的民主黨合作的例子一樣，重點是和解（compromise）。

　　最關鍵的結論是我們能否達成和解，引導我們走向預算平衡的滑行通道。

　　未來幾年如果沒有達成完美的折衷方案，到了2016年就更困難了，因為又遇上了大選年。當債券市場看到歐洲和日本的債務破表，回頭看看美國也沒什麼不同，到時再做可就晚了。記得嗎？「事件視界」是由債券市場對這個國家的償債意願和能力，以及維持其貨幣價值的信心所決定。破兆美元的赤字足以讓美元價值產生疑問，結果就是利率升高，造成一個更

---

[6] 「滑行通道」原為資產配置方式的一種。意思是設定一個目標日（target date），隨著時間的接近，投資選項中的保守型資產，像是債券、存款等，比重愈來愈高。使得資產價值波動性愈小，有比較高的機會達到財富目標。在此是引用來形容美國未來減債之路非常平順。

[7] 指共和黨人艾倫・辛普森（Alan Simpson）和民主黨人艾斯金・鮑爾斯（Erskine Bowles）所發起的增稅減赤計畫。歐巴馬總統曾在2012年任命二人為減赤委員會聯席主席。

大、更致命的黑洞。

在此我們提出和柯林頓政府時代相近的「滑行通道」。支出成長受到控制，經濟能夠脫離債務束縛而成長。美國今天的經濟相較當時更為疲弱，但仍有機會讓自由市場經濟重新成為成長的引擎。

我們認為「經濟奇點」（economic singularity）是個很好的比喻。債務黑洞完全掩蓋了當今經濟理論的解決能力，這些解決方法只是基於過去的成效。每個國家都得從自己的黑洞中找出獨有且能達成「逃逸速度」的方法，這可能必須結合減債（黑洞的規模）與成長。即使沒有這些問題的國家也得面對鄰近國家的黑洞威脅。例如，芬蘭是歐元區的成員，卻發現自己陷入其他歐元成員國的黑洞中。當中國對歐洲出口下降了12%，可以想像其他國家對歐洲的出口大致上也差不多。

在科幻小說中，太接近黑洞的太空船往往最後會消失無蹤。有太多例子告訴我們，當國家太接近債務黑洞時會發生什麼事，沒有一個好結果，通通都是悲劇收場。那些已經被債務重力纏身的國家，唯有痛苦重整才能獲得新生。這一切都太悲慘了。

當面臨債務危機時，中央銀行的標準反應是提供流動性和印更多的鈔票。但我們在下一節會發現，不是所有印出來的鈔票都一樣，中央銀行根本無法控制自己印出來的錢。

高通膨在哪兒？

當聯準會和英格蘭銀行進行他們的「紅色教條」政策，經由量化寬鬆開始買進政府公債時，通膨主義人士就認為惡性通膨很快就會到來。好吧！四年過去了，惡性通膨還沒來，怎麼了？為何日本、英國、美國、歐洲不像辛巴威、阿根廷或威瑪時代的德國？

讓我們回到原點，看看到底什麼是貨幣？它是怎麼被創造出來的？這可以解釋許多事。

當人們談到貨幣，通常會聯想到皮夾裡的美鈔、歐元或英鎊。這是流通中，也是最典型的貨幣。但貨幣有許多種形式，每一種形式都有各自的

特性。

貨幣就像水一樣〔用水來形容是很恰當的，經濟學家談到貨幣供給和增長時，也會用流動性（liquidity）一詞〕。水可以結成固態冰，可以為液態水，或蒸發為水蒸氣。無論如何都是H_2O，但型態不同。

當中央銀行創造出貨幣後，大都會在公開市場中向銀行買進公債。中央銀行把買來的債券放在資產負債表中，銀行則收到貨幣。這樣被創造出來的貨幣通稱為「貨幣基數」（monetary base），此時就像冰一樣，它有可能在經濟體系內流動，但在這筆錢成為銀行的放款，真正到了人們的皮夾裡之前，這筆錢是被凍結（frozen）的。貨幣基數是潛在的（potential）貨幣，經濟學家稱貨幣基數為「強力貨幣」（high-power money），因為銀行可以利用乘數效果放大它的貨幣數量。

貨幣基數經過銀行放款的過程，就會成為在經濟體系內的流通貨幣，商業銀行可以拿準備貨幣放款出去。在美國，聯準會要求銀行保留資產的10%作為聯邦準備銀行隔夜拆款的法定準備，銀行才有足夠的現金應付提領，而其他90%的貨幣就會被貸放出去。例如，他們可以放款給製鞋工廠，工廠收到貸款後會把這筆錢存到另一家銀行，下一家銀行保留10%的法定準備後，把剩下的90%再放款出去。這樣的過程一再循環下去，這筆錢就會不斷在銀行體系內被貸放出去「數十次甚至上百次」。這過程中沒有一家銀行創造了新的貨幣，但整個銀行體系卻有了數倍的現金。在這個例子中，美國銀行體系的貨幣比當初那筆買公債的金額整整多了10倍，這就是「貨幣乘數效果」（money multiplier effect）。

（以下是一點計算上的提示：10%的法定準備率能創造出來的貨幣乘數是10，即$1 \div 10\% = 10$。如果準備率降為5%，創造出來的貨幣乘數就是20，即：$1 \div 5\% = 20$。因此貨幣乘數就是準備率的倒數。）

這跟聯準會和惡性通膨有什麼關係？如果各位能這麼問表示大家都懂了。記得前面提到貨幣基數是一種潛在的貨幣，唯有靠銀行把這筆錢放款出去，產生了乘數放大效果，才會變成流動貨幣進入經濟體系內。

因為金融海嘯的緣故，企業和家庭一點也不想再多借錢，因為身上已

經太多債了；銀行也有成堆的壞帳，主管機關要求他們增加股本以防範未來可能的損失時，他們也不急著增加新放貸。事實是，一邊不想借款，另一邊不想放款，而聯準會增加了貨幣基數，但銀行壓根兒不想放款，原封不動把它存回聯準會的隔夜拆款帳戶裡。到最後，這些錢根本沒有進入經濟體內。

全球中央銀行已創造了極大量、接近破表的貨幣基數；但卻很可悲地無法創造出廣義的貨幣，也就是經濟學家口中稱的M2。看看任職於荷辛頓（Hoisington）投資管理公司的好友蘭西・杭特（Lacy Hunt）如何描述過去幾年間貨幣成長和貨幣乘數起了什麼變化：

> 在2007年底，貨幣乘數是9.0。意思是當時的貨幣基數是8,250億美元……會因乘數效果增加9倍，創造出7.4兆美元的M2。到了2013年3月，貨幣基數暴增到2.9兆美元，但貨幣乘數卻只剩下3.6倍，M2是10.4兆美元。中央銀行對貨幣乘數的變化幾乎沒有控制能力；商業銀行和一般客戶的行為導致了這個結果。

在2013年第一季我們看到了這種沒有控制效果的證明，整季的貨幣基數增加了2,640億美元，但M2卻下降了，因為貨幣乘數從3.9降為3.6。因此，聯準會的資產負債表可以說是白白膨脹了。

證據如此明顯，沒有銀行體系和借款的運作，中央銀行根本無法貨幣創造。

偉大的物理學家史蒂芬・霍金（Stephen Hawking）[8]寫過一本《時間簡史：從大爆炸到黑洞》（*A Brief History of Time and Space*），裡面有一段文字：「有人告訴我，我在這本書裡引用的每一個方程式都應該分一半銷售金額出去。」為了避免本書的銷售額被瓜分，我們只會談到一個方程

---

[8] 史蒂芬・霍金（1942-）：英國物理學家，研究領域是宇宙論和黑洞，證明了廣義相對論的奇性定理和黑洞面積定理，他提出了黑洞蒸發現象和無邊界的霍金宇宙模型，在統合20世紀物理學的兩大基礎理論——愛因斯坦創立的相對論和普朗克創立的量子力學方面，跨出了重要的一大步。

式。請接著看下去，因為這個式子非常重要，它會解釋我們為何印了那麼多鈔票，卻沒有經歷通膨，甚至惡性通膨。

1920至1930年代偉大的美國經濟學家艾文‧費雪（Irving Fisher）將貨幣和經濟成長結合成一條簡潔無比的公式：

貨幣數量（Money）× 貨幣流通速度（Velocity）＝ 物價（Price）× 實質GDP

通常，這公式告訴大家的是，當增加貨幣數量或是提高貨幣流通速度，就能增加名義GDP 。菜鳥經濟學家往往只會更動其中一個變數，並假設其他選項維持不變。例如通膨主義人士認為，只要增加2倍的貨幣基數，物價就會增加2倍，但這必須在貨幣流通速度和實質GDP不變的情況下才可行。在我們觀察過去流動性陷阱的經驗中，這現象幾乎從未發生過。另一方面，通縮主義人士相信，增加貨幣供給會讓產出增加更多，因此物價反而會下跌，但這也必須在貨幣流通速度和物價不變的前提下才行，而這也從來沒出現過。

我們的結論是，聯準會根本無法控制廣義的貨幣供給。也許你會問為什麼？因為聯準會始終無法控制的是貨幣流通速度，也就是銀行貸放出貨幣的速度和返回經濟體系的速度。他們可以把馬牽到河邊，但不能叫牠一定得喝水。

從貨幣的存量更容易理解，讓我們用幾個圖來說明美國經濟和貨幣供給出了什麼事。這些圖同樣適用在英國、歐盟、日本與瑞士。例如**圖7.3**，聯準會的資產負債表在過去幾年暴衝式增加，就像是1990年代末期的網路股。

在一般的情形下，當聯準會的資產負債表增加，銀行收到了新創造出來的貨幣後就會貸放出去。如**圖7.4**，商業和工業放款數量隨著景氣起伏而增減。銀行的放款在景氣好的時候增加，景氣差時減少。

然而在過去幾年，僅管聯準會的資產負債表暴增，放款的成長卻遠低

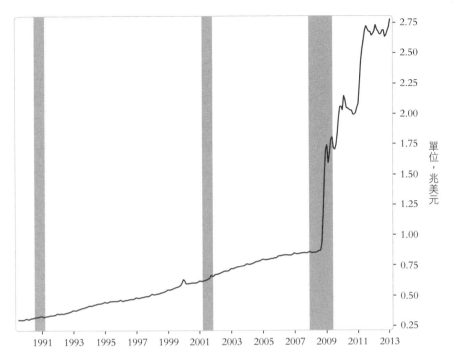

圖7.3 快速暴增的貨幣供給

資料來源：Variant Perception，彭博資訊。

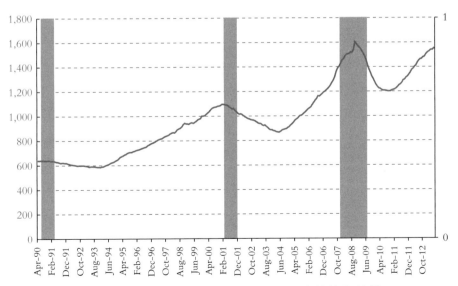

圖7.4 在一般狀況下，貨幣供給成長會轉換為放款

資料來源：Variant Perception，彭博資訊。

於貨幣基數的增加。所有聯準會創造出來躺在銀行報表上的貨幣都成了準備貨幣。絕大部分，也就是超過10%的法定準備，都是超額準備（excess reserve）。歷史上銀行從未有過這麼多的超額準備，因為超額準備在過去是沒有利息收益的。如果銀行可以把錢借出去，為何要放在中央銀行？然而在美國，2008年通過了「緊急經濟穩定法案」（Emerging Economic Stabilization Act），允許聯邦準備銀行為超額準備支付利息。毫無意外，美國銀行的超額準備也開始暴增，如**圖7.5**。所以，聯準會貨幣創造，卻沒有多少作用。它並未如過去注入流動性般運作，讓經濟轉速加快。反而被凍結在超額準備裡。

在這裡要提醒一點，超額準備一詞可能會誤導人，它只是個監管的名詞。在美國，監管機構要求銀行保留10%的貨幣作準備，但在歐洲，這筆

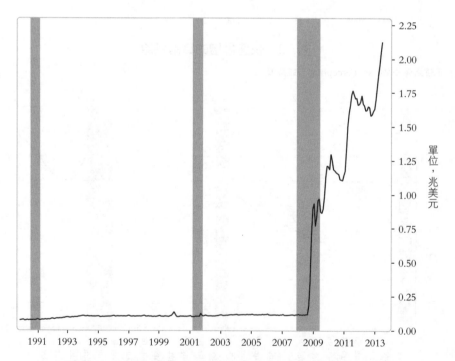

圖7.5　在景氣差時，多餘的貨幣增加轉化為超額準備

資料來源：Variant Perception，彭博資訊。

錢投資在主權政府債也算準備。中央銀行可以任意改變超額的定義，但銀行還是可以決定少貸放些。對監管機構而言，也許銀行在艱困時期保守管理的錢都叫「超額準備」。

法定準備另一種比較簡單的理解方式是速限（speed limit）。在適合開車的好天氣，你可以按照速限開車，但不能超速；但到了壞天氣，路上結滿了冰，視線不佳，不用速限，自然就會把車速放慢。

有了這層認知，我們便可以觀察未來的發展：暴增的貨幣基數和僅緩慢和回升的實際放款之間的偏離愈來愈大，因為貨幣流通速度——代表銀行、企業和消費者驅動經濟的步調——已然放慢。消費者和企業不願意借錢，銀行更不願意放款。**圖7.6**顯示貨幣流通速度在景氣好時上升，在景氣差時下降。只要景氣衰退一出現，貨幣流通速度必定下降。各位可以把流動性陷阱看作是一種完全沒有流通速度式的經濟衰退。

當貨幣流通速度下降，銀行惜貸，要把貨幣塞進消費者手上去刺激經濟可就難了。當銀行的貨幣乘數不管用，就是財政（也就是政府支出）乘數上場救援的時候。柏南克在2002年11月21日有一場著名的演說，名為

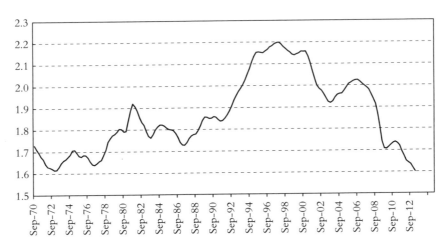

圖7.6　增加貨幣供給卻沒能轉換為廣義貨幣的原因是「低貨幣流速」

資料來源：聯邦準備銀行聖路易分行。

「通貨緊縮：在這裡絕不會發生。」（"Deflation: Making Sure 'It' Doesn't Happen Here."）。當中他提到，中央銀行藉由銀行體系和政府，要創造通貨膨脹是輕而易舉：

> 實務上，抗通縮政策的有效性可經由貨幣和財政主管機關的通力合作而顯著提升。例如大規模的減稅，加上公開市場的購債計畫，可以緩和利率上升的壓力，也幾乎確定能有效刺激消費並提升物價……貨幣融資型（money-financed）的減稅本質上和米爾頓·傅利曼著名的「從直升機上灑錢」（helicopter drop）是相同的。

貨幣創造後直接拿給政府，形同對每個納稅人開一張支票，的確會造成貨幣流通速度下滑的問題。因此包括美國，全世界沒有一個國家這麼做，相反地，幾乎每個地方都在增稅。

在金融海嘯前，在量化寬鬆政策上唯一有經驗的是日本，從2003到2006年，日本央行的資產膨脹了2倍，但廣義的貨幣供給卻只增加一點，放款更是不增反減。當貨幣基數快速增加，貨幣流通速度下滑得更快。**圖7.7**顯示日本央行的實驗並沒有增加多少實質的成長、通膨或是放款。（它們

圖7.7　日本的量化寬鬆未能增加放款

說明：*1999年1月1日=100
資料來源：日本央行。

的確努力讓日圓貶值，把泡沫用日圓向全球輸出。其他國家收到了來自日本人「利差交易」（carry trade）的借款，但日本國內的放款增加卻相當有限。）

　　日本貨幣流通速度下滑的一個關鍵原因，如同今天所見，是因為利率實在太低，銀行根本沒有誘因去放款。而且，日本的投資報酬率極低，人們也不會想去借錢來投資。

　　中央銀行的目的是增加放款和貨幣流通速度，但他們所做的卻與目的背道而馳。方法相當荒謬，他們把重點放在金融產業的利益，而不是實體經濟和經濟邏輯。利率是貨幣流通速度的一個重要因子，當利率上揚，貨幣流通速度應會增加；當利率太低，貨幣流通速度也會下滑。在低利率時代，欠錢的人等於被補助，而有錢放款的人卻根本沒意願。如**圖7.8**和**圖7.9**，低利和大量的貨幣供給會壓抑貨幣流速。中央銀行把利率壓到接近零，等於是主導了壓抑貨幣流速。這真是矛盾，防止貨幣流速下滑和囤積現金最好的辦法應該是升息。

　　事實上，貨幣流速的下滑有多種原因。其中一個是中央銀行本身的作

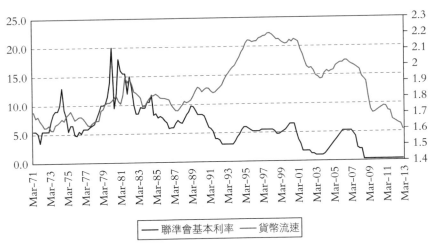

圖7.8　利率和貨幣流速呈現同向

資料來源：Variant Perception，彭博資訊。

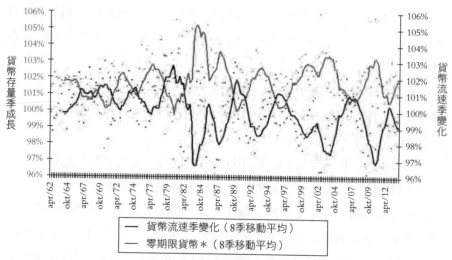

圖7.9　貨幣存量的變化與貨幣流速呈現反向

*譯註：零期限貨幣（Money Zero Maturity, MZM）：經濟體內流通貨幣的指標，相當於M2
減去定期存款，加上貨幣市場基金的數額。
資料來源：Variant Perception，彭博資訊。

為。在本書第四章談到金融抑制時，我們看到了政府公債的缺陷，也看到
它如何強迫人們承擔所有的風險。當中央銀行買下了所有的公債，同時也
製造了銀行體系的問題。一般來說，當銀行、貨幣型基金，或投資商品需
要現金時，會拿手中的公債作抵押擔保，在附買回（repo）市場上借錢。
此時債券就等同現金，也是每天數兆美元的附買回市場（所謂「影子銀行
體系」的一環）。但如今中央銀行手中的公債愈來愈多，在銀行或影子銀
行體系內扮演潤滑功能的債券擔保品也就愈來愈不足。國際貨幣基金的經
濟學家曼默漢・辛恩（Manmohan Singh）曾估計狹義的大型銀行間的擔
保品市場，其再質押比率由金融危機前的3倍下降到了2.4倍。看起來好像
不多，但以金額來看，銀行間少了5兆美元在流通，這個數字比中央銀行
從2008年起購債計畫注入的總金額還高。（除了沒有實際交易和銀行經驗
的經濟理論派人士），誰會認為一個扭曲的市場是好的？

　　如果貨幣流速持續下滑，即使聯準會無限量地印鈔，通膨也不會上

升。不過壞消息是，貨幣基數的水位愈高，潛在的通膨危機也就愈高。只要貨幣流速保持低檔，大量增加的貨幣基數和暴衝的聯準會財務報表也不會造成通膨，然而一旦貨幣流速開始增加，所有潛在的貨幣瞬間就會變成在市面上流通的廣義貨幣，通膨就會一發不可收拾。聯準會不斷在濕木材上澆汽油，希望能快點升火，只要木材還是濕的，火就不太容易點起來；不過一旦木材乾了，瞬間就會成為一片火海。這才是該擔心的通貨膨脹。

什麼原因會讓貨幣流速增加、通膨上升？隨著貨幣乘數回到正常的水準後，接著可能會發生的事，不是經濟復甦、對貨幣的需求回到危機前的水準，就是人們對通膨的預期發生改變，這會讓人們開始想花錢，而不像過去坐擁金山。

貨幣流速並不穩定，也有起有落，如同統計學家所稱的「回歸均值」（mean reverting）。在危機發生前流通速度很高，現在則回落——已經低到數十年來最低的水準了，接近歷史最低點——但它不會永遠停在那兒，意思是不可能只朝著一個方向走。貨幣流速愈低，代表我們愈接近轉折加速的起點。相信我們，當它發生時肯定會嚇壞所有人。因為貨幣速度增加，對全球央行與投資人來說，都將是致命的挑戰。

遠離流動性陷阱

一個國家如何能遠離流動性陷阱？這是政客和中央銀行家費盡心思要尋找的解答。只要經濟體的債務過多，國家就會深陷流動性陷阱無法自拔；因此，正確的問題應該是：「怎麼樣才能真正削減債務？」

我們研讀當代最偉大的基金經理人——橋水投資的雷·達利歐（Ray Dalio）[9] 從遠離債務危機和流動性陷阱的研究中得到一些靈感。在一項名為「深入觀察去槓桿化」（An In-Depth Look at Deleveragings）的研究

---

[9] 雷·達利歐：美國康乃狄克州著名避險基金公司橋水投資（Bridgewater Associates）的明星基金經理人。管理資金逾130億美元，2011年名列全球避險基金操盤手第一名。

中，達利歐檢驗了一些致力於減少債務的國家[10]。不論何時，只要國家深陷債務，就必須要去槓桿化。只要國家控制得宜，經由直接違約、債務減免、通貨膨脹，以及經濟成長的綜合成效，可以做到順利去槓桿化（也就是減債）。然而，有些國家沒有積極處理減債問題，造成了高失業率、社會動盪，甚至無情的戰爭。達利歐解釋：「如何達成去槓桿化的差異，在於債務規模以及以下不同的途徑：(1)減債；(2)撙節；(3)將財富從富人移往窮人；(4)債務貨幣化……取得其間的平衡則可以完美收場，否則就會以失敗告終。」

在一般的情況下，去槓桿化首先會面臨的是，當企業和家庭遭遇到償債問題時，股市會下跌，房地產價格走弱，經濟快速萎縮。在初期，債務削減直接來自於違約，這會導致銀行危機，放款數量更少。在這段期間裡，民間部門的債務成長急遽下降，加上流動性收緊，導致對商品、服務，以及金融資產的需求降低。當最危急的時間過去，債務相對所得的比重將開始改善，經濟活動開始增加，金融資產價格回升。這是因為有足夠的「印鈔／債務貨幣化」讓名目的經濟成長率超過了名目利率水準，讓債務人比較容易去還債。在此同時，貨幣價值也會走貶，抵消了通縮壓力。

環顧全球，可以找到許多去槓桿化成功和失敗的例子。橋水投資將它們分為三類：

1.難堪的通縮型去槓桿化：來不及印鈔就發生通貨緊縮，且名目利率高於名目經濟成長率。

2.完美的去槓桿化：印鈔數量剛好能夠抵消減債造成的通縮壓力；撙節有方，經濟維持正成長；債務／所得比下降，名目經濟成長率高於名目利率。

3.不怎麼樣的通膨型去槓桿化：印鈔數量超過通縮壓力，名目經濟

---

[10] 原註：www.bwater.com/Uploads/FileManager/research/deleveraging/an-indepth-look-at-deleveragings--ray-dalio-bridgewater.pdf

成長隨著貨幣數量而增加，通貨膨脹和利率呈現自我強化（self-reinforcing）式盤旋向上。

達利歐如何看待當今世界的去槓桿化？他認為美國正處於「前所未有的完美狀態」。政府債務儘管上升，但家庭仍在穩定減債中，經濟也處於溫和成長。歐洲則正好相反，處於難堪的狀態，「政府和家庭的債務／所得比」在未來幾年都將會上升，成長也不明確。日本的債務比重和歐洲相近，而且還在上升，經濟出現停滯，甚至可能還會衰退。

在完美的去槓桿化過程中，經濟會逐漸具備成長的條件。前財政部長拉瑞·桑莫斯（Larry Summers）[11]曾指出美國必須達到「逃逸速度」才能脫離危機。他相信金融海嘯並沒有損害美國長期成長的展望。

我們大致同意這種看法，但也要提醒：轉型的過程並不會太順遂。為了讓經濟成功擺脫低迷的景氣，我們提出三階段政策，仿效三段式火箭，配備三段傳輸動力，在對的時候準確發射：(1)增加政府支出以防止經濟更惡化；(2)企業調整存貨；(3)消費者信心提升並再次開始消費。

我們來看看例證：政府已有龐大的預算支出；企業存貨水準也到了歷史低點；如果觀察零售銷售、汽車銷售、房屋銷售，均顯示消費緩慢地開始了。但美國經濟仍面臨著極大的挑戰——例如壓低失業率——但從我們觀察發現，美國已經歷了完美的去槓桿化階段，達到了「逃逸速度」。現在端視歐洲和日本能否複製。

賴著不走

強森博士[12]曾說：「客人就像魚，三天後就發臭了。」沒有人希望客人一直賴著不走，而我們的問題是：「什麼時候中央銀行才能向『紅色教條』說再見？」

---

[11] 拉瑞·桑莫斯：美國柯林頓總統時代的財政部長，曾任哈佛大學校長，2013年一度被認為是聯準會下一任主席的熱門人選。

[12] 即美國建築大師菲利浦·強森（Philip Johnson, 1906-2005）。

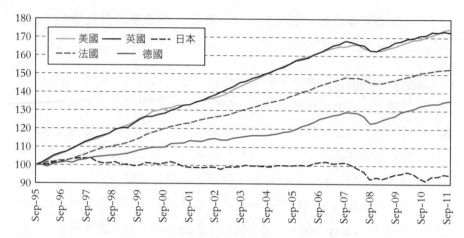

圖7.10　美國已明顯復甦，但歐洲還沒有

資料來源：Variant Perception，彭博資訊。

　　雷曼兄弟破產後，柏南克主導讓聯準會大幅擴張資產負債表以避免另一場經濟大蕭條，是極其正確的政策。偉大的貨幣學派始祖米爾頓‧傅利曼觀察到，聯準會在1929至1933年間，將流通貨幣的數量減少了三分之一，正是經濟大蕭條的始作俑者。在柏南克主政下，聯準會創造的信用額度在某種程度上抵銷了金融海嘯後銀行緊縮的放款；儘管自2008年底開始，聯準會的資產負債表快速膨脹，但銀行的放款成長卻遠低於歷史水平。但持平來說，不論我們對干預的必要性有什麼樣的意見，柏南克在十萬火急的情況下決定跨出大膽且困難的步伐仍值得尊敬。

　　然而，如今危機早已遠離，「紅色教條」政策已成了賴著不走的客人。我們稱許柏南克在危機時的所作所為，但今天我們有合理的條件去質疑中央銀行。在美國，這幾年來名義GDP早已超過中央銀行的利率水準；通膨相當溫和，沒有通縮的跡象；工商業貸款已回升；汽車銷售回到歷史水平；房屋市場回到了泡沫前（並且可支撐）的水準；全球主要股市來到五年來新高；信用利差（credit spread）太低，投資人承擔風險卻無對應的報酬。所有的貨幣數量指標，無論是M1、M2、MZM都顯示以穩健的速度向上成長。聯準會應從旁協助，為美國經濟營造出完美的去槓

桿化和達成逃逸速度;這個目標已經達到,「紅色教條」應該功成身退了。但是,聯準會沒有在慶功後曲終人散,反而顯示出沒有要放棄這種非正規政策的意思。柏南克和其他理事像是呼應了梅・蕙絲特(Mae West)[13]的名言:「好事愈多愈好。」(Too much of a good thing is wonderful.)

「紅色教條」政策是一個臨時緊急方案,目的在快速活絡經濟,但如今它卻成了僵屍企業、銀行、政府,永無止盡、終生陪伴的附身,能用便宜的利息借到錢。但是「紅色教條」自始至終壓抑了存款人,不只無法提供放款誘因,也驅使了投資人在風險性資產中追求利潤。印鈔的規模已遠遠超過所需,它已從臨時性緊急立法的措施轉變為生活型態的選擇。在外科手術上,醫生需要對病患實施麻醉,但今天「紅色教條」像是長期為病人注射嗎啡——即使手術後好幾年依然如此。

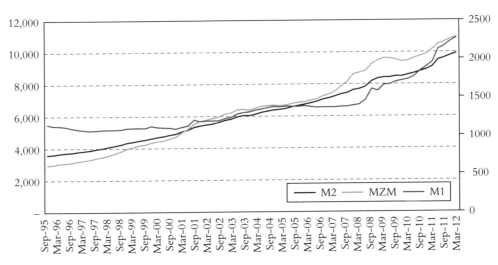

圖7.11 所有的貨幣指標成長都十分強勁,但很像威瑪德國和辛巴威的型態

資料來源:Variant Perception,彭博資訊。

---

[13] 梅・蕙絲特(1893-1980):美國女演員及劇作家。

● 本章重點

在本章中，我們學到了：

1. 通膨主義人士擔心惡性通膨蠢蠢欲動。他們認為增加貨幣供給是刺激通膨的措施。通縮主義人士相信全球已重演1930年代的樣貌，最好的解決辦法是讓政府無限量開支，讓中央銀行印鈔來買單。

2. 在平時，通膨主義人士是對的，但在債務危機後的流動性陷阱中，多數的經濟規則無法適用。降息無法刺激經濟，而政府即使赤字高漲也能用低利率借錢。

3. 中央銀行能創造「潛在的」貨幣，不是我們每個人隨時拿出來的錢。貨幣就像水，有不同的型態：有時像冰、有時像水、有時會汽化成水蒸氣。中央銀行創造出來的我們稱之為「貨幣基數」，它像是冰。直到商業銀行把它放款出去，在經濟體內流通，它才會是水。

4. 貨幣流通速度是衡量貨幣在經濟體內流通快慢的指標。中央銀行已創造太多的貨幣，流通速度大幅減少，抵消了貨幣基數增加的效果。

5. 在流動性陷阱下，企業和家庭都吝於借錢，銀行也惜貸。儘管貨幣基數增加，但流通速度變慢，中央銀行變得難以影響廣義的貨幣供給。

6. 貨幣流通速度與中央銀行的利率水準呈現高度相關。在「紅色教條」下，中央銀行將利率維持在零的水準，貨幣流速大減。矛盾的是，如果中央銀行希望流速增加，貨幣趕快進入經濟體系，它應該要升息。

7. 在金融海嘯期間，中央銀行實行「紅色教條」絕對是正確的，但多數的政策如今已無需要。目前通膨溫和，除了日本和少數歐洲周邊國家以外，也沒有通貨緊縮的跡象。

CHAPTER 8

一切都不對勁時會怎樣？

經驗法則告訴我們，後來發生的事都是事先沒預期到的。
——約翰·梅納德·凱因斯（John Maynard Keynes）

如果必要，我們能在十五分鐘內決定升息。因此在適當的時機升息、緊縮貨幣、放緩經濟步調、降低通貨膨脹都絕對不是問題。

——班·柏南克（Ben Bernanke）
談話性節目《60分鐘》（*60 Minutes*），2010年12月5日

求求你，用耶穌慈悲的心，想想你們有可能會犯錯。
——奧利佛·克倫威爾（Oliver Cromwell）[1]

全球的中央銀行從2008年開始，創造了大量的、高強度的準備貨幣。他們創造出來的貨幣種子，必須有民間部門的貸款需求將它種下，商業銀行願意放款使其發芽並灌溉，才會讓新的存款準備生成實質的貨幣，進入非銀行體系的公眾手中。在《Endgame：終結大債時代》一書中，我們談到已開發國家的去槓桿化壓力會抑制總合需求，同時讓貨幣流通速度降到五十年來的最低水準；但如果民間部門的去槓桿化結束了呢？

中央銀行的準備金水準實在太高，如果貨幣乘數——一個表示銀行將

---

[1] 奧利佛·克倫威爾（1599-1658）：英格蘭軍政領袖，曾統一英格蘭、蘇格蘭及愛爾蘭，出任三聯邦的護國公（Lord Protector）。

準備金貸放比例的專有名詞——回到金融危機前的水準，中央銀行又沒有意識到通膨風險時。例如，假設美國的貨幣乘數回到2008年量化寬鬆前的水準，整個國家的貨幣供給將超過33兆美元。但這不會在一夜之間就發生，不過有些時候，央行被迫要「處理掉」過多的準備。

更大的問題是，因為利率太低，貨幣基數數量和過去比起來變了個樣，面對通膨的壓力時，即使只是些微向上調升利率也會被視為極端反應。

今天，銀行坐擁上兆美元的超額準備而不必貸放出去。但如果利率開始向上、貨幣流速增加，一切很快就會改變。人們都希望手中的錢有高回報，問題是只要從近乎零的利率水準向上升一點，就足以引發人們改變握有現金的數量和現金流動的速度。為了防止銀行突然決定把數兆美元貸放出去，聯準會必須在很短的時間內收縮其資產負債表的規模。

為了防止大規模的通膨，中央銀行必須瞭解，不是只需考慮何時（when）結束「紅色教條」，還有如何（how）結束的問題。只不過，理論總是比實際運作要容易的多。

前面我們曾提到，聯準會主席柏南克曾在《60分鐘》節目的訪問時談到，他有「百分之百」的信心將通膨維持在2%以下，同時在對的時刻結束「紅色教條」。他不僅過度自信，還認為決策官員如果有需要，「能在十五分鐘之內升息」。

理論上，柏南克是對的。但如同尤金‧貝拉（Yogi Berra）[2]曾說過：「理論上，理論和實務沒什麼差別；但實務上就有。」結束「紅色教條」幾乎沒有什麼技術上的問題，但這不代表事情運作起來會順利。

在過去幾章，我們讓各位看到中央銀行在預測金融危機或景氣循環轉折點的不良紀錄。「紅色教條」政策本身沒什麼錯，但過去歷史告訴我們前面的阻礙可不小。期待中央銀行的研究人員能理解，同時我們的顧慮是多餘的。但期待不是策略，特別是這樣的期待並沒有太多的歷史

---

[2] 尤金‧貝拉（1925- ）：美國職棒傳奇人物之一，1972年被選入棒球名人堂。

作為基礎。

回到當學者時的謙卑。早在實施「紅色教條」政策之前，柏南克曾在2004年12月一場國家經濟學家俱樂部（National Economist Club）的演說中指出，聯準會作為美國經濟的驅動者，掌控得宜，會讓人感到心安理得——但是他強調，掌控美國經濟脈動一點也不容易：

> 首先，政策執行者在防止經濟運作失控的工作上，需要處理資訊傳遞的限制，這在實際運作上是很困難的。儘管統計當局和其他資料收集、經濟數據提供者已儘可能做到完善，但受限於抽樣誤差以及資料取得時效性的限制，仍未能涵蓋全面的經濟活動。即使是決定當前經濟活動的「速度」也不容易，看看經濟學家們對當季GDP的預估都存在著極大的差異，要預測未來數季的經濟表現就更加困難。反應不只在於經濟學家的衡量標準和非預期性衝擊所造成的影響，還有經濟體自身複雜且持續變化的特性。政策執行者對預測很難有十足的信心，即使他們的預測對經濟可能會產生影響（或很快產生影響）也是一樣。簡言之，把貨幣決策比喻為開車，這輛車的儀表板顯示的時速並不可靠，擋風玻璃上佈滿霧氣，隨時都有狀況出現，但油門和剎車的反應卻慢半拍。

當柏南克現在告訴大家他確實知道何時，以及如何讓「紅色教條」退場時，請記住他當年說過上面這段話。

在某種程度上，我們可以質疑柏南克如何有十足的把握能處理通膨問題。這位全球最有權力的央行主席在危機過程中也沒能看出些端倪。我們過去幾年間有幸和幾位央行理事們對談過，在面對面及私下場合間，他們也都表達了貨幣政策對經濟能否對症下藥的憂慮。

事實上，如果看看許多公開市場操作委員會（FOMC）成員的演說，會發現他們對當前經濟政策的走向有諸多疑慮。儘管是集體決策，但光聽一小段內容便足以瞭解他們之間有相當的差異。但是他們很清楚：不能在

座無虛席的戲院裡喊失火。主要央行的總裁們必須展現自信，這是這個職位所必須具備的特質，只要看看他們的會後記者會便一目瞭然。

導航能力如何？

經濟合作與開發組織（OECD）在2013年5月出版的「全球經濟預測」中寫道：「聯準會需要謹慎引導量化寬鬆的完成，提早退場會損害脆弱的經濟，但拖延太久也會造成退場無秩序，引發金融面可觀的損失。」

不幸的，聯準會過去的紀錄幾乎可以確定他們的退場時機肯定是錯的。不論它何時開啟緊縮貨幣循環，都會引爆資本薄弱的投機者和銀行的危機，因為廉價的資金不再有了。一旦緊縮循環啟動，大規模的引爆就在所難免。過去幾次聯準會緊縮貨幣對各產業影響的紀錄殷鑑不遠，像是1989年的商業不動產、2000年的股市、或是2008年的房市和銀行。

這一回，零利率政策已超過四年。比過去1992至1993年和2002至2004年兩次低利時期的總和都還要久，而且尚未有退場的跡象。這就是為何一旦緊縮貨幣開始後會特別難受的原因。政策的容納程度愈高，退場的困難度也就愈大。我們預期當聯準會重啟緊縮貨幣時，危機和破產就會出現。就像華倫·巴菲特所說的，貨幣寬鬆的結束，「全世界到處都會是槍聲。」

我們會再一次看到明斯基的「安定本身造成不安定」的戲碼重演——也就是明斯基時刻（Minsky Moment）。中央銀行太過擔心些微的不安定，長期下來都是為了表面的安定而努力，但同時一股更大的不安定潛在力量正在成形。

如同防止了森林小火災卻導致了全面性的森林大火，損失更為慘重。這是納西姆·塔雷伯（Nassim Taleb）[3]的反脆弱（antifragility）假說所提到的看法。好比人類在面臨壓力時會更為堅強，謠言和抵毀愈壓抑傳

---

[3] 納西姆·塔雷伯（1960- ）：法國金融評論員，曾任瑞士信貸商品交易總監。主要著作有《黑天鵝效應》、《反脆弱：脆弱的反義詞不是堅強，是反脆弱》等書。

播愈快一樣，人生中許多事都是因應壓力、失序、波動，以及動盪後所產生。塔雷伯指出，「反脆弱」不只是在動亂中獲益，還有在其中求生存、強化，以及茁壯的需要。在金融市場上的「芸芸眾生」有時需要一些小挫折，才能產生抵禦大問題的能耐。沒有人能坐在沙發上就學會賽跑或玩美式足球，也沒有人能限制自由流動的資金，來達到平衡資本市場的目的。

裝滿硝酸甘油的紅色氣球

　　研究聯準會資產負債表暴增問題的專家之一是約翰・哈斯曼（John Hussman）[4]。他指出過去八十年間貨幣基數和經濟成長之間有著極為穩定的關係。在1929至2008年間，貨幣基數和名義GDP的比例介於5%到12%之間，只有兩次例外。最近一次是1980年代，當時的聯準會主席保羅・沃克將貨幣緊縮到名義GDP的5%以下，以打擊高漲的通膨，結束了長達十五年的通膨上升循環。更早一次是在第二次世界大戰期間，美國政府採取大量赤字預算，聯準會也將貨幣基數增加1倍。結果1940年代初期，貨幣基數和名義GDP高達17%，幅度就像1930年代大量去槓桿化後，美國債務占GDP比重因此降至低點。

　　觀察前一次貨幣基數像今天這麼多的時候發生了什麼事，哈斯曼闡釋：

> 聯準會如何能將貨幣基數占GDP的比例降到戰前低於10%的水準（歷史上此時國庫券殖利率都維持在2%）？今天它能像柏南克承諾的，能在「15分鐘內」將利率反轉向上，又能避免通貨膨脹？不，這不可能。而且，消費者物價指數在1940至1951年間暴增了90%，其中一半的漲幅是在1940年代後半形成的。

---

[4] 約翰・哈斯曼（John Hussman）：美國股市分析員及共同基金業者，以研究美國政府預算問題及聯準會貨幣政策著稱。曾任密西根大學經濟及國際金融教授。

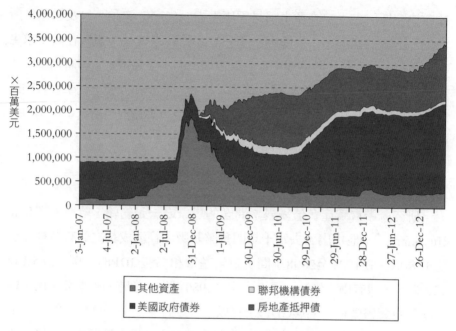

×百萬美元

- ■ 其他資產
- ■ 美國政府債券
- □ 聯邦機構債券
- ■ 房地產抵押債

圖8.1　聯準會資產負債規模與組成

資料來源：http://commons.wikimedia.org/wiki/File:US _Federal_Reserve_balance_sheet_total.
png

　　可以想見戰時貨幣大幅成長過後，經濟去槓桿化，最終貨幣流速增加導致高通膨。當聯準會準備擺脫經濟上的「紅色教條」時，我們要切記這段過去。

　　不止貨幣基數和GDP之間有穩定的關係，短期利率與人們手中持有的無附息貨幣數量（non-interest-bearing money）也有緊密的相關。基本上，利率愈低，人們持有現金占名義GDP的比重愈高。當利率上升，人們自然會減少手中持有的現金，轉而投資獲取高息。

　　通貨膨脹和物價隨著大量的貨幣湧入，形成超額準備獲取低利而顯得極不穩定。只要從近乎零的利率水準些微上升，就會引發大量的流動性和投資需求，貨幣流速也很快上升。如果貨幣基數沒有等比例收回，高通膨就指日可待。這種通膨都不大會在一夜之間發生，但在六至十八個月後就

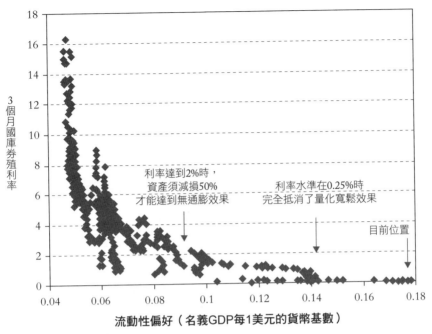

圖8.2　殖利率和流動性偏好正位於未知的範圍中

資料來源：Hussman Funds.

會很明顯看到。聯準會膨脹的資產負債表就像是個裝滿硝酸甘油的紅色汽球，只要經濟持續在流動性陷阱中，貨幣流速緩慢，一切都沒問題。但只要流速加快就會出狀況。

　　只要升息，就算只有0.25％，也會導致聯準會資產負債表快速縮水，或是通膨壓力快速增加。例如，海斯曼計算「國庫券利率升到4％時，GDP的通膨折現因子就會提高到2.35，是目前的2倍。」意思是，任何利率正常化的手段都必須加上大量收縮聯準會資產負債表作為配套，以防止通膨高漲。否則，失去對流動性的偏好將引發貨幣購買力的潰散。

退場機制

　　全世界所有國家的軍隊都會有一個可能與鄰國開戰的應變計畫。信不信由你，即使如美國和加拿大如此友善且親近的國家，也會有入侵對方國

家的應變計畫。在1930年代，兩國就起草了這樣的戰略計畫。加拿大的代號是「第一號防禦計畫」（Defence Scheme 1），而美國則稱為「紅色戰爭計畫」（War Plan Red）。所幸，這兩個計畫從未使用過。

如果「紅色教條」打算退場，全球中央銀行猶如準備開打一場活生生的貨幣戰爭。但掌管貨幣政策的傑瑟普上校們面臨到的問題是，他們從未想要讓這個貨幣政策大實驗退場，也沒遇過從全球貨幣體系中抽走上兆美元的現金會是什麼光景。更糟的是，主要央行會同時感到壓力而緊縮貨幣。在資本流動和市場間彼此連結的狀況下，一國央行的應變動作會導致其他已開發及新興國家的計畫推進更加困難重重。

柏南克「上校」過去四年出席多次演說，闡釋聯準會如何從非正規政策中退場，因此聯準會對退場後果的盤算並非毫無概念。

那些比我們聰明的頭腦已經在研究「紅色教條」的退場機制。理論上，這些「紅色教條」（量化寬鬆、零利率、大規模資產收購）退場關鍵點對聯準會、日本央行、英格蘭銀行，甚至是歐洲央行都差不多。

到目前為止，研究「紅色教條」退場機制最好的論文是前聯準會成員、柏南克在普林斯頓大學的老同事艾倫・布萊德。布萊德寫過一篇名為〈量化寬鬆：進場與退場策略〉（Quantitative Easing: Entrance and Exit Strategies）的論文，以柏南克演說的內容為基礎，描繪出聯準會縮減資產負債表的幾項重要步驟：

1. 停止購債：這看起來理所當然，但只要中央銀行持續買債，要停下來就顯得困難，而且也不排除重回「紅色教條」的老路。市場像是癮君子，股市更早已吸食央行給的海洛因，它上癮了。（晚上怪事總是特別多。）

2. 公開市場賣出債券：中央銀行可以開始出售手中持有的債券，但這可不是所有政府所樂見的。政府債券殖利率和借款成本因為「紅色教條」被壓得很低了，中央銀行的賣壓會讓債券利率升高，讓所有持有公債的人蒙受極大的損失。

3. 當債券到期時，被動贖回機構債和抵押證券（MBS）：用白話來說，聯準會將持有MBS，它不會在公開市場上出售，而是等到該抵押債到期償還為止。當到期時，聯準會也會從貨幣基數中收回現金。

4. 增加超額準備的利息支出：如果銀行決定將存在中央銀行的超額準備拿出來放款，廣義貨幣就會暴增。此時中央銀行可以藉由提高超額準備的利息，將銀行的超額準備留在中央銀行內，如此對通膨的影響會比較小。

5. 提供存款機構定期存款：這會是一項創舉。因為定期存款將不會被計算為準備金。聯準會過去從未發行過定存；目前，銀行是靠購買公債和國庫券孳息作現金管理。聯準會可以提供定存來鎖住長期資金，不會被貸放出去創造流動性。

看到這兒各位應該會以為聯準會已擬妥了方案。但拳王泰森（Mike Tyson）有一句名言：「人們都是等到禍到臨頭才開始有計畫。」這句話在一般人的理解裡，就像是偉大的軍事理論家卡爾·克勞塞維茨（Carl von Clausewitz）[5]所寫的「戰爭迷霧」（fog of war）中提到的，等到開戰時才會有改變和計畫推出。

金融市場很難不對非預期性的突發事件做反應，而事情不會照中央銀行的劇本演出。更重要的是，政府不太可能不讓中央銀行負擔起融資預算的角色。

量化寬鬆＝加州旅館

理論上，聯準會能瞬間讓「紅色教條」政策轉向。然而，終止「紅色教條」完全是政治和現實層面的問題，而不是技術上的問題。本節將討論

---

[5] 卡爾·克勞塞維茨（1780-1831）：德國軍事理論家和軍事歷史學家，普魯士軍隊少將。1792年，參加了普魯士軍隊。1795年晉升為軍官，並自修了戰略學、戰術學和軍事歷史學。著有《戰爭論》一書。是近代西方戰爭理論的重要人物。

為何終止這項政策會比想像中難。

第一個問題是，如果中央銀行停止購債，或開始出售手中的債券，政府借款成本將大增。中央銀行選擇部分類型的政府債券，提供了數千億美元的資助，把借款成本壓低。一旦成本回升，這些隱藏的補貼瞬間會被攤在陽光下，聯準會和其在央行金融抑制的行為也會跟著曝光。也因此，中央銀行很有可能希望維持他們非常規的政策。

到目前為止，談到終止「紅色教條」的政治問題中，最好的一篇研究是威廉‧比特（Willem Buiter）[6]的〈終止非常規貨幣政策：技術上與政治上的考量〉（Reversing Unconventional Monetary Policy: Technical and Political Considerations）。本文相當務實、直接，並且極具知識性。比特的總結是：「政府不會讓中央銀行放棄『紅色教條』，而中央銀行也會拼命照辦。」奇怪的是，比特自己就是英格蘭銀行貨幣政策委員會的一員。他的話十分值得關注：

> 終結非常規的政策可能會掀開某些中央銀行（通常是指聯準會）在危機時所特別扮演的準財政（quasi-fiscal）角色，他們剝奪了原本由憲法、法律，以及固有傳統賦予立法機關的預算權，而某些央行針對少數特定的金融機構及其股東，實施了特別（但非必要）的金融援助方案。這群由無選舉背景的技術官僚帶來的「寧靜革命」（quiet coup）模式，在被廣泛運用時，應該要仔細考慮其對政治和憲政的影響。

我們針對美國將利率正常化的代價作一下簡略的計算。2007年6月美國財政部支付1%的債息是總債務的4.958%，到了2013年6月是1.992%，降了大約3%。以17兆美元的總債務（這個數字在本書付梓之時應會成真）來計算，每年的利息支出少了5,100億。當國會東省西省才能減個幾百億

---

[6] 威廉‧比特（1949- ）：知名經濟學家，曾任倫敦政經學院政治經濟學教授，現任花旗集團首席經濟學家。

美元時，哪個黨能提出幾千億非減不可的預算計畫？況且這還不是國會預算辦公室的預測[7]。

美國財政部已提高了美國債務的存續期間（duration），目前是5.5年。即使如此，在升息的過程中，舊的債務會再融資（refinancing），而且利息會更高。升1%是既定事實，升2%也不算太超過，升3%就回到了危機前的水準。利率因素會讓未來數年的赤字可能暴增2倍，同時在政治上也變得更為複雜難處理。對於大多數對經濟和金融市場一知半解的政治人物來說，到時把責任歸咎給聯準會就好了。

我們應該削減社會福利還是降息？要把災難留在投票箱還是金融市場？這得好好思量，因為壓力愈來愈大了。

前聯準會委員費德瑞克‧米希金早已對中央銀行受到政府操縱的現象提出警告。他連同三位同事聯名為文指出：「無論中央銀行對通膨目標有多強烈的承諾，財政主導（fiscal dominance）都可以輕易推翻它。」

財政主導是近期經濟學家常用的時髦名詞，形容中央銀行被迫購買政府公債，讓政府可以為所欲為地用錢。一旦中央銀行停止購債，利率會上升，政府融資將變得困難。提到財政主導，只要想想日本央行臣服於安倍晉三首相的意志，或是更大條的像辛巴威儲備銀行執行該總統羅伯‧穆加貝（Robert Mugabe）[8]的賭注就行了。

如果聯準會成了政府債券的大賣家，那麼若不是靠民間部門，就剩下外國央行買更多的債了。對他們來說，如果沒有更高的收益率，根本不會想要去改變原有的投資組合。此時，債券賣壓將明顯變大，把價格壓低，才能吸引民間多持有數兆美元的公債。

一旦利率快速上升，聯準會就會快速釋出資金放鬆銀根。在過去，中央銀行持有相當多的政府國庫券（bill），利率風險不高。國庫券是一

---

[7] 原註：www.treasurydirect.gov/govt/rates/pd/avg/avg.htm

[8] 羅伯‧穆加貝（1924- ）：辛巴威總統，從1987年上任以來已將近二十七年。在他主政下，辛巴威長期飽受通貨膨脹之苦。

種短期的融通工具，幾乎沒有利率風險，價格不太會隨著利率變化而波動。而且，如果央行要縮減資產負債表，只需要持有幾個星期，這些短期國庫券到期後，收回現金即可。如今，聯準會帳面上幾乎沒有國庫券，這實在太不尋常，完全是自綁手腳。現在聯準會要縮減資產負債表可說是困難重重。

2008年初，聯準會資產規模不大，品質優良，存續期間低。今天，資產規模大了數倍，存續期增加2倍，資產品質也大幅低落。（在平時，央行只會買相對低存續期的政府債券，有時會買長期債券，代表注入長期的流動性，但仍會維持短期部位以保持彈性。）如今，聯準會自己用長期債券堵住了出路，對利率變得高度敏感，如果利率開始上升，債券價值就會快速下滑。聯準會持有的債券存續期間愈長，利率變化對債券市價評價（mark to market）的變化也就愈大。位於歷史低點的殖利率，在升息環境下要吸引長期債券的買方將十分困難。

另一個困難點在於，聯準會的資產中有40％是房地產抵押證券（mortgage-back securities）。一旦開始出售，房屋貸款利率便開始上升，對房市來說就會是個災難。結果會怎樣？聯準會被迫將縮減資產負債表的「終極任務」集中在政府公債上。

聯準會有多少籌碼？彭博資訊（Bloomberg）和摩根史坦利資本國際（MSCI）估計，如果聯準會帳上的債券出現虧損，至少會是5,000億美元以上的規模。他們用聯準會拿來對美國前十九大銀行壓力測試（stress test）的方法，在比較不利的情境下，MSCI認為，聯準會持有的債券市值在三年內會出現5,470億美元的虧損。許多預測機構認為，累積損失只會更高。

當本章在寫作之時，三十年期、4％票息的債券利率升高了2％，債券價格可能會跌掉28％；如果是二十年期的債券，價格會跌23％；十年期的債券會跌15％。在這樣的情境下，擁有美國公債的投資人在其投資組合的市價評價上將會出現巨大的損失。

有些人可能會問，這哪裡是問題？如果有足夠的時間等待，到期時不

就連本帶利拿回來了。的確，有些機構法人有的是時間。但有些像退休基金，要求必須隨時有足夠的流動資產來因應未來的支付義務。如果眼下的資產價值在縮水，他們必須提高資本達到法定需求。資本是公司股東、納稅人（指政府退休基金），以及已退休的人員，他們可能因此領到不足額的退休金。

此外，巨額的虧損會讓聯準會和其他央行的償債能力出現技術上的問題。如果一般銀行發生這樣的事，應該就會破產了，但央行的破產只會在帳面上出現而已。聯準會和多數央行就像是注射了類固醇的巨大避險基金。

聯準會的債務高達3.24兆美元，股本卻只有550億，因此聯準會的槓桿比率相當於59比1，這對於一般銀行和基金來說簡直是瘋狂的舉動。更清楚地說，聯準會的資產負債表過度使用槓桿，遠超過雷曼兄弟、貝爾斯登、商業投資信託（CIT）[9]、房地美（FreddieMac）以及房利美（FannieMae）在倒閉前的程度。但別擔心，一切都是紙上數字。

聯準會每年都會將獲利以股利型態支付給唯一的股東——美國財政部。這可稍稍弭平一些美國預算赤字，彰顯一下鑄幣權，或是印鈔的特權。因為聯準會從未保留盈餘，也不會有資本公積——也就是沒有準備——因應誇張的槓桿操作。

既然聯準會可能會承受龐大的損失，它應該停止交付股利給政府，保留獲利以因應利率變動造成的損失。如果過去幾年這麼做，累積下來應該有2,500億美元的準備。未來一至二年利率若仍在低檔，準備金額還會增加，幾乎可以抵銷極端現況可能帶來的損失。

當然，這也代表美國財政部的收入減少與赤字增加。

我們眼下幾可斷定聯準會在「紅色教條」退場時就會出現技術上償債

---

[9] 商業投資信託（CIT）：全名為Commercial Investment Trust，1908成立，為美國提供中小企業融資、租賃、貸款等最大的機構。2008年因金融海嘯衝擊，資金市場完全冰封，於當年11月2日正式申請破產保護，成為全美國第五大的企業破產案。

能力不足的問題，而這種情況是獨立於美國政府之外的政策所導致的。聯準會一旦暫停印鈔，承擔這些未實現損失時，將會是極大的震撼，中央銀行破產的消息毫無疑問會登上報紙頭條。當然，聯準會仍將照常運作，但資本短缺會導致停止過去每年送給政府的印鈔大禮，而且可能反過來要向財政部借錢了。試想，如果聯準會開始向政府借錢，而不是原本借錢給政府，聯準會的獨立性還能維持多久？應該不會太久吧。將來聯準會替政府做的事肯定驚動四方。

除了聯準會可能需要向政府借錢外，同時還得付一大筆錢給華爾街的銀行，以沖銷這些銀行龐大的超額準備，而且還得加上利息。利率愈高，銀行賺得愈飽。

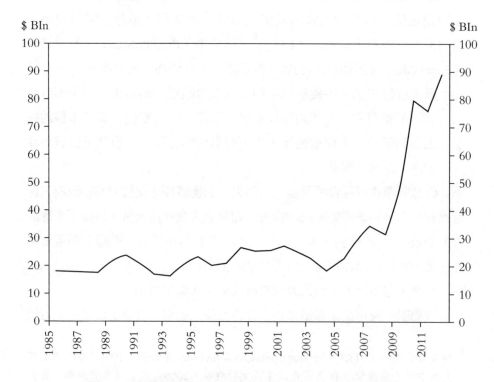

圖8.3　聯準會替財政部大開支票（單位：10億美元）

資料來源：FRB, Haver Analytics, DB Global Market Research.

　　這其中還有一個問題。銀行收到利息當然算是天上掉下來的禮物，同時銀行還可以貸出去貨幣創造乘數。在美國，貨幣乘數大約是10，因此，假設聯準會為1兆美元的超額準備支付3%的利息，一年就是300億。這筆利息若被拿來放款，經過10倍的貨幣乘數，聯準會每1兆美元的超額準備就會多出3,000億美元待沖銷的貨幣。如果支付的利率到達5%，銀行就會創造出5,000億的放款，屆時聯準會待沖銷的貨幣就會變成5,000億。萬一利率達到10%，1兆美元的超額準備就會創造出另一個1兆美元的放款，聯準會根本無法沖銷。對超額準備支付高利息等於是原地踏步，而且還有可能為了支付給銀行利息向納稅人伸手要錢。

　　數十年來西方中央銀行法定準備率——也就是銀行依法存放在聯準會的隔夜準備金比率——並沒有改變。當央行退出「紅色教條」時，他們可能會先提高準備金比率，之後再進行調整。準備金比率是個很僵化的工具，但影響卻十分巨大。我們高度懷疑過程會十分順利。

　　很快地略述一下：如果聯準會退出「紅色教條」，就可能形成技術上償債能力不足，因此將向財政部借錢（至少在帳面上），還得付一大筆錢給華爾街銀行，讓他們貸放出去，創造10倍的貨幣數量。還有更糟的事嗎？

當去槓桿轉為信用擴張，小心通膨！

　　在《Endgame：終結大債時代》一書中，已開發國家的去槓桿化最終會形成信用擴張，為貨幣流速的回春開一扇門，激發經濟成長。在這個觀點下，在「紅色教條」時代累積的大量準備貨幣可能開始流向大眾，在世界某些地方點燃通貨膨脹的信號。為了維持物價穩定，中央銀行必須準確地判斷出這是從去槓桿化轉向信用擴張的長期趨勢，同時立即啟動「紅色教條」的退場機制。時間點在這裡至為關鍵。如果反應太早，就會再度引爆通縮；如果反應太晚，惡性通膨就如影隨形。觀察世界主要經濟體這種體質的變化，對希望在「紅色教條」世界下保護資產、甚至獲取財富的投資人來說至關重要。

研究惡性通膨的聖經級書籍是彼得・伯恩霍茲（Peter Bernholz）所寫的一本《貨幣王朝與通貨膨脹》（*Monetary Regimes and Inflation*）。他研究了過去歷史上二十九次著名的惡性通膨史裡面，其中有具體資料可查詢的十二次。結果發現，每次惡性通膨看起來都差不多。「惡性通膨都源於公共預算赤字，且大量由貨幣創造來融通所造成。」但更有意思的是，伯恩霍茲將惡性通膨的開始作了明確的劃分。他總結道：「……數字清楚證明，若赤字占總支出的比例達到40%以上，就會難以支撐下去。高通膨或惡性通膨就會出現……」。有趣的是，即使政府預算赤字偏低有時也會造成通膨發生。例如，其中有四個例子在赤字比例20%的情況下也出現了惡性通膨。

伯恩霍茲的結論相當重要：「惡性通膨不會起因於央行本身積極的政策，而是由於不負責任且揮霍無度的立法機關，決定遠超過能力所及的支出，然後讓中央銀行向政府伸出援手。」

這對當前的現象有何意義？我們今天指責中央銀行如果繼續將政府債務貨幣化，財政負債就會成為高通膨的實際威脅。但如果他們真的這麼做，政府與獨立行使職權的中央銀行也會否認，認為這是過於簡略的「滑坡謬誤」（slippery slope）推論[10]，將責任歸咎於直接印鈔購債。

政府不是用正在流通的貨幣來還債，就是得向大眾或央行出售新債以籌得所需的資金。若最後還是由中央銀行出面，它就必須在公開市場上買進，這樣一來便會增加貨幣基數。這種經由貨幣創造來融通政府支出的過程就叫做「債務貨幣化」。其方式分作兩個階段，首先是政府發行新債融通支出，然後由央行在市場上把債買進。不過即使過程無誤，整個經濟體也會徒增貨幣基數，提高通膨壓力。

長期而言，通膨與無生產力的政府支出有高度相關性。儘管美國政府

---

[10] 滑坡謬誤是一種不合理的邏輯推論。使用一連串的因果關係，將「可能性」轉化為「必然性」，以達到某種特定結論。例如：「員工偷懶，公司便會沒業績→公司沒有業績，便賺不到錢→賺不到錢，就要裁員→遭裁員的人，就會沒工作→無工作的人為了生活，便為去犯罪。因此推論出偷懶的人就是罪犯。」

的支出不全然是毫無生產力，但從1960年底至1970年代的通膨壓力可以明顯看出，同時期政府支出占GDP的比例快速增加。從這個角度來看，目前暴增的政府支出占GDP的比例會是長期通貨膨脹的源頭。

　　量化寬鬆的退場將導致一堆問題，但如果不退場才最麻煩。央行不願公開的秘密是根本不想縮減資產負債表規模，許多經濟學家也已公開承認這點。哥倫比亞大學貨幣理論的首席教授麥可‧伍德福（Michael Woodford）認為，此刻中央銀行應清楚並公開宣布購債計畫將永久有效，人們愈早瞭解愈好。他認為討論退場機制將適得其反。如果量化寬鬆、大規模資產收購、零利率政策、金融抑制，以及其他「紅色教條」能夠提高通膨預期，創造負實質利率，這樣不負責任的政策愈多愈好。伍德福教授在倫敦商學院（London Business School）舉辦的一場研討會中批評：「如果要嚇唬一匹馬，就要玩真的。我們可以再進一步用央行擴張的資產負債表讓政府債務完全消失。」很明顯，伍德福教授認為央行的座右

圖8.4　政府支出的成長導致通膨

資料來源：Hussman Funds

銘應該是：「懷疑嗎？做給他看！」這也是保羅・克魯曼所稱：「很可靠地承諾會不負責任」。

在下一章我們會分析所有不負責任的事，對許多國家來說，是因為已經沒別的選擇了。

諷刺的是，我們相信最終可能是金融市場和經濟的高度震盪。可能不會像2008年一樣，但也夠痛苦的了。我們看到歐洲，一個小國或小問題（像是希臘）就能造成無遠弗屆的後果。

各位必須要瞭解，未來發生的事不會有寫好的劇本。任何假設目前政策和經濟情勢不會改變所做出來的投資計畫都會被證明是錯的。最好的假設就是震盪。

儘管大聲反對撙節，未來預算勢必會以我們無法想像的方式削減，或是再用貨幣政策直到所有的努力付諸流水。無論哪一條路都問題重重，最有可能是以極端收場。

歷史的教訓再清楚也不過。事情看起來都很順利，直到「爆」掉那一刻！當無數的政客、經濟權威，以及其他主流媒體都一面倒的說一切沒問題時，那顆紅色氣球突然爆掉才會嚇壞所有人。各位讀者應該不會這樣，因為好消息是還有時間準備。

在進入本書最後討論如何投資前，要先澄清我們並不是「黯然神傷」的那群人。我們對人類進步和金融市場充滿樂觀，只是對政府悲觀而已。讓政府自作自受吧，或是「放空」他們來獲利。

本章重點

在本章中，我們學到了：

1. 中央銀行已大幅膨脹其資產負債表。如果銀行將放在聯準會的超額準備金拿出來放款，貨幣供給將會大增，引發高通膨。

2. 退出「紅色教條」要央行精準掌握時間點。不幸的是，多數經濟學家和央行官員對當前經濟情勢和未來的走向所知甚少。

3. 大多數中央銀行緊縮貨幣的時機都太遲，因為他們擔心扼殺了任何復甦的機會。許多原因可說明央行退出「紅色教條」也會太晚，甚至不想退出。

4. 全球政府從央行手中借到許多廉價資金，他們可不希望看到這個最大的買家停下來，甚至開始賣債。因為屆時政府借款成本將一飛沖天。

5. 中央銀行持有數兆美元的債券，當利率上揚時，帳面上將出現巨大虧損。技術上，中央銀行已經沒有償還能力了。

6. 歷史上，通膨最大的源頭不是中央銀行，而是政府強迫中央銀行對其融通所造成。

CHAPTER 9

從快錢泡沫中獲利

天才與白痴的差別在於，天才有其極限。

——亞伯特·愛因斯坦（Albert Einstein）

天才可以說是一支飆股。

——約翰·高伯瑞（John Kenneth Galbraith）

當情勢走向極端時，任何只會考慮到中庸的計畫終將失敗。

——梅特涅親王（Prince Metternich）[1]

每年，達爾文獎（Darwin Awards）[2]都頒給那些意外死亡、自殺，以及無法繁延後代的人。2009年，這個獎項頒給了二位銀行搶匪。他們二人認為得用炸藥才能炸開銀行大門，因此他們在比利時的迪南市（Dinant）一間銀行的自動提款機旁放了一大包炸藥，由於擔心威力不夠，他們又從信箱口灌進大量的瓦斯，然後引爆。整棟銀行大樓在爆炸時被炸成碎片，不幸地是，他們二人站在銀行旁邊，當警方趕到，發現其

---

[1] 梅特涅親王（Klemens Wenzel von Metternich, 1773-1859）：奧地利政治家，自1809年起至1848年擔任奧地利外交大臣長達三十九年。在推動奧地利加入反法聯盟，拿破崙戰敗後梅特涅主張將其流放，並在後拿破崙時代擔任由歐洲列強組成的維也納會議的主席，維持奧地利與俄國、普魯士的聯盟十數年之久。

[2] 達爾文獎是一種戲謔性質的獎項，由美國史丹福大學神經研究實驗室女研究員溫迪·諾斯卡特（Wendy Northcutt）創立，以進化論學者達爾文命名，該獎項均頒給失去繁殖能力或已去世的人，以表彰其「愚蠢的基因不會再繁延下去」，對人類進化有所貢獻。

中一名搶匪身受重傷，在送醫途中就一命嗚呼，隨後警方在瓦礫堆中找到了另一名共犯。這讓我們想起《偷天換日》（*The Italian Job*）片中的著名台詞：當麥可‧肯恩（Michael Caine）飾演的搶匪，看著被炸得精光的休旅車，於是對他的夥伴咆哮：「你不是只要把有血跡的門炸掉而已嗎！」

中央銀行試著拉抬股市和房市，但效果卻像2009年的達爾文獎得主一樣，會出現比他們預期多更多的爆點。所有「紅色教條」的工具都會對金融市場產生外溢效果（spillover effect）。例如，量化寬鬆（QE）和大規模資產收購計畫（LSAPs）的作用在刺激股市及削弱美元，壓低債券殖利率，將投資人導向高風險資產。中央銀行希望能找出炸開銀行大門的最適火藥用量，但這跟他們想要找出剛好的印鈔數量，利率操控位置，以及貨幣貶值幅度同樣不太可能。因為央行的「紅色教條」，我們會看到更多的市場出現爆點和崩壞，這跟過去沒什麼不同。他們並沒有從過去的經驗中學到教訓。

在「紅色教條」世界裡，以股市為目標乃是意料中事。在官方作法上，聯準會收到來自國會的軍令狀，裡面有二項任務：維持物價穩定及高就業率。但過去幾年，柏南克和其同僚，經由「紅色教條」政策，單方面地加入了第三項任務：高漲的股價。主席自己便指出，自從2010年在懷俄明州的傑克森洞（Jackson Hole）宣示聯準會將再執行量化寬鬆時，股市便強力大漲。「我相信我們的政策導致了股市的大漲，如同在2009年3月，我們前一次宣布量化寬鬆時一場。S&P 500上漲約20%，羅素2000指數漲了超過30%。」這不難看出當投資人相信全球最有權力的央行要印鈔，希望股市上漲時，股市就真的會大漲。

投資人當然高興。太平洋投資管理公司（PIMCO）的執行長穆罕默德‧伊爾—艾朗（Mohamed El-Erian）[3]便說：「中央銀行是我們最好的朋友，不僅在於他們熱愛金融市場，而且經由金融市場能達成其總體經濟目

---

[3] 穆罕默德‧伊爾‧艾朗於2014年初辭去PIMCO執行長一職。

標。」

　　這段話有其隱喻性，原本被認為是中立的中央銀行，已決定藉由刺激資產價格讓經濟復甦。目的在創造一種「財富效果」（wealth effect），讓股票投資人感覺更富有了，然後便會多花錢消費或投資，最後這種感覺會充斥整個經濟體。這種「涓滴」（trickle-down）式的貨幣政策對那些已經富有的人來說的確有效（還有提供這些人服務的銀行和投資管理公司），但對創造就業和經濟高成長來說，卻是失敗的。本章寫作之時，當季的GDP成長大約只有1%左右。

　　仔細聽聽那些公開市場操作委員會（FOMC）成員的說法就會發現，他們對應的處方其實相差無幾。像是當柏南克在2013年夏天只是暗示量化寬鬆在未來可能結束，事實上每個人都知道這是遲早的事，但金融市場還是狂瀉，結果一週後，半數的委員會成員被迫發表聲明：「不是的，各位，我們仍將繼續一段時間。」

　　這景象過去似曾相識。在《當貨幣死亡》（*When Money Dies*）[4]一書中，亞當·福格森（Adam Fergusson）引用安娜·艾森曼格（Anna Eisenmenger）[5]日記中的一段話：「股市的投機已是全民運動，股價像是吹氣球一般無止境地上漲……我的銀行人員每次在股價創新高時便恭喜我，但他們卻無法驅散我對財富日漸增加的不安感……總共已有好幾百萬元了。」類似1970年代的「尼克森震撼」（Nixon Shock）[6]之後，美元貶值，貨幣供給增加，股價一飛沖天。1970年代會出現商品價格泡沫化一點

---

[4] 劉道捷譯，亞當·福格森著。《當貨幣死亡》（*When Money Dies*）。台北：麥田出版。

[5] 安娜·艾森曼格（1884-1980）：奧地利一名中產階級寡婦。因著有《奧地利中產階級女生的日記—1914-1924》（*The Diary of an Austrian Middle-Class Woman 1914-1924*）聞名。書中描述自己在一次大戰後生活面臨到的困境，反應出通貨膨脹對奧地利的傷害。

[6] 「尼克森震撼」指1971年尼克森總統宣布美元和黃金脫勾，不再是固定1盎司兌換35美元。造成美元大跌，原油、黃金等商品價格上漲。

也不意外。

　　本章將告訴大家當今的泡沫如何形成，並且如何從中獲利，同時當它破滅時又如何去避免可怕的後果。

過多的流動性造成泡沫

　　本書寫作之時，股價仍在上漲。事實上，從我們的觀點看起來，多數資產都像是泡沫。（當我們預期應該要修正時，聯準會或日本央行又要加印鈔票，股價又再走高。）

　　其中公司債市場特別像是泡沫。投資人根本沒有為其承擔的風險獲得足夠的報酬。2007年，三個月定期存單（certificate of deposit）的利率比今天的垃圾債還高。根據美銀─美林全球公司債指數（Bank of America Merrill Lynch's Global Corporate Index），全球投資等級債券（investment-grade debt）的平均殖利率降到最低的2.45%，而一年前還有3.4%。高收益債（high-yield bond）和金融債的投資老手們應該已經看到泡沫成形了。WL Ross & Co.的總裁兼執行長魏伯・L・羅斯（Wilbur L. Ross）便以「定時炸彈」形容當前的債市。羅斯指出，過去一年間新發行的公司債，有三分之一的信用評級是在CCC或更低；超過60%的高收益債曾面臨再融資，但並非用來擴充資本或當作營運資金（working capital），純粹只是資產負債表的再融資。一些人認為這樣並沒有增加新的槓桿，但其實更糟，因為這代表公司手中缺現金還舊債，所有才要再融資，借新債還舊債。

　　直到某天，所有的債都到期，這場遊戲便會以「爆」做結束。「我們正在製造更大的定時炸彈。」隨著2018至2020年間約有5,000億美元的債務到期，屆時他們要再融資就不會像今天這麼容易了。羅斯表示，即使政府債券也不安全，如果殖利率回到2000至2010年的平均水準，十年期公債價格將下跌23%。「如果一般的公債都有如此的下檔風險，」風險更高的高收益債價格就更危險了。羅斯說：「我們回頭看看，真正的泡沫其實是在債市。」

　　另一個正在形成的泡沫是美國許多地方的農地（雖然其他國家的農地

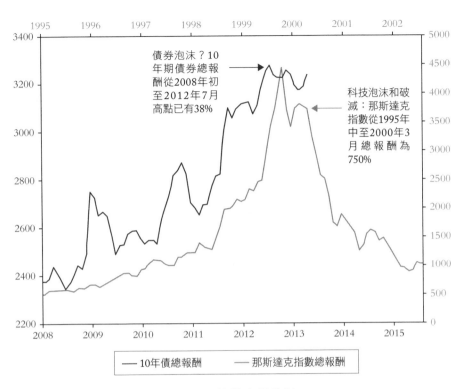

圖9.1 債券市場泡沫

資料來源：高盛（Goldman Sachs）全球ECS研究。

價格已引人注意）。這個泡沫完全是來自於聯準會的「紅色教條」。在玉米帶（Corn Belt）[7]的中心，農地價格在過去七年間，有六年出現雙位數的成長。根據聯準會的研究，2012年位於玉米帶生產力最高的農地區，價格上漲了15%；玉米帶西部和高平原區上漲26%；愛荷華州的土地十年前每英畝價格是2,275美元，現在是8,700美元。從**圖9.2**可以看出，農地價格的上漲幾乎打敗美國房市泡沫時所有資產的漲幅。許多中西部的銀行放款開始出現問題。

---

[7] 玉米帶是指美國中西部地區一塊盛產玉米的產區，除食用外，也用來作為牲畜的飼料。範圍以愛荷華州、伊利諾州、印第安那州、俄亥俄州四州為主，占全美玉米產量50%。其他像威斯康辛州、堪薩斯州、肯塔基州、明尼蘇達州等州的部分地區也屬於玉米帶。

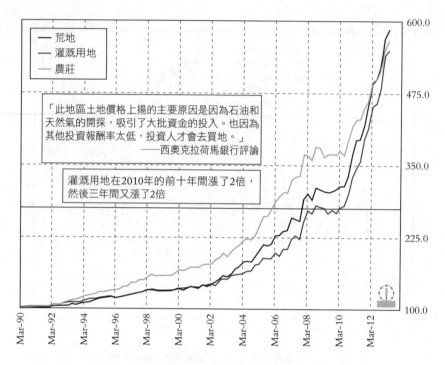

圖9.2　農地市場泡沫

資料來源：聯邦準備理事會堪薩斯分行，Diapason。

　　為何現在還有那麼多的泡沫？其中一個原因是目前的經濟還很疲弱，通膨率低。增加的貨幣供給不會驅動一般用品像是牙膏、理髮或是汽車的價格，但可以驅動房地產、債券和股市。

　　過多的流動性是指貨幣創造的數量超過了實體經濟所需。用術語來表示，馬歇爾K值（Marshallian K）是貨幣供給的成長率和名義GDP成長率的差異，意思是沒有被實體經濟吸收、剩餘的貨幣。這個名詞是以偉大的英國經濟學家阿佛雷德・馬歇爾（Alfred Marshall）[8]的名字來命名的。當貨幣供給的成長比名義GDP來得快，過剩的流動性就會流向金融資產。然

---

[8] 阿佛雷德・馬歇爾（1842-1924）：英國新古典學派經濟學家。著有《經濟學原理》一書，其中有關供給和需求、邊際效益、生產成本等概念，為經濟學的重要基礎。

而，如果貨幣供給的成長比名義GDP來得慢，實體經濟便會吸收所有的流動性還嫌不夠。這說明了經濟疲軟但貨幣供給上升時，股市會上漲的原因。

同時，這也解釋了股票市場對聯準會可能讓量化寬鬆退場的反應如此敏感的原因。真正的玩家知道遊戲的真諦。每個人都能從商業頻道和報章雜誌當中，讀到許多所謂「專家」的言論，像是股市會上漲是基於基本面因素。這些話換個時間，像是回到1999年或2006至2007年時，說的話都是一樣的。（在本書第二部分討論投資時筆者將會再多加說明）

通貨膨脹不會將房地產、債市、股市的上漲都計算在內。愛因斯坦在普林斯頓大學的辦公桌上有一段話：「不是每一件能算得出來的事情都有意義；也不是每一件有意義的事都能算得出來。」通貨膨脹就是一個有意義，但很難被計算的例子（除非在很狹隘的定義下）。過剩的流動性在不同資產間流動。**圖9.3**顯示，全球各地央行只要放鬆或收緊貨幣政策，泡沫和破滅都將隨之出現。

人們永遠學不會

近代金融泡沫曾多次出現，1970年代黃金從每盎司35美元漲到崩盤前的850美元。1980年代日本的日經指數從4000點漲到將近40000點，然後跌掉80%。到了1990年代，那斯達克搭上網路泡沫，指數從440點一路飆到2000年初的5000點，然後不到二年的時間內也跌掉了80%。過去十年在英國、美國、愛爾蘭、西班牙和冰島的房市泡沫，讓房價上漲了200%，甚至500%，然後泡沫破滅，房價掉了一半。

美國曾經歷過多次的崩盤：1929、1962、1987、1998、2000以及2008年。每次泡沫的起因都是不同的行業。1929年，通信微波股就是當時的網路股；1962年，電子類股最終崩盤了，但在此前幾年，電子類股平均有27%的漲幅，當時龍頭股是德州儀器（Texas Instruments）和拍立得（Polaroid），價格一度漲到獲利的115倍。到了1987年，S&P指數一年之內漲幅超過40%，不到二年漲了60%。1998年，對俄羅斯強烈成長的預期

Code Red
How to Protect Your Savings from the Coming Crisis
紅色警戒——危機下的財富生存之道

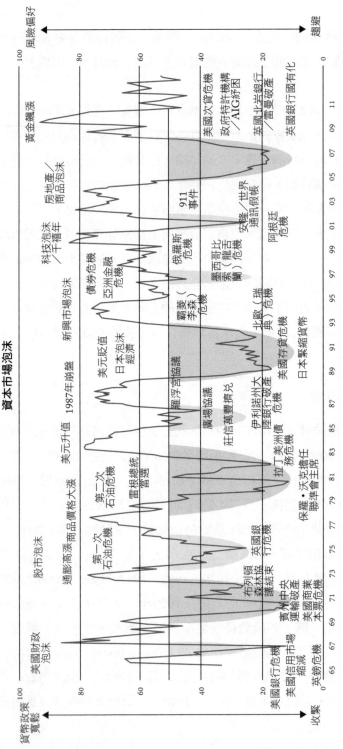

圖9.3 流動性循環驅動泡沫和破滅

資料來源：Crossborder Capita, www.liquidity.com/Docs/Global_Liquidity_Indexes_(GLI)_2012_Data-pdf.

236

落空，俄羅斯股市崩盤。2000年，網際網路泡沫更是瘋狂，許多公司還沒有獲利，甚至還沒有營收就可以掛牌上市，股價飆漲後崩跌。所有的泡沫最終都會發現其實際價值，然後崩盤收場。

經濟學家和投資人已花了許多篇幅描述泡沫經濟，但中央銀行和投資人似乎都沒有從中學到教訓。彼得・伯恩斯坦（Peter Bernstein）在《與天為敵》（*Against the Gods*）[9]一書中提到，證據「顯示各種不合理、不一致、無方向感的決策和選擇模式，在人們面對不確定性時，表露無遺。」

這些特殊的泡沫看起來有多像？從許多方面看起來都很類似。在1920年代，金融市場泡沫是經由當時的新科技，像是通信微波在當時被認為將改變世界；到了1990年代，股市泡沫是被快速成長的網路股帶動；而這兩種科技都從根本上改變了世界。例如1920年代的RCAS和1990年代的Yahoo股價都曾狂飆。**圖**9.4畫出兩個時期股價指數的比較，無論時間和走勢都呈現驚人的相似度。

圖9.5則繪出1970年代的黃金泡沫（有些學術研究認為，黃金價格是跟著1970年代末期的高通貨膨脹飆漲，反應出對通貨膨脹的避險行為。當1980年代通膨回落，金價也隨之下跌。因為1970年代的金價是否真為泡沫始終是個值得討論的話題。）

圖9.6則是十年後，日本日經指數的泡沫，看起來和**圖**9.5幾乎完全一樣。

泡沫一次又一次出現，其本質元素每次都一樣：最初是經濟基本面被證實好轉，投資人被自滿的群聚（herding）樂觀氣氛引導，價格開始無支撐地快速上漲。億萬富豪喬治・索羅斯（George Soros）曾這麼形容金融循環：「唯一的奇特點是我們一直感到訝異。」

---

[9] 彼得・伯恩斯坦（1919-2009）：美國金融史研究專家，同時為經濟和投資學專家。其對於效率市場假說的演繹廣為人知。此處引用《與天為敵》一書是其1996年著作，闡述過去金融史上的風險。

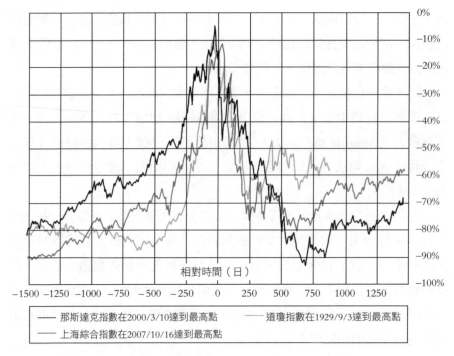

圖中圖例：
——那斯達克指數在2000/3/10達到最高點　　　——道瓊指數在1929/9/3達到最高點
——上海綜合指數在2007/10/16達到最高點

圖9.4　幾乎所有的泡沫看起來都一樣：1920年股市泡沫vs.那斯達克

資料來源：Dough Short, http://dshort.com/charts/bears/bubbles/bubble-overlay-3.gif

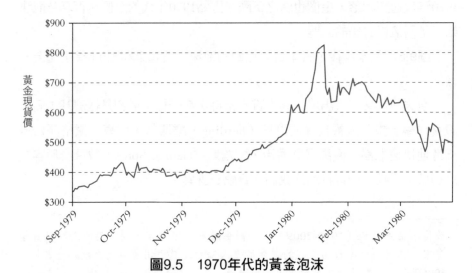

圖9.5　1970年代的黃金泡沫

資料來源：Mauldin Economics, S&P Capital IQ.

圖9.6　日本1980年代股市泡沫

資料來源：Mauldin Economics, S&P Capital IQ.

　　例如，公司債已經顯出另一個泡沫的跡象：「如今的債券市場好得不得了。」曾任投資經理，現任達拉斯聯邦準備銀行主席理察‧費雪在一次會面中說。這些看起來好得不得了的市場都是聯準會刻意營造的一部分，但信用市場跳躍式上漲讓他不得不出來提醒，新一輪信用膨脹的不安定已經出現：「總不能被滾燙的爐子燙兩次。」

　　儘管如此，經濟學家和投資人還是一次又一次地犯錯。經濟學者在實驗室裡就能製造出泡沫。經濟學家羅許曼‧N‧荷桑（Reshmaan N. Hussam）和其同僚不止製造出一個泡沫，他們還用同樣的情境做同樣的實驗，再次複製出泡沫。問題不在人們是否有足夠的資訊，也不在於金融市場的參與者：企業經理人、小型企業主或專業股票交易商，有多麼複雜。問題是沒人能從重複製造出來的泡沫中脫身。

　　這似乎是與生俱來的特質。人類經過數十萬年的演化，已發展出在草原上躲避獅子和追逐羚羊的本能，如今我們則會追逐資產價格，似乎我們對於關注的市場動態會特別有反應。重複實驗的結果告訴我們，經歷過一個或二個泡沫其實並不重要，人們還是會陷入下一個泡沫。有點小聰明的人會從泡沫中學習，但也無法置身事外；他們會再一次參與泡沫，並且認

為已有足夠的智慧決定何時退場。2002年諾貝爾經濟學獎得主，喬治梅森大學的維儂・史密斯（Vernon Smith）教授[10]曾進行多次實驗，結果都是如此。他表示：「重點是他們對於判斷轉折點的能力非常樂觀。但最後他們總是對市場變化的快速，以及難以在好價錢出脫感到訝異。」

泡沫與崩潰的剖析

泡沫其實沒有明確的定義，但所有的泡沫看起來都很像，因為過程總是十分類似。研究泡沫的聖經是查爾斯・金德柏格（Charles Kindleberger）所寫的《瘋狂、恐慌與崩潰》（*Manias, Panics, and Crashes*）[11]。在書中，金德柏格列舉出泡沫的五個過程。他借用偉大的經濟學家海曼・明斯基的理論，**圖9.7**和**圖9.8**繪出泡沫的經典型態：

〔暫停一下，各位要知道，明斯基、金德柏格和熊彼得（Schumpeter）都沒得到諾貝爾經濟學獎，但保羅・克魯曼卻得到了。〕

第一階段：轉移（Displacement）

所有的泡沫都起始於一些真實的背景。通常是一項令人耳目一新的突破性科技，雖然金德柏格認為人們無須深入瞭解其技術演進的過程，但它卻會讓經濟環境產生根本性的變化。舉例來說，1990年代俄羅斯開放，導致了1998年的泡沫，或是2000年開始大幅降息，讓抵押貸款者能取得極為便宜的資金。在改變階段中，聰明的投資人意識到這種變化，開始將資金投資在某個產業或國家中。

第二階段：榮景（Boom）

泡沫一旦形成，就會出現一些極具說服力、並且廣受歡迎的理由，而

---

[10] 維儂・史密斯（1927- ）：美國喬治梅森大學經濟學教授，與普林斯頓大學的丹尼爾・卡尼曼（Daniel Kahneman, 1934- ）教授因研究行為經濟學及在不確定情況下的判斷和決策過程，同獲2002年諾貝爾經濟學獎。

[11] 俞濟群、黃嘉斌譯（1997），查爾斯・金德柏格著。《瘋狂、恐慌、與崩潰》（*Manias, Panics, and Crashes*）。台北：寰宇出版。

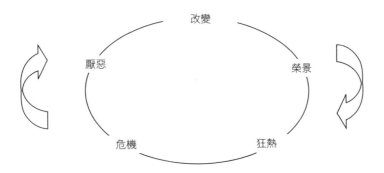

圖9.7　泡沫的剖析：金德柏格—明斯基模型

資料來源：Kindleberger, SG Cross Asset Research.

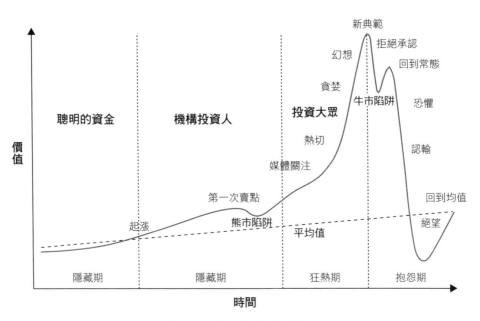

圖9.8　典型泡沫的剖析

資料來源：Jean-Paul Rodrigue.

且這些說法還會自我強化。索羅斯觀察到，基本面的分析師試圖建立反應股票市價的價值模型，而「反射理論」（theory of reflexivity）[12]也說明了股價如何去影響投資標的價值。例如1920年代當人們相信電冰箱、汽車、飛機，以及收音機等新科技將改變世界（事實上它們也真的改變了世界！）。1990年代的網際網路也是。任何泡沫成形的一個關鍵點通常都是寬鬆的信用和借貸市場。為了提供足夠的資金去買這些新型消費產品，1920年代出現了分期付款的型態並大受歡迎，讓人們能在短時間內買到更多的東西。而1990年代，網路公司吸引了金融市場大量的廉價資金競相投入。2000年房市和信用的擴張，讓愈來愈多的人借到錢。所謂證券化商品這種1990年代的金融創新，讓風險被分散、獲利被分享，造成次級抵押債券被刻意扭曲成安全的AAA等級的投資。

第三階段：狂熱（Euphoria）

在狂熱階段，每個人都認為只要買特定產業的股票，或是在特定地區買房子就能賺錢。提早進場的投資人會賺很多錢，套一句金德柏格所說的話：「沒有任何比看著朋友暴富更容易失去判斷能力、更揪心的了。」當普羅大眾都開始投機，像1920年代的擦鞋童都在買股票；1990年代醫生和律師都在當沖網路股；在次貸泡沫時，大量的貸款方案讓許多人成了房奴；在科技泡沫的高峰時，網路股的轉手頻率是其他類股的3倍。

---

[12] 「反射理論」是由喬治·索羅斯所發展出來的理論，用來說明投資人與金融市場之間的互動關係。投資者根據自己獲得的資訊和對市場的認知形成對市場的預期，並付諸行動，這種行動改變了市場原有發展方向，反射出一種新的市場形態，從而形成新的資訊，讓投資者產生新的投資信念，並繼續改變金融市場的走向。投資者因個別問題影響其對市場的認知，此即產生所謂的「投資偏見」。當「投資偏見」分散時，對金融市場的影響力很小，但當「投資偏見」在市場中被認同、並不斷強化，產生群體影響時，就會推動市場朝單一方向發展，而最終必然反轉。這理論與過去多數人所理解的「市場是中性的」、「市場永遠是對的」的想法大不相同。

泡沫的狂熱期上升速度很快，但時間卻很短，多數投資人幾乎不會有機會出脫手中的資產。當價格呈現幾何速度上漲時，一點點風吹草動就會引發投機者瘋狂出清手中所有的部位。

我們記得1999年有一檔避險基金投資科技股，替客戶賺了許多錢。他們在1999年下半年就發覺泡沫已出現，決定結束基金，把錢還給客戶。不過他們仍然花了一年的時間才出清完所有的部位，幸好最後客戶還是獲得了豐厚的報酬。這個例子只是說明，即使對專業投資人而言，避開泡沫也是極為困難的任務。至於那些流動性差的市場呢？就更別提了。

第四階段：危機（Crisis）

在危機階段，有內線消息的人一開始就會倒貨。例如許多達康（dot-com）公司的內部人員早一步把股票倒給散戶。在次貸泡沫期間，房屋營造公司的老闆們、抵押借款機構高層人員像是安傑羅・莫齊洛（Angelo Mozillo）、還有雷曼兄弟的執行長迪克・福爾德（Dick Fuld）倒出了數億美元的股票。這些賣壓逐漸形成一股動能，投機者開始明瞭他們也該跟進賣股票。然而，一旦價格開始下跌，股價或房價就開始崩盤，成交的唯一方法就是開出更低的價錢。泡沫破滅了，瘋狂的買盤瞬間變成恐慌性賣壓。泡沫當中的恐慌性賣壓像是《嗶嗶鳥》（*roadrunner*）卡通[13]裡面的土狼（coyote），不停向懸崖衝過去，直到突然發現腳下空空如也。崩盤永遠是反應買賣二方無流動性——賣方沒辦法在當下的價格中找到躍躍欲試的買家。

第五階段：劇變（Revulsion）

就像泡沫初期價格明顯偏離趨勢，在最終的厭惡階段，價格完全低於其本身應有的價值。原本在泡沫期間報喜不報憂的媒體突然開始揭發弊案、報導侵占和濫用款項的消息。損失慘重的投資人尋找替罪羔羊，將過錯歸咎給別人，而不想想是自己願意參與這場泡沫。（誰沒在網路股和房

---

[13] 《嗶嗶鳥》為美國華納兄弟公司（Warner Brothers）出品的經典卡通影集。

市裡投機過？）當投資人遠離泡沫，價格往往會跌到不合理的低水位。

拿人類和旅鼠（lemmings）[14]相提並論似乎不太公平。旅鼠才不值得如此被拿來比較，而且信不信由你，他們可不會約好集體自殺。但人類有很多地方和蝗蟲、魚、鳥很相近。

當經濟學家還執著於傳統及正統的（通常也很無趣）的模型來瞭解投資人行為時，學術界的另一批人士早就先一步認識泡沫的本質。學術間的交互應用已顯示，群眾行為能因一些高度不可預測的個人而改變，這改變就像是一波大規模的浪潮。當改變出現時，整體趨勢的重要性就遠高於個別判斷。

牛津大學生物學家艾恩‧寇辛（Iain Couzin）曾研究各種飛禽走獸群體的集合行為。令人訝異的是他已能在實驗室中複製出群聚效應（herding）。

寇辛將一群蝗蟲的幼蟲分成一百二十組，分別放進一個形狀如寬邊帽，他稱之為蝗蟲加速器（locust accelerator）的一塊區域內，讓牠們延著外圍邊緣一天飛八個小時。上方設有攝影機記錄牠們的活動，另外有電腦軟體描繪出牠們的位置和飛行方向。他最終說明了所觀察到的現象：「當一群蝗蟲聚集到一定數量後，牠們會開始自行分群、對齊。到了下一個臨界時點時，這些群組便會變成單一隊伍。從原本的雜亂無章逐漸變得井然有序——這也是牠們要蛻變為成蟲的前兆。」

這是自然界的現象，但從未有人在實驗室中做出來——至少沒有用動物。1995年，一位匈牙利物理學家塔馬斯‧威斯克（Tamás Vicsek）和其同僚設計了一個簡單情境——幾乎是原始的——的模型來解釋群體行為：每個人都在一定的生活半徑內，用同樣的步調與鄰近的人保持一致。當這樣的假設性群體愈來愈大時，便會從一群烏合之眾變為有組織的群體，就像寇辛的蝗蟲一樣。這就進入了下一個階段，像是水結成了冰。單一個體沒有計畫、沒有方向，但進到群體中，規則就出現了。

---

[14] 旅鼠：一種在極地生活的短尾嚙齒類動物。

　　各位在每天的通勤當中可以發現自己也有這種習性。如果不是特別留心，你的車速會跟旁邊的車差不多，常常會因此超速。這種現象也確實發生在金融市場泡沫中。起初，交易員買賣股票純粹是依據自己的喜好。就像蝗蟲各飛各的。但隨著時間經過，交易員之間便會開始互相模仿。這樣的傾向直到市場達到狂熱（euphoria）階段，然後一群交易員可能在同一時間下了賣單，因而導致崩盤。

　　目前為止，對泡沫的動態變化研究最為透徹的是一位法國物理學家，後來轉而研究金融市場的迪迪兒‧索奈特（Didier Sornette）。索奈特為地震活動發展出數學模型、亞馬遜（Amazon）的書籍銷售量、社群網站的群體行為（像是臉書）、甚至股票市場泡沫和崩盤。在其名著《為何股市會崩盤？》（*Why Stock Market Crash?*）中，索奈特解釋了泡沫如何形成，又如何破滅。他發現許多理論都沒有好好解釋泡沫，唯一合理的解釋是一致性的自我組織理論（self-organization），很像寇辛在牛津大學研究的一群魚或一群鳥。他寫道：「一個複雜體系的核心價值是，在一個由各成員彼此不斷重複非線性（nonlinear）交互作用所達到的成熟架構中，可能出現的大規模集體行為：整體的改變遠大於個別改變的加總。」

　　索奈特發現，用「對數週期性冪律模型」（log-periodic power laws, LPPL）來解釋投機性泡沫相當適用，例外狀況很少。傳統的泡沫像是具有拋物線性質，修正的頻率也愈來愈高。最終價格可能在一天、一小時、甚至十分鐘內見到高點，然後崩盤。

　　股市崩盤後，媒體記者們往往忙著尋找暴跌的原因。他們會歸咎於一些特別事件，像是1987年的投資組合保險（portfolio insurance）、雷曼兄弟破產，而不是基本面已經出現不穩定的訊號。

　　大多數解釋暴跌的方式是找出在短期內（數小時、數天、最多不超過數週）具有效果的因素。在此我們提出截然不同的觀點：暴跌的真正原因必須回溯數個月甚至數年之前，當時市場的投資人之間漸漸築起了聯合且有效的互動，進而轉化為市場價格的加速上漲（泡沫也因此形成）。根據

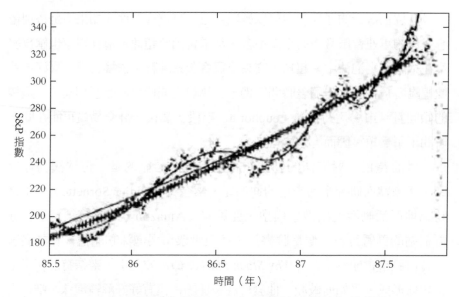

圖9.9 紐約股票交易所1987年崩盤前的對數和諧共振

譯者說明：對數和諧共振（Log-Harmonic Oscillation）是「對數週期性冪律模型」的一段情
　　　　　境，指溫和震盪朝向單一方向，圖中是指多頭市場震盪向上。

資料來源：Didier Sornette.

這個「臨界點」看法，只看價格的下跌其實都不是最重要的，會出現暴跌
是因為市場早已經進入了不安定的階段，任何一點小干擾或事件都可能引
爆。想像一下用手垂直舉起一把尺：這就是個不穩定的動作，只要你的手
有一點小小的（或不適當的）晃動，尺終究會倒下來。暴跌是因為本身就
已經不穩定；而當下引發暴跌的原因倒是其次。同樣的，市場敏感度和不
安定感逐漸增加，接近臨界點時，或許能解釋為何各個地方的崩盤原因千
奇百怪。基本上當條件成熟時，什麼事都會發生。

　　索奈特的結論是：基本面已不穩定的體系和人性的貪婪，讓市場泡沫
和崩盤永遠存在。

　　就像人們彼此模仿，讓市場價格震盪向上；當價格開始下跌，投資
人還是會跟隨別人的行為，形成「抗泡沫」（anti-bubble）型態。例如**圖
9.10**，索奈特說明當泡沫破滅時，走勢會和上漲很類似，但方向是反向震

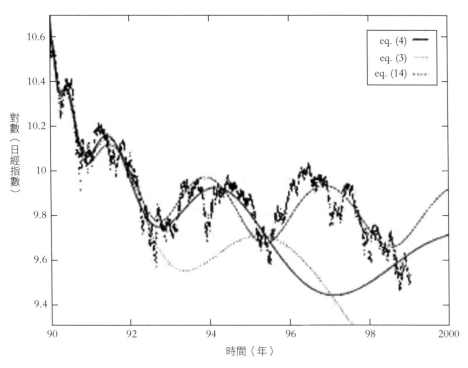

圖9.10　泡沫破滅形成抗泡沫及波浪型態的下跌

資料來源：Didier Sornette.

盪向下。

　　近期泡沫和崩盤的研究又向前跨了一大步，部分行為經濟學家在實驗室裡成功複製了泡沫，發現了使投資人趨之若鶩的原因。生物學家用數學解釋了群聚行為背後的原因。像迪迪兒・索奈特這樣的地球物理學家持續在發表新的研究成果；除此之外，他現在開始預測泡沫了。我們倒想看看那些股市交易員對他的預測會有什麼反應。

向前走吧，這兒沒什麼好看的

　　美國、英國、西班牙、愛爾蘭、拉脫維亞等國不堪回首的房市泡沫造成銀行業重大危機，威脅了全球經濟。也許有人會以為中央銀行會試著去

瞭解如何去判定泡沫形成、如何去防範它再次出現，造成銀行又一次危機。但事實往往勝於雄辯。

中央銀行過去在判定泡沫的紀錄並不光彩。在網路泡沫時期，艾倫‧葛林斯潘僅簡短地評論它是「非理性榮景」（irrational exuberance），然後又愛面子的辯稱是「生產力的奇蹟」（productivity miracle）在支撐著股價上漲。當2004年房市泡沫出現，他表示房市價值「還不到我們所判斷會造成大眾關切的地步。」2005年柏南克辯駁房市泡沫「實在不太可能出現」。同年又在CNBC的節目中說：「全國的房價都沒有在下跌」。到了2007年5月，泡沫已經開始破裂，他仍表示聯準會官員「還沒有預期次貸市場會對其他經濟層面發生影響」。

今天，柏南克又提出「運用貨幣政策去防止資產價格泡沫有實務上的問題」，他和他許多同事都相信，貨幣政策是一個「落後的工具」（blunt tool），應該偏向運用制度規範去抑制泡沫，而不是用利率。柏南克常說，要判定泡沫是很難的。他在參議院的聽證會中表示：「要即時斷定資產價格是否適當真的十分困難。」

（有趣的是，他們卻毫不猶豫地運用他們口中「落後的工具」去驅動資產價格上漲！）

聯準會理事暨副主席珍娜‧葉倫（譯註：已是現任聯準會主席）引用葛林斯潘在2005年9月提出的看法：「……決定抑制資產價格會延伸出三個具有正面意義的問題：首先，如果泡沫自行破裂，對經濟的影響會非常大嗎？其次，聯準會難道不會去減輕這些影響嗎？第三，貨幣政策是壓制房價泡沫的最佳工具嗎？我的答案是：『不』、『不』，還是『不』。」她真是錯得離譜。

2009年金融海嘯過後，葉倫改變她的想法：「……如今十分明顯，不處理泡沫將導致毀滅性的後果……我想，近期慘痛的經驗，強化了使用某些政策的正當性，特別是當信用擴張是始作俑者時。」她現在說：「伴隨著泡沫擴張的貨幣政策，可能也會藉由放緩信用擴張和降低整體槓桿來促進金融市場的穩定。」

看到這些言論後，各位可能以為葉倫會要求結束「紅色教條」政策了，但她卻是目前為止聯準會內最青睞「紅色教條」的人。對於中央銀行官員，你永遠得觀察他們做了什麼，而不是他們說了什麼。而她的所言所為也許很快就會變得非常重要。[15]

利差交易與泡沫

最近，量化寬鬆的效應逐漸在新興市場發酵。這效應不僅來自於美國聯準會，還有日本央行、歐洲央行，以及英格蘭銀行。和這些疲弱、債務纏身的已開發國家不同的是，許多新興國家表現相當良好，而信用成長和私人放款業務也在當地發生。新興國家成為這些超額資本的熱門標的是有以下的原因：整體而言，債務承擔能力還很強勁，資產負債表也相對健全得多；更重要的是，投資收益率相對於主權債高得多。這個二種成長速度的世界造成了很大的問題：「紅色教條」式的已開發國家會讓存款人和投資人把錢從自家低投報率中逃出，湧向土耳其、巴西、印尼，或其他有著高投報率的地方。

「紅色教條」式的貨幣政策是用來製造投資和成長，而它也的確做到了！而不是那些謹守中央銀行協助立場的國家。

對這些國家來說，這真是個令人頭痛的問題。就像是突然有一大群訪客造訪，滿臉笑意地說喜歡你家的房子，但過些時候他們卻沒來由消失無蹤。熱錢（hot money）像個喝醉酒的酒客，他們辦了一場盛大的派對，卻又不告而別，留下了一個大爛攤子。主要新興市場大量熱錢充斥的背後是大起又大落。

只要這些主要的成熟國家仍然把利率維持在極低的水平，並且讓他們的貨幣貶值，泡沫就會出現。我們來看看最近二次「紅色教條」政策下的泡沫和崩解。

1989年日本泡沫破滅後，日本央行把利率降到接近零的水準。到了

---

[15] 葉倫於2013年10月由歐巴馬總統提名，於2014年1月底正式就任聯準會主席。

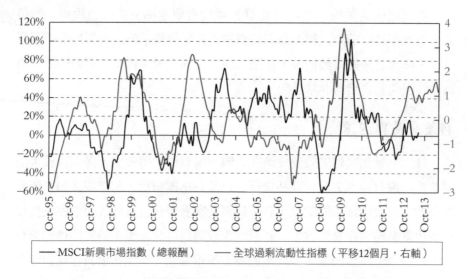

圖9.11　全球過剩流動性vs.新興市場股價指數報酬

資料來源：Variant Perception，彭博資訊。

1995年日圓匯率貶值了一半。日本人於是把錢抽出來放到印尼、南韓、馬來西亞、菲律賓及泰國。其他國家的投資人不是直接借日圓，就是間接透過合成的金融商品。這稱為日圓的利差交易（carry trade），借便宜的日圓投資到其他地方賺取利差。當時每個人都認為日圓會一路走跌，未來還錢會更容易。

　　當時亞洲幾乎吸收了新興市場一半的資本，而南韓、馬來西亞、新加坡、泰國和印尼的股市大幅攀升。然而派對終究會結束，1997年6月泰銖面臨極大的貶值壓力，幾乎所有的亞洲股市都見識到了市場崩盤、資本外逃、貨幣貶值，以及銀行破產的威力。整個亞洲完整地上演了泡沫的五個階段，比起始作俑者的日本要嚴重的多。

　　在金融海嘯前，極為寬鬆的貨幣政策早已造就了泡沫。泡沫的製造者包括了2003至2006年實施超寬鬆貨幣政策的日本央行，當時他們就已經在量化寬鬆了；另外還有當時聯準會主席葛林斯潘，將利率降到1％，時間超過一年。投資人又一次借日圓或美金投資到國外。這些套利的資金助漲

了商品市場和全球房地產泡沫。例如原油，十年間居然漲了15倍；鐵礦砂漲了10倍；黃金漲了5倍。（更多商品泡沫的討論參見本書第二部分）極為寬鬆的貨幣政策促成了美國、英國、西班牙、愛爾蘭、拉脫維亞，以及其他國家的房地產泡沫。當2008年秋天所有泡沫最終破滅，全球便嘗到了苦果，銀行體系幾乎崩潰。

說到這兒，中央銀行調降利率無疑是泡沫出現的緣由。聯準會內部的研究人員早就警告利率太低的問題所在。威廉‧懷特（William White）是經濟合作暨發展組織（OECD）位於巴黎的經濟發展考核委員會（Economic Development and Review Committee）主席，也是前任世界清算銀行（Bank of International Settlement, BIS）的行長，在金融界地位崇高，他曾為達拉斯聯邦準備銀行發表過一篇名為〈超寬鬆貨幣政策和非預期結果法則〉（Ultra Easy Money Policy and the Law of Unintended Consequences）的論文，非常明確地示警：

> 人為將利率操縱到低於市場自由競爭下的水平時，將扭曲投資計算、將資本錯置於低利潤的企業中。零利率的時間愈長，渴望收益率的投資人便會發了瘋似地承受無謂的風險，更多的資本會流向極低的報酬率商品。如此一來，零利率反而成為資本產出的負面因素，造成生產力不足的結果，同時也延緩了資本累積的速度，最後的結局會是更長且更深的衰退。

聯準會最近一次將利率壓在遠低於通膨和名義GDP時，美國就出現了房市泡沫。再看看**圖**9.12，在當前的經濟狀況下，聯準會基準利率實在過低。

超低利率導致的榮景和破滅並不是新鮮事。由米塞斯（Ludwig von Mises）和海耶克（Friedrich von Hayek）為首的奧地利學派（Austrian school）[16]的經濟學家曾警告，信用擴張會導致實體資源的錯置分配，最後

---

[16] 奧地利學派是一種以個人主義方法論為核心的經濟學派，19世紀末由奧地利發跡。主張政府減少管制，維護個人自由。

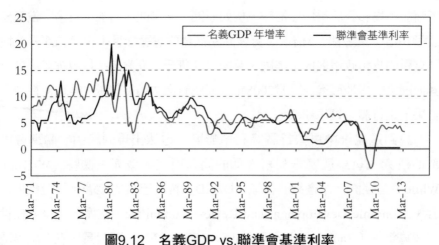

圖9.12　名義GDP vs.聯準會基準利率

資料來源：Variant Perception，彭博資訊。

只會以危機收場。在奧地利學派的景氣循環論中，信用膨脹的核心因素即是市場利率跌到自然利率水準之下所造成，此時投資可能已無法獲得高利潤。利率偏離自然利率愈遠，潛在的信用膨脹和破滅可能性也就愈大。

　　就像所有的泡沫一樣，當利率回到正常水準時，暴漲的價格同樣也會暴跌。最危險的是那些用槓桿買進農地、公司債的投資人，部分新興國家以及其他用借錢吹起來的泡沫。圖9.13告訴我們，當聯準會宣布採行量化寬鬆政策時，股票市場可以強勢大漲，但當它停止時，金融市場往往就面臨崩盤。第一次是2010年的「閃電崩盤」（flash crash），第二次則是2011年8月的暴跌。這些都可以解讀為那些用槓桿追逐高報酬的投資人被聯準會退出「紅色教條」的決定給嚇到了，市場波動和崩盤將更為常見。

在泡沫裡的生存之道

　　泡沫僅造就了少數投資人買低賣高、獲取暴利，多數投資人在泡沫中都是後到者，在狂熱期（euphoria）進場，最後嚐到了改變一生的苦果，辛苦多年的積蓄化為泡影。

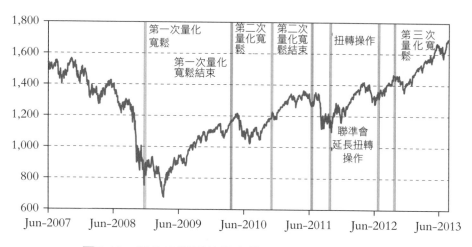

圖9.13 量化寬鬆驅使股市暴漲，而退場造成暴跌

資料來源：Mauldin Economics, S&P Capital IQ.

　　如果你的運氣夠好，在轉移（displacement）或榮景（boom）階段就進場，應該給自己拍拍手，但千萬別在狂熱階段追逐獲利。J.P. 摩根（J.P. Morgan）曾說，他的財富是靠著早出場累積下來的，在泡沫盛宴中最好早點到，也早點離席，別在狂熱期沖昏了頭，最後落得崩盤下場。

　　別陷入狂熱中，避開泡沫的狂熱期。不論什麼時候，只要雜誌封面大肆報導，CNBC不斷播報，大概就離泡沫不遠了。重點是千萬別急著投機套利或超出自身能力範圍。華倫·巴菲特曾說：「投資不是一個智商160的人打敗智商130的人的遊戲……當你只有平庸的資質，你能做的就是控制自己的急性子，性急往往導致人們身陷投資困境。」了不起的投資人應該像尤里西斯（Ulysses）[17]，緊抓著船桅，不受已經高估和過度上漲的市場召喚。

　　愈聰明的人往往受泡沫的傷害最深。許多人認為他們能一戰成名，在

---

[17] 尤里西斯：希臘語稱為奧德賽，是希臘神話人物。在荷馬史詩「奧德賽」中，描述尤里西斯在特洛伊戰爭中獲勝後，自海路返航的故事。一路上尤里西斯受盡磨難，但始終堅定回國信念，最後歷經九年終於成功。

市場上下起伏之間游刃有餘。不是每個人都是喬治·索羅斯，更別說就連索羅斯自己都無法在每一次泡沫當中全身而退。我們來看看索羅斯的量子基金（Quantum Fund）在史上最大泡沫之一的那斯達克（Nasdaq）泡沫中有如何的表現：1998年，索羅斯正確判斷出泡沫出現了，並且進場買進。但許多泡沫在創高點前還會面臨一次大修正。1998年當年量子基金受到那斯達克大跌影響損失了30%，但隨後那斯達克大漲5倍，量子基金也跟著回升，1999年基金報酬35%，但因為沒有及時賣出，索羅斯反而被2000年初網路崩盤傷到：從1999年底到2000年初的短短幾個月，公司內部的週會都聚焦在如何為科技股必然會出現的賣壓做好準備。索羅斯自己定期會和旗下的明星經理人電話聯繫，警告他們科技股泡沫即將破裂。然而當泡沫真正開始破裂時，下跌的速度太快，他們無法及時因應，到了2000年4月，量子基金已經跌掉了22%，索羅斯把賺到的錢通通吐回去。

這個故事告訴我們：當你看到泡沫出現，千萬別悶著頭進場，即便是專業投資人也會發現要賺錢是十分困難的。你可能在軍火廠裡點燃一根火柴然後全身而退，但這並不代表你夠聰明。

泡沫一旦破裂，每個人都想在同一時間賣出，但往往事與願違，結果只有崩盤。事過境遷後，許多投資人滿手握著跌到谷底的股票，只能巴望著有一天股市會再起。如果你體認到已經在泡沫破滅後的危機（crisis）階段，你還是應該把股票賣光。因為一旦股市或房市泡沫被高估而破滅，下跌的時間會拖得很長。看看日本日經指數和網路泡沫，價格跌掉了80%，而且經過數年還沒止跌，至今尚未回到當年的高點。只不過，賣股票說起來容易做起來難，沒什麼人願意承認自己的錯誤。

一旦投資人決定投資，甚至壓注，他們的信心也隨之上升，這時要賣股票就會變得很困難。在羅伯特·席爾迪尼（Robert Cialdini）著名的《影響力》（Influence）一書中[18]，對於自信心有清晰的研究。他認為自

---

[18] 羅伯特·席爾迪尼（1945- ）：亞歷桑那大學心理系榮譽教授。其著作《影響力：讓人乖乖聽話的說服術》由閻佳譯（2011），台北久石文化出版。

信心對於人們的社交互動有著深刻的影響。在書中，席爾迪尼指出，人們對於已押注的事物有著高度自信心。「二位加拿大的心理學家曾做過一項研究，發現人們在賽馬場上的一些有趣的事：當他們下注之後，他們對於自己選的那匹馬有著高度的信心會贏，但是很快就認清現實。」

信不信由你，一生中可能遇上的最佳投資機會都發生在泡沫的劇變期。在這個時期中，市場泡沫已經破滅，投資人不想再碰任何與泡沫相關的投資。就像投機者在狂熱期的非理性搶進一般，他們在劇變期也同樣是非理性的。

在泡沫期間追逐搶進，買到的價格都被非理性高估。而在泡沫破滅後買進，買到的價格則是被非理性低估。當東西太貴時，安全邊際（margin of safety）變得很小，甚至沒有；當價格夠低時，安全邊際便大得多。

於是，有一個在泡沫時期獲利的秘訣出現：只要耐心等待它破裂（而且一定會破），然後在哀鴻遍野時開始投資即可。在這個觀念下，現金不再是閒置無用的錢，反而可以被視為是投資未來「慘況」的選擇權。華倫・巴菲特和其他服膺班哲明・葛拉漢（Benjamin Graham）[19]智慧的投資人，都是用耐心等待真實價值機會自然浮現時投資而獲利。

回到網路泡沫時期，當時美國電塔（American Tower）是最大的無線基地台運營商之一。這家公司採取高額舉債廣設基地台。當電信及網路泡沫破滅後，2002年10月的股價只剩下1美元，這只有在每個人都非理性絕望時才會出現。然而這樣的非理性不會永遠存在，在本章寫作之時，該公司股價是每股80美元。2002年該公司滿身債務，但他們用這些錢興建了高價值的電信基地台網路。今天如果要重建這些網路基地設備，得花上數十億美元的資本支出才行。投資人當年把電信相關類股賣光時，其實也把金雞母也扔了。當公司回到正軌，開始降低負債比例，此時公司價值便會

---

[19] 班哲明・葛拉漢（1874-1976）：華爾街證券業一代宗師，在金融分析和投資觀念上具有巨大的影響力。其著作《有價證券分析》被譽為股票投資的經典。投資大師華倫・巴菲特及許多成功的投資人均自稱為其信徒。

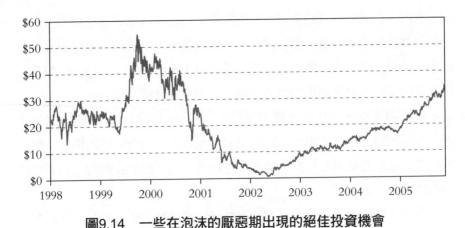

圖9.14　一些在泡沫的厭惡期出現的絕佳投資機會

資料來源：Mauldin Economics, S&P Capital IQ.

一飛沖天。每次泡沫之後，類似美國電塔的例子可說是多得不勝枚舉。

　　還有像是環球電訊（Global Crossing）以及其他時運不濟的光纖網路設備商，當年根據試算表軟體預估網際網路的使用量，花了數十億美元架設光纖網路，泡沫破滅後，高達90%的光纖一度是「黑」的（譯註：指沒有使用）。但現在這些光纖可值錢了，精明的投資人用極低的價格買進這些提供連網服務的光纖資產，最後大賺一筆；而我們今日也擁有了廉價的國際通訊。全世界似乎應該感謝那些曾經虧損數十億美元的投資人，今天大家才會有便宜的全球網路可以使用。

　　同樣的故事也發生在19世紀中葉的英國以及1870年代的美國，當時許多鐵路公司破產了，但全國的交通運輸費用也因而降低許多。當時在美國，唯一一家沒有破產的鐵路公司是一家百分之百的民間企業。其他都是因為政府廉價的資金挹注導致泡沫。

　　現在回頭看看2002年，了不起的投資家豪爾‧馬克斯（Howard Marks）[20]曾回憶，那是他一生中最重要的投資機會。許多公司的股價甚

---

[20] 豪爾‧馬克斯（1946- ）：美國專業投資人，橡樹資本管理（Oaktree Capital Management）的創辦人之一。在2011年美國富比士（Forbes）公布最富有的美國人中，名列第二百七十二位，2014年3月其淨資產約20億美元。

至低於資產負債表上的現金水位。這在後來的金融海嘯期間也是如此。

人棄我取的機會並不常有,因此當出現時,最好採取些行動。有人曾問查理‧孟格(Charlie Munger)關於他最為成功的長期投資,他說:「並沒有什麼了不起的行動,而是極致的耐性。堅持你的原則,當機會來臨時,不顧一切地猛撲上去。」

 本章重點

在本章中,我們學到了:

1.中央銀行試著讓股價和房價回升。他們原本希望是緩步上揚,但結果卻是我們今日所見,這些不同的資產像是公司債、農地,以及部分新興市場的泡沫化。

2.金融資產泡沫具有週期性——1970年代的黃金、1980年代的日本日經指數、1990年代的網際網路,或是2007年前的房市。人性會被上漲的價格吸引,人們也無法坐視左鄰右舍一夜致富,因此泡沫才會成為全民運動。

3.每個泡沫看起來都差不多,因為他們都經歷了五個階段:

(1)轉移期:真正的技術進步或經濟變革,提供了投資機會。

(2)榮景期:其他投資人發現了這樣的機會,開始借錢或融資購買金融產品。

(3)狂熱期:每個人都知道這樣的機會,除了自己以外,親朋好友也前仆後繼吹起泡沫。價格狂漲,全民皆股。

(4)危機期:在這個時期,有內線消息的人先行賣出,其他人則在同一時間爭先恐後出場。通常貸款給泡沫的銀行業在這個時期會出現破產。

(5)劇變期:投資人清空持股,不想再聽到任何有關泡沫的訊息。資產價格跌到極低的水位,媒體、政府著手調查泡沫成因,並揭發騙局。

4.泡沫起因於類似魚群或鳥群的群體行為。一開始交易員各自為政，但當他們開始彼此模仿，市場就成為一個自我形成（self-organized）的體系。

5.當價格不再便宜時要遠離投資，泡沫永遠伴隨著過高的價值。像是股票的本益比、房價所得比都太高，而租金報酬率太低。

6.如果有足夠的耐心和認真的態度，在泡沫的劇變期常常可以發現一生中最佳的投資機會。

PART TWO

理自己的財

說起來也許難以相信，本書的創作靈感來自
計程車司機。許多次當我們在外旅行時，司機們
都問我們是做什麼的，而當我們回答作經濟分析
時，得到的回應通常有二種：不是問我們經濟何
時會好轉？就是問該怎麼投資理財？本書的第一
部分已用簡單明瞭的方式說明了全球經濟未來會
怎麼走；到了第二部分我們會儘量回答讀者，該
用什麼樣的思維去面對自己的財富。

「紅色教條」政策和金融抑制傷害了存款人和投資人,理財也變得很不容易。我們不會告訴各位哪一項特定投資,因為只有自己才能根據自己的狀況做出決定。然而,我們可以提供一種思考如何投資的方式。

在第十章,我們會檢視如何將自己的存款作分散投資,建立起一個堅實的投資組合,以應付「紅色教條」世界裡市場的起起伏伏;有了這層概念,第十一章便會在這個基礎上探索主動管理投資和買賣股票的作法,該章點出了我們價值投資的精華,並且將介紹我們選股的方式,我們也將分別舉出在金融抑制和通貨膨脹下二個成功和失敗的例子。

首先,我們想和大家分享對全球經濟的基本想法。儘管中央銀行製造了泡沫、榮景,以及破滅,政府落得債務滿身,我們仍對人性抱持樂觀。因為我們天生是個樂觀派。改善我們生活的新科技雖然步履蹣跚,然而開發中國家致力於更現代化生活的驅動力就足以創造投資機會和經濟進步。全球市場、自由貿易、網際網路,以及人類追求更好生活的競爭動力讓我們對未來充滿信心。只要確認不在中央銀行和政府所駕駛的失控班車上就行。

我們完全不建議遠離風險獨善其身,唯有掌握自己的未來,才會有好的機會。

在投資成功的道路上,我們擁有最棒的資產:時間。華爾街已經被月投資報酬和季獲利財報給制約,但我們大可不必,這也是我們能戰勝華爾街的武器。當華爾街在貪婪和瘋狂追逐短期績效時,你得保有耐心和智慧。忽略市場日、週、甚至月報酬數字,你應該專注在發現價值、保持投資組合夠分散、控制開銷和存款。把時間當作朋友,離成功就不遠了。

現在,讓我們看看在「紅色教條」世界裡的投資準則吧!

CHAPTER 10

分散投資以保護資產

那些靠水晶球過活的人最後會把碎玻璃吃進肚子裡。

——雷‧達利歐（Ray Dalio）

分散投資是無知投資者的保護傘。

——華倫‧巴菲特（Warren Buffett）

當情勢走向極端時，任何只會考慮到中庸的計畫終將失敗。

——梅特涅親王（Prince Klemens von Metternich）

投資是件簡單的事，但卻一點也不容易。擁有億萬身家的偉大投資家豪爾‧馬克斯曾說：「我一直依循著查理‧孟格所告訴我的方法，然而沒有一件事是容易的。如果有人認為它很容易，他一定是個笨蛋。那兒（金融市場）有許多賭徒，你必須謹慎再謹慎。」華倫‧巴菲特讓投資看起來很簡單，麥可‧喬登讓灌籃看起來輕鬆寫意，馬友友也讓巴哈的大提琴奏鳴曲悅耳動聽。但這些人是窮盡一生讓技巧更完美的大師，也因為如此才能讓事情看起來簡單容易。然而，持續有好表現一點也不容易。

如果你身上還有積蓄，你會面臨選擇。你可以自己理財，也可以找人幫你管理。我們的看法是，如果你已經瞭解許多有關投資的知識，你也許應該自己管理自己的財富，買進幾家你瞭解透徹的公司。如果你有閒、有能力、有耐性、也有自信的話當然可以這麼做。你要知道如何評價一家公司的價值、瞭解會計準則、對產業有些直覺。但除非你是像華倫‧

巴菲特、賽思‧克拉曼（Seth Klarman）[1]，或是艾迪‧藍伯特（Eddie Lampert）[2]一樣的明星級投資家，否則你應該要分散投資，適度把錢交給其他人管理。

即使在某個領域中為翹楚，也很難成為分散的投資組合中每個領域的專家。你可能可以自己理財，但有時也可以在你沒有時間、不擅長，或沒機會接觸的領域裡讓其他人代勞，因為你可能白天有其他工作，占據了不少時間，使你無法分心理財。舉個例來說，你也許自己讀讀醫學課本就可以學怎麼動手術——或其他醫學技巧，但最好還是讓醫生來做這件事。

這裡並不是打擊大家的信心，搞得連自己的投資都無法決定，但如果投資不是你的工作，就會辛苦得多。我們希望你認清，每星期只花幾個小時的時間在研究投資是不太可能成功的。我們都知道那些看起來輕鬆自在的高球選手似乎都沒花太多時間在球場上，但如果真是這樣，我們每個人只要稍稍花點力氣都能成為零差點高球選手（scratch golfer）了。但大家心知肚明，頂尖選手往往在一些小細節上投入數千個小時，精雕精琢他們的技巧。

頂尖投資者總有一些特殊技巧去管理他們自己的資產。但他們同時也花了無數的時間在研究、研究、再研究。他們大量閱讀，瞭解股票和債券價值的複雜性，也知道如何去買賣外匯。只看《華爾街日報》和《金融時報》是沒有辦法成為偉大的投資家的。要考上特許財務分析師（Chartered Financial Analyst, CFA）要花數千個小時，拿MBA學位也要二年。而CFA和MBA不過是他們努力付出的第一階段而已。投資是終生的訓練，經驗也彌足珍貴。如果願意花數千個小時成為專家，我們會鼓勵大家這麼

---

[1] 賽思‧克拉曼（1957- ）：當代美國投資者，寶璞（Baupost Group）基金總裁。著有《安全邊際》（*Margin of Safety*）一書。1982年成立至2009年間，年均收益率為19%，目前寶璞基金的管理資產超過220億美元。

[2] 艾迪‧藍伯特（1962- ）：當代美國投資者，ESL投資基金創辦人。1998年至2010年的年平均收益為29%。被譽為「下一個華倫‧巴菲特」。

做。過程備受挑戰，成果也特別甜美。

　　或許有人會認為最好的投資是花時間去暸解私人投資顧問的運作模式，這樣你會感激他為你的財富作了多少事，也會切中要點去提問。我們和許多成功投資者的經驗告訴大家，一顆準備好要投資的心比什麼都來得重要。

放諸四海皆準的投資組合

　　華倫‧巴菲特曾說：「分散投資是無知投資者的保護傘。」這句話沒有負面的意思。事實上，我們在很多領域都算是無知者，卻也過得心安理得。我們不可能有時間成為法律、醫學、管線，或是園藝的專家，因此才會請律師、醫師、管線工人、園丁來發揮專長，為我們服務。在金融領域裡，保護自己最好的法則就是分散投資。

　　一般投資人不應該把所有雞蛋放在同一個籃子裡。無論你是倫敦的計程車司機、還是坐擁數十億美元校產，像是耶魯大學。沒有神奇妙方能保證賺錢，也沒有完美的投資組合。分散投資可以讓你避免單一資產損失可能造成的重大傷害，它適用於全世界任何角落的任何一個人，可以說是投資觀念中唯一的免費午餐（free lunch）。然而，大部分投資人卻沒能利用這個原則，長期、持續性的獲得投資收益。

　　在金融抑制和「紅色教條」的世界裡，投資人最終只有四種選擇：(1)持有現金，但最後會被「紅色教條」貨幣政策吃掉購買力；(2)押注一個未來可能的走勢，看看最後結果如何；(3)買一些熟悉的好公司股票；(4)分散你的投資，設想每一個可能的情境，擬定對應的計畫。

　　分散投資能有效幫助投資人避免大虧，而不是能讓人賺得更多。累積本錢的撇步不在於每年都能大賺一筆，而在於避免鉅額損失。華倫‧巴菲特曾說：「許多聰明的投資人在吃過一番苦頭後才體認到，一長串數字乘以一個零永遠等於零。」過去十五年間，美股有二次跌幅達到50%，如果把錢全數投入股市，要把這50%賺回來，市場得漲1倍才行。況且許多

個股最後是走上破產一途，如果不幸把身家投在印地麥克（IndyMac）[3]、雷曼兄弟、或是房利美（Fannie Mae）這些公司的股票上，大概都已經血本無歸。（不幸的，我們的確知道一些人在金融海嘯期間買進這些「便宜的」銀行股，最後幾乎全賠光了。）這時候想要再扳回一城就不可能了。

好的投資人都瞭解自己無法預測未來，因此避免把身家押在單一結果是極為重要的。豪爾・馬克斯曾寫過一段話：「我們沒有人會知道總體環境將發生什麼事。如果有，也只是極少數的人對未來經濟、利率，和市場走向知道得比一般共識多一點點而已。」不止是豪爾・馬克斯，喬治・索羅斯也無法預測未來：「金融市場一般而言是不可預測的。因此每個人得設想不同的情境……就是你所能預測到和我對市場的看法不同的那些事。」如果馬克斯和索羅斯都無法預測未來，我們也不應該拿自己的錢開玩笑。

接下來我們會讓大家看一些投資組合的例子，這些例子能抵禦多數的市場變化，並且在長時間內有不錯的績效表現。

哈瑞・布朗（Harry Browne）在他1981年出版的《通膨試煉你的投資》（*Inflation Proofing Your Investment*）[4]中，曾提出一個簡單的投資組合範例，無論經濟如何變化都表現良好。他稱之為「永久性投資組合」（Permanent Portfolio）。這個投資組合基於一個非常單純的概念，並且經過時間的檢驗。布朗將景氣循環分為四個主要的過程：繁榮、通膨、通縮及衰退，並選出四類對應的資產類別：股票、黃金、債券及現金。該投資組合把錢分成四等分，分別投資在上述四類資產上，並且定期調整彼此

---

[3] 印地麥克銀行（IndyMac Bank）：美國加州一家承做房屋抵押貸款為主的銀行，因次貸危機發生巨額虧損，遭到存戶擠兌，於2008年7月11日被美國政府的聯邦存款保險公司（FDIC）接管。

[4] 哈瑞・布朗（1933-2006）：美國作家、政治家及投資分析師。曾在1996年為美國一小黨——自由黨的總統提名人。《通膨試煉你的投資》為哈瑞・布朗和泰瑞・考克森（Terry Coxon）合著，於1981年由Warner Books出版。

之間的比重，維持在各25%的水準。

布朗建議，把投資組合均分在以下四部分：

1. 將25%放在美國股票，當景氣佳的時候表現良好。而且，股票是最值得擁有的長時間資產。
2. 將25%放在黃金和其他貴金屬，用來保護資產價值，避免通膨。
3. 將25%放在國庫券，這在景氣放緩甚至衰退時，表現通常不會太差。
4. 剩下的25%是保有現金，為投資組合增加穩定性。

這個「永久性投資組合」從1971年1月到2012年12月的年平均報酬率為9.6%，最差的一年是在1981年，也有4.1%。這和純股票的投資報酬率相當，但股市的波動和震盪程度都大得多。

橋水投資的雷・達利歐和鮑伯・普林斯（Bob Prince）──管理全球最大（超過1,200億美元）、績效頂尖的避險基金──也提供了這種四類經濟的理念景氣架構的方法。儘管橋水投資擁有全球頂尖的總體經濟研究團隊，然而整間公司的理念也只是建立在一個簡單卻亙古不變的事實上：未來永遠是不確定的；因此他們建構了一個稱為「全天候」（All-

圖10.1　「永久性」投資組合和「全天候」投資組合的長期投資報酬

資料來源：http://markovprocess.com/blog/wp-content/uploads/2013/02/bridgewater_gr_big.png

Weather）的投資組合，能夠在各種經濟環境下有良好的報酬表現。

在1990年代中期，達利歐和普林斯發現，金融市場主要是被三種因子驅動：成長（growth）、通膨（inflation），以及市場氣氛（sentiment）（或是市場對未來成長和通膨的預期）。根據達利歐的研究，任何資產的價格都是該資產的個別特性，在市場對於未來成長和通膨的預期下，形成的一種函數關係。

達利歐和普林斯驗證了成長和通膨的四種組合，在過去歷史當中不斷反覆出現：(1)成長性和通膨同時上升；(2)成長性上升，通膨下降；(3)成長性下降，通膨上升；(4)成長性和通膨同時下降。和「永久性的投資組合」不大一樣的是，他們定義了「一個全球型的分散資產籃」（a globally diversified basket of assets），使得經濟在這四種情境下，投資組合都能增長。但達利歐和普林斯瞭解到，單單把投資組合四等分無法達到真正的平衡，因為這四種情境下的投資組合，有著不同的資產類別和風險取向。就像傳統上60/40的股債比例，事實上股票卻占了投資組合超過90%的風險一樣，「成長性和通膨同時上升」的投資組合風險會遠高於「成長性和通膨同時下降」的情境，這樣在危機發生時下跌風險就大得多。

這種多資產的投資組合在所有的經濟情境下均有穩健的表現。橋水的「全天候」模型較傳統的資產配置方法有著驚人的差異。自1970年開始，該模型的年平均報酬較60/40股債比高出4%（這可是明顯的優勢），而在危機來臨時受傷的程度較低，期間也較短。

這種策略執行起來有點難度，能接觸到橋水「全天候」基金的投資人畢竟是少數，因此一般投資人——不論哪一種型式——可以用數量龐大的共同基金來當作工具。不過實際執行起來有其自身的風險。因為這樣的投資組合是用來平衡股票、信用債券、商品，以及避險天堂的政府公債之間的風險，隨著時間過去，將勢必逐漸提高公債和信用債券的比重，減少股票和商品的配置。當個別資產以及彼此間的相關性出現變化時，模型也跟著重新調整。

上述的關鍵點在於，投資人得選擇一項投資計畫，長期執行下去，

特別是在投資環境特別艱難的時刻。如果對自己的投資組合設計感到不安，很容易會緊張焦慮，然後犯下投資的大忌：追高殺低。

因此，在結束本段核心投資組合的討論前，我們引用一段雷‧達利歐的話：

> 我想說的是，對一般投資人而言，我能夠啟發他們的，是瞭解通膨和成長的存在。他們分別有高有低，因此整體投資組合當中會有四種不同的組合，他們能夠讓整體投資組合更為平衡。因為在任何一個世代中，必然會有一些時候，存在著毀滅性的資產，讓財富大幅縮水，但卻很難分辨出哪一個會在你的一生中出現。因此最好的方法是有一個能免疫的投資組合，也就是充分分散的投資組合。這也是我們所謂的「全天候」投資組合。意思是不會全部押注在那個可能讓你敗光身家的資產上……[5]

世上沒有完美的投資組合。世界不停地在改變，但改變投資組合的設計必須在事前非常謹慎，然後小心執行。我們深信，如果只是試著找出一些當下的投資亮點，保證不會有好績效。

避免犯錯

自己是最好的朋友，也是最大的敵人，完全基於本身的投資選擇。既然不是天才，所能做的最佳方法就是避免一些基本的投資陷阱。

在投資的過程中，有五種類型的錯誤很容易解釋，也很容易預防，只要避免犯錯或是做些修正就能有效提高投資報酬。如果能從中發現自己投資組合裡的問題——我們都做得到——最終的報酬都會相當甜美：

1.試著找到最佳投資時點。

---

[5] 原註：www.businessinsider.com/ray-dalio-average-investor-portfolio-2012-9#ixzz2YZ2FZHQe

2.投資當中的「本土偏好」（home bias）。

3.付出過高的成本。

4.股票比重過大。

5.利用槓桿提高報酬率。

下面，我們將逐一詳細說明。

試著找到最佳投資時點

每個投資人都希望擊敗市場，多數投資人都認為自己有某種特別的優勢，這只是人性。行為經濟學家曾反覆試驗，發現在多數的群體中，只要是正向的性格，80%的人都認為自己在前面20%裡，不論是在智力、慈悲心、還是幽默感都是。同樣的，多數人認為自己是個好駕駛，大多數的父母也認為自己小孩的智力高於平均。

這種虛幻的自信心在投資上是相當危險的。不幸的是，投資人往往因此追高殺低，讓自己的財富持續縮水。他們往往憑著閱讀金融刊物和看電視來投資。

投資顧問德爾巴（Dalbar）曾花數年進行研究，根據共同基金的資金流向，衡量投資人的平均投資報酬，結果發現多數投資人都有追高殺低的傾向。過去二十多年間，當S&P 500指數年報酬達到8.2%，巴克萊綜合債券指數（Barclays Aggregate Bond Index）報酬達6.3%時，股票型基金的平均報酬僅4.3%，而資產配置（asset-allocation）型基金平均報酬更只有2.3%[6]。股票投資人大約少賺了四百個基點（basis point，也就是4%）的年報酬。經過二十年的複利計算，這可是一筆很大的數目。

太多的學術研究證明投資人選時（波段）操作（time the market）卻往往得不到好結果。下面取自於德爾巴自1994年以來每年持續的研究結果：

---

[6] 原註：www.moneynews.com/InvestingAnalysis/Dalbar-Harvey-individual-investors/2013/03/11/id/494045

無論共同基金業面臨著何種情況，榮景或是泡沫破滅；最終投資報酬往往和基金績效關聯不大，而多半靠的是投資人的行為。那些長抱型（hold on）的投資人比選時型（time the market）的投資人容易成功。

這不僅適用於個別投資人；對大型機構法人也是如此。選時操作對大多數的投資人而言都是無用的。查爾斯‧艾里斯（Charles Ellis）[7]曾寫道：「沒有任何證據顯示哪一家大型機構法人能在市場低迷時買進，在高點時賣出。」

李‧帕德里奇（Lee Partridge）目前是Salient Partners的投資長，曾任金額高達1,000億美元的德州教師退休金的副投資長，2012年因管理90億美元的加州聖地牙哥公職人員退休金協會，獲得《機構投資人》（Institutional Investor）雜誌最佳小型基金經理人獎。各位可能不太認識他，但他是機構投資人中力主效率和分散投資組合的重要人物，也大力批評經濟去槓桿化、金融壓迫，以及「紅色教條」的政策。他的研究解釋了全球市場的長期報酬和個別投資人的平均報酬間，存在著巨大差異的原因。圖10.2顯示，投資人長期被市場打敗的原因，主要在於無效率的投資組合配置，以及情緒化的投資決策。

投資當中的「本土偏好」

另一個許多投資人所犯的情緒化錯誤稱為「本土市場偏好」（home market bias）。這是由熟悉度所產生的偏見，人們對於自己所處的環境比較熟悉，因而認為他們占有優勢。基本上，投資人會將財產集中在自己的國家和貨幣上，但金融市場卻包括全球，且待發掘的市場還很多。雖然許

---

[7] 查爾斯‧艾里斯（Charles Ellis）：美國當代投資家，曾執掌耶魯大學投資委員會多年，並在哈佛商學院及耶魯管理學院教授投資理財課程。艾里斯也曾掌管美國金融特許分析師協會（CFA），更是美國基金管理公司先鋒集團（Vanguard）的重要人物。

▲造成績效差異的原因

過多的股票配置

付出過高的成本

情緒化的投資決策

投資人當時的經驗值

金融市場報酬

圖10.2　三種可以改善投資人報酬的因素

多投資人開始放一些外國股票和債券在自己的投資組合裡，但問題依然存在。

　　許多投資人就像是在路燈下找自家鑰匙的醉漢。選在路燈下不是因為鑰匙在那兒，而是因為只有那兒有燈。德國人投資德國、希臘人投資希臘，愛爾蘭人投資愛爾蘭，大多是因為他們聽過國內的這些公司而已。不投資國外市場，也不把國內的股票分散一些在海外，往往造成財富的極大損失。當希臘進行債務重整時，希臘投資人的損失便超過了60％；當愛爾蘭銀行破產，愛爾蘭投資人從高點到谷底慘跌了將近80％。大家一定不想再重蹈覆轍。

　　麥可・科爾卡（Michael Kilka）和馬丁・韋伯（Martin Weber）[8]曾合寫過一篇名為〈國際股票預期報酬的本土偏好〉（Home Bias in International Stock Return Expectation）的文章，文中二人比較了德國和美

---

[8]　麥可・科爾卡：德國投資銀行家，曾任UBS副總裁；馬丁・韋伯（Martin Weber）：德國曼海姆（Mannheim）大學金融系教授。

國兩地的投資人。他們分別對自己國家的金融市場和股票熟悉得多，而且預期自己國家的股市比外國股市的報酬率更高。原因無他，只因為他們對自家股票比較熟悉，比起其他不熟悉的外國股市，他們都相信自家股票會漲得比較多。從理性的角度來看，如果只是因為對其他國家的股市不熟悉，怎麼會做出這樣的結論？是什麼樣的心態導致這樣的偏誤？事實上，就是因為對外國股市一無所知，才讓他們無法改變這樣的判斷。

這樣的思維只適用於個人嗎？該研究顯示，即使機構投資人也會有同樣的偏差。

2002年，丹尼爾‧卡尼曼（Daniel Kahneman）因他所研究的非理性行為得到了諾貝爾經濟學獎。相信卡尼曼的同僚阿默思‧特維斯基（Amos Tversky）若不是因為已經去世，定也能同獲殊榮（諾貝爾獎不頒給已故的人）。特維斯基曾對他的研究下過註解：「……當人們認為自己有能力做出判斷時，大多會傾向根據自己的判斷押注，而不會對所有可能機會給予公平的對待。他們會賭在自己認為有機會發生的事情上。」

這也是為何在賽馬場上，本地的馬一般會受到當地人的青睞，比起到外地比賽時有較好的賠率；博彩公司也深知本地人大多會賭主場隊伍（hometown team）贏的原因。人們每天都在報章雜誌上得到許多主場隊伍的訊息，因為對自家隊伍熟悉得多，也就愈認為會贏。當然，不是只有在達拉斯（Dallas）或慕尼黑（Munich）才會如此不理性，這種現象在全世界都差不多。

而且，這不止是德國和美國的一般投資人會面臨到的問題，日本和美國機構投資人的研究也得到完全相同的結論。另一項研究顯示，人們對股票愈熟悉，對股市也就愈樂觀，對分析師和自我判斷的信任度也就愈高。

對股市的熟稔導致過度自信，而過度自信將帶來更大的損失。在「紅色教條」的世界裡，極端事件必然會發生，但卻極難預測；用全球的角度公平看待國內外市場，才可能有較大的收穫。這是一種將報酬來源儘可能分散的做法，也就是依照資產類別區分，把力氣花在全球風險溢價較

平穩、持續的標的上。

付出過高的成本

在金融市場裡有二股敵對的勢力。一派人士認為市場是難以打敗的，這派人士用效率市場假說（Efficient Market Hypothesis）作為根據，其中的代表人物是普林斯頓大學的伯頓‧墨基爾（Burton Malkiel）教授；另一派認為打敗市場是有可能的，這派人士追隨班哲明‧葛拉漢的「價值投資」（value investing）法，其中最出名的是華倫‧巴菲特。這二派人士幾乎水火不容，但卻不約而同認同一件事：「投資人支付給資產管理人的成本太高了」。

墨基爾教授在最近的《華爾街日報》社論中發表文章，指出投資人平均支付給金融服務業者的成本很高，而所得到的卻少得可憐。[9]

> 從1980到2006年，美國金融業占美國GDP的比重，從4.9%成長到8.3%。其中明顯的增長是來自資產管理費用的增加。
>
> 排除掉指數基金（index fund）（讓小額投資人能以接近於零的成本獲得市場報酬的商品），費用占管理資產的百分比明顯提高。而我的判斷是，投資人並沒有因為支付較高的費用，而獲得更好的報酬。
>
> 如果費用的增加能反映在投資報酬提高或是改善市場的效率也就罷了，但事實上二者都沒能做到。市面上買賣的主動管理式基金（actively managed fund），其大多報酬低於指數——差距大約就是所收取的管理費用。
>
> 從1980年代開始，包含全市場所有股票的被動式（passive）投資組合，平均表現都比主動式經理人來得好。因此，增加的費用代表投資人的無謂損失（deadweight loss）。

---

[9] 指的是2013年5月28日的《華爾街日報》社論："You're paying too much for investment help."

在金融抑制的世界裡，每一塊錢都有其價值，但多數投資人在投資行為上卻支付過多的不必要成本。正確的方式是要確定用極低的成本去投資指數基金。這個觀念來自於長期參與全球市場的投資組合，獲取在不同經濟情境下所能獲得的報酬，享受有效分散投資所帶來的好處。糟糕的是，如果在分散投資上付出過高的成本，長期下來將所費不貲。

今天，每個人都能以很低的成本參與股票、信用債、商品，以及安全的政府公債等被動式部位，也能夠攫取更多的市場報酬，而非把財富揮霍在無法產生報酬的費用上。同時，也有許多低廉、被動式的、系統性操作的共同基金，讓大家能用合理的成本買到充分分散、定期重新調整的投資組合。

股票比重過大

多數的投資人幾乎把所有的錢都投入股市。長期下來，股市的報酬的確比其他資產要好，但是把身家全押在一種資產類別上本身就是極危險的事。在美國的校產基金中，耶魯大學（Yale University）的績效表現最佳，經理人大衛・史威森（David Swensen）因他長期高報酬的績效成為傳奇人物。他的穩定高報酬並非因為集中在股票上，他的著作《投資組合管理先驅》（*Pioneering Portfolio Management*）被認為是大型機構投資組合管理的聖經。他在書中寫道：「儘管研究顯示股票持有比重高的投資人，長期而言是受惠的一群，但伴隨而來的風險卻是難以估量的。過分集中在單一資產類別的投資組合將承受超乎正常的風險。」

我們要先聲明，史威森的投資組合中，有很大一部分比例是放在所謂的另類投資（alternative investment）策略上，一般投資人並不容易複製這樣的操作模式。然而他所提的原則依然證明了分散投資的需要。

當通貨膨脹率界於1％到3％[10]之間時，股票投資往往能創造正的實質報酬。如果通膨過低，達到通貨緊縮甚至衰退，股價也會下跌，導致名目

---

[10] 原文為6％，但因與下文衝突，故在此修正為3％。

和實質報酬均為負值。當通膨高過3%，股票的名目報酬可能為正，但在高通膨環境下，實質報酬幾乎都為負值。因此，股票投資基本上是賭高成長和低通膨的環境。只不過，情況往往是低成長和高通膨。

當傳統的投資組合方法要求超過50%、甚至60%都放在股票部位時，多數投資人往往不知道其實投資組合風險的90%以上都集中在股票。長期而言，股票的波動性是債券的3倍多，傳統的60/40投資組合方法在資金分配上是平衡的，但在風險上絲毫也沒有被分散[11]。因此，過度配置在股票上的結果，導致投資組合長期下來幾乎完全承擔股票市場的風險，相較之下報酬率顯得不成比例，使得一般投資人更經不起衰退、高通膨，及其心態上的劇烈震盪。**圖**10.3當中，傳統60/40的投資組合與股價指數走勢接近得多，和債券市場波動幾無關聯——意思是投資人的成敗幾乎只靠單一資產類別，以及高成長、低通膨的投資環境來決定。

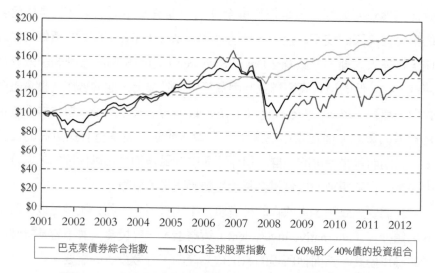

圖10.3　股票風險主導了傳統60/40的投資組合風險

資料來源：Salient Partners, www.salientpartners.com/static/pdfs/rpf/Fund_Documentation/
　　　　Salient%20Risk%20Parity%20Fund%20Presentation%202013%20%28print%29.pdf

---

[11] 原註：Cliff Asness, *Where the Wild Things Aren't*.

　　然而這當中仍面臨了抉擇。在傳統的資產配置上,將股票部位分散到其他資產時,固然降低了投資組合的風險,卻同時也降低了預期報酬;與其降低對股票部位的依賴,許多投資人轉而試著選擇最佳時點(market timing)的方式來進行投資組合的調整。這反而讓投資過程更加危險,因為實際上根本不可能會找到最佳投資時點。我們難以得知未來經濟的走向和市場會如何表現——尤其是在「紅色教條」的世界中——想要買低賣高的投資人,因為投資決策過於情緒化,而且交易成本太高,最後績效必然不佳。

　　為避免將財富集中在單一資產類別或單一國家,投資人可以經由全球觀點的投資,提高報酬率,使投資組合更加穩定。擴大資產類別,把投資報酬放在具有經濟成長潛力的地方,而不是去預測未來。

　　股票和公司債本質上都是經濟高成長、低通膨的投資標的,其實還有很多的報酬來自於分散資產類別上,包括商品市場(這屬於策略性投資,筆者在後面的章節會提到),當預期通膨上升時會上漲;還有政府公債往往會在不景氣時表現良好。

利用槓桿提高報酬率

　　一般來說,除了少數的例外情況,借錢投資都不算是個好主意。槓桿作用(leverage)[12]能放大成果,但對投資價值毫無幫助,一個錯誤的投資決策也不會因為槓桿作用而有比較好的結果,如果走勢不如預期,反而會喪失其他的好機會。許多投資人找到了好標的,借了一堆錢買下去,一旦價格反向下跌就得被迫出場。如果可以的話,儘量不要借錢投資。華倫‧巴菲特有次談到槓桿時說:「如果你夠機靈,你根本不需要它;如果你很遲鈍,你也不應該用它。」

　　這就是大家對槓桿作用應有的認識。

---

[12] 槓桿作用:即舉債經營,指利用融資或融券進行投機買賣,以期獲得大於利息的利潤。

賭尾端風險（tail risk）

我們相信全球各地的市場都有投資機會——有些地方可能多一些——主動型經理人就是靠市場間的無效率來預測走勢，這在「紅色教條」中尤為明顯。什麼事都有可能發生，只是發生的地方不同罷了——例如通膨或通縮、成長或衰退。而投資情緒的劇烈震盪，證明了金融市場什麼都有，就是缺乏效率。依靠中央銀行和政府政策的國家，恐怕會陷入通縮和蕭條；其他國家可能會見到通膨快速增加；只有少數幸運的國家能排除萬難，在一片混沌中維持穩定。

在《Endgame：終結大債時代》和本書中，我們提供了對於歐洲週邊國家、日本、美國，以及澳洲等國的看法。我們假定日圓將走貶，日本通膨會升高；澳洲的房地產泡沫會破滅；歐洲週邊國家將面臨一段長期、痛苦的債務緊縮式的衰退。

一旦建立起一個良好配置、低成本、全球分散的投資組合後，接下來要做的是對總體環境的看法，對經濟和市場極端事件進行避險，以改善投資組合的質量。我們在這裡要強調，後續章節所敘述的只針對部分投資人，因為接下來會進入一個充滿風險，但也有豐厚報酬的領域。在那兒，永遠只有贏家和輸家。

幸運的是，只要投資組合夠分散，便能取得承擔一些風險的「入場券」，而加入的人也不會寂寞。如果真的認為自己在某些領域能打敗市場上那些有技術、夠用功、也有資訊優勢的玩家，當然可以加在自己的投資組合中，集中在拿手的投資主題（theme）上；只是多數的投資人應該把主動配置放在資產類別和投資策略上，然後找到專門的團隊——像是主動型經理人——在每一項利基點上作投資。

有了上述的準備，再加上夠水準的財務顧問，就可以建構屬於自己的「全天候」的全球投資組合。然而，最後的動作仍得靠自己去決定核心投資組合該如何配置，加入哪些資產類別，以及對每一種可能發生的情境做出應對和重新配置的計畫。投資組合儘可能的分散，獲利的範圍才

夠廣、降低成本、減少對股票風險的依賴、控制讓多數投資人血本無歸的情緒化錯誤。記住，在「紅色教條」的世界中，每一個基本點（basis point，即0.01%）都有意義，而且任何事都可能發生。

本章重點

在本章中，我們學到了：

1. 除非是投資界的超級明星，讓專業經理人協助你管理財富和分散投資是一件合理的事。

2. 分散投資是因應不確定性和無知的最佳方法，它能有效讓你避免巨大的損失。所有的投資人，從散戶到大型機構法人都應該適當的分散投資，並且將投資觸角從國內股票市場延伸到國外。

3. 沒有萬無一失的，也不會存在完美的投資組合，但分散投資能幫助你保護財富，避免大虧。

4. 哈瑞‧布朗的「永久性投資組合」（Permanent Portfolio）有二個重要的成分：分散投資，以及買進後持有（buy and hold）。他建議25%在股票、25%在政府公債、25%在貴金屬，以及25%的現金。橋水投資的「全天候」（All-Weather）投資組合則將哈瑞‧布朗的作法加以改良。

5. 投資人本身往往是自己最大的敵人。因此要避免常犯的投資錯誤：

   (1) 避免情緒化：太多的投資人追高殺低，千萬別試著找尋最佳時點。研究顯示不僅是散戶，甚至包括理應精明得多的機構投資人都沒有擇時的能力。投資就是要著眼長期。

   (2) 避免本土偏好：典型的投資人把太多的資金放在自己國家的股市上。

   (3) 避免付出過高成本：許多投資人在投資上支付過多的費用。應該去發掘低成本的投資商品。因為隨著時間過去，費用會高得嚇人，吃掉你的本錢。

   (4) 避免投資在股市的比重過高：許多投資人幾乎把所有身家都放在股市上，失去了從其他資產類別當中賺取報酬的機會。

   (5) 避免借錢投資：融資本身就不是個好主意。

CHAPTER 11

通膨下的生存之道

> 如果說歷史就是一部通膨史其實一點也不為過，通膨大多是政
> 府為了自身的利益而產生的。
>
> ——范德利希・奧古斯都・海耶克（Friedrich August von Hayek）[1]

> 經由持續不斷的通貨膨脹，政府能無聲無息、不知不覺地，將
> 人民的財富掠奪過來。
>
> ——約翰・梅納德・凱因斯（John Maynard Keynes）

如果有機會去看看1930年代的舊相片，會看到許多早就已經過時的畫面。從經濟學家的眼光看來，最有趣的細節莫過於在這些相片中，廣告及商店櫥窗裡的價格標籤。渥克・伊凡斯（Walker Evans）的《美國影像》（*American Photographs*）當中最早的相片之一，是一張以理髮店為背景的作品。但讓人訝異的是，1930年代理個髮只要25美分就夠了。另一張有以類似背景的相片是在二十年後的1950年代，索爾・萊特（Saul Leiter）在他著名的《早期色彩》（*Early Color*）攝影集裡放了一張理一次髮75美分的廣告。[2]這二張相片告訴我們，在二十年間理髮的價格漲了3倍。今天，理一次髮得要15美元左右，大約是1950年代的20倍、1930年代

1　范德利希・奧古斯都・海耶克（1899-1992）：奧地利經濟學家，是20世紀古典自由主義學派的重要人物。1974年與瑞典經濟學家綱納・繆達爾（Gunnar Myrdal）同獲諾貝爾經濟學獎。

2　渥克・伊凡斯（1903-1975）與索爾・萊特（1923-2013）均為美國著名的攝影大師。

的60倍。這就是我們經歷過的通貨膨脹。

從日常生活的理髮可以看出，通膨是購買力最大的殺手。通膨對存款人的經驗就像是溫水煮青蛙，年復一年，通膨緩緩上升，就像鍋裡的水溫一樣慢慢升高，但幾年後就會影響生計。通膨上升愈快，口袋裡的錢就愈沒有購買力。

通膨對存款而言是個災難。不論投資還是存款都不只是讓你的錢變多這麼簡單。如果存款增加了，但速度和通膨一樣，那只是在原地踏步而已。如果真要賺錢，財富的增長得超越通膨才行。通膨的存在，讓存款人的財富永遠在原地打轉。

通膨傷害了存款人，但對債務人而言則是求之不得。如果你在床墊裡發現一枚1973年的1美元，這1塊錢在市場上已經失去了80%的價值。這對存款人來說無疑是個壞消息；然而，如果你借一筆錢，但四十年後才還，你只需要還這筆錢實際上不到五分之一的價值就行了。

在本書前面的章節中我們談到，今日的中央銀行都想利用「紅色教條」政策來創造通膨，希望經由美元價值下跌加速這個過程。這過程愈快發生，美元計價的債務價值減損也就愈快，對借款人來說債務負擔也會變輕。我們也告訴大家在金融抑制下，政府能用低利率借到錢，加快通膨的腳步，減輕政府債務的實質負擔。當政府努力降低債務價值，大家應該想清楚在股票和債券上的投資是否值得。

在進入本章討論之前，或許有人覺得奇怪，為何在目前充斥著通貨緊縮、去槓桿化的氛圍中，還要把焦點集中在通膨上。這麼做有以下三個理由：在許多國家，通膨是主要的課題；而對那些正經歷著去槓桿化和通縮的國家來說，這些遲早會過去。事實上，投資人在「紅色教條」下遇到的問題之一，就是通膨最終會死灰復燃；最後，即使目前美國、歐洲、日本的通膨數字很低，但仍然存在。今天通膨看起來並沒有對大家造成傷害，但即使僅僅2%，十年後購買力也會減少25%。通膨絕對不是大家的好朋友。

在「紅色教條」世界裡，中央銀行對通縮的恐懼遠高於通膨，去槓桿

化的過程比多數人預期的還要長,但最終仍會結束,到時既有的非常規貨幣政策可沒那麼順利下台。我們預測多數國家在未來將面臨通貨膨脹的壓力。在本章中,我們提供投資人可長可久的投資準則。我們實際上是考慮到中央銀行會讓「紅色教條」政策存在過久,屆時通膨一發不可收拾。而調整得宜的投資組合不僅能抵禦通膨,還能從中獲利。

通膨確實是長期名目報酬(nominal return)的重要因素。投資人在「紅色教條」世界裡所要面對的,是確保在金融抑制下能獲得實質報酬(real return)。我們會針對通膨的國家,提出當通膨鋪天蓋地而來時的投資觀點。

通膨和稅:投資人的毒藥

通膨本身就是一件麻煩事,但如果通膨和稅結合在一起更是一場災難,最糟的狀況就是二者合而為一。政府會根據薪資、股票、債券的價值來課稅,如果在1973年買進股票一直持有到今天,價格漲了5倍後才賣出,你會接到一張不小的稅單,因為政府會說帳面上賺了很多錢,但事實上呢?考慮這段期間的通貨膨脹,今天的股票價值反而比1973年還低,然而你還得繳稅!由此可見,通膨增加了每個投資人的稅賦,即使投資增值和通膨亦步亦趨,實質財富絲毫沒有增加,還是得繳稅。

只要通膨存在,就算所得稅法沒有新規定,你的稅賦還是增加。米爾頓‧傅利曼曾說:「通膨是不需要立法的稅收。」有了通貨膨脹,政府可以經由所謂的「稅級攀升」(bracket creep)[3]收到更多的稅。多數政府對有錢人課的稅率比中產階級高,而窮人階級幾乎不用繳多少稅。但在通膨的環境下,你有可能因為名目薪資提高而從中產階級晉升到「有錢人」,得適用更高的稅率。

通膨讓原本低稅率的人攀升到更高的稅級,即使並沒有變得更有錢也無濟於事。以下用一個例子來說明:例如,2012年美國家戶所得的中位數

---

[3] 稅級攀升:指通膨將薪資推到較高的所得級距,繳的稅反而更多的現象。

是5萬美元，但如果以1973年的購買力來衡量，只要賺9,430美元就夠了，這大約也是當年度的所得中位數。比較一下，如果在1973年就有5萬美元年所得，那應該過得很不錯，相當於2012年年所得25萬美元的水準。由這個例子可知，通膨和稅的結合相當可怕，不需制訂新法就能增加稅收。

稅級攀升相當令人洩氣。例如，美國的高所得者的替代式最低稅負制（alternative minimum tax, AMT）[4]是在1969年通過的，儘管經過了1970年代的高通膨，數十年來課稅門檻並沒有改變。這個法案最初的用意是懲罰那些逃稅的高所得者，1967年，全美國年所得高於20萬美元，但卻沒繳一毛錢所得稅的僅155人。然而時至今日，該法案的影響層面已擴大到300多萬人（這還不包括在小布希總統任內推行的退稅案中，沒有被列入退稅計算的3,000多萬人）。

另一項和最低稅務限制（AMT）類似的稅賦是歐巴馬總統的健保改革（Obamacare）。該法案針對年所得超過20萬美元的個人課徵0.9%；家戶年所得超過20萬美元、已婚家庭年所得超過25萬美元者，其投資收益的部分或全部要另課3.8%的醫療保險稅。只要些許通膨，中產階級數年之內便會受到影響。

還有一個關於稅級攀升的例子是社會安全福利（social security）的受益人，最高要支付給付額50%的稅。這個稅制於1983年在極大的爭議中通過，1984年實施，內容是提高了社會安全稅以及法定退休年齡。二十年前剛實施的時候門檻算是相當高，納稅義務個人年收入超過25,000美元、夫妻合計年所得超過32,000美元（稅額均高達社會安全給付的半數）。此法案剛實施時，大約有15%的受益人適用，今天已超過了35%。因為自1984年起，所得和給付額均大為提升，但課稅門檻卻絲毫未變。

當中央銀行成功創造通膨的同時，也把大家從較低的稅級推向較高的稅級。大家並沒有感到更富有，但卻要支付更多的稅。

---

[4] 替代式最低稅負制：美國許多高所得者因享有多種稅務優惠，導致實際上的稅率偏低。該法案提供另一套稅務計算方式，確保享有稅務優惠的人能繳交最起碼的稅金。

　　班哲明・富蘭克林（Benjamin Franklin）曾說：「這個世上沒有什麼事是確定的，除了死亡和納稅。」在本章，我們將介紹如何保護存款的方法，但對於死亡和納稅卻也無能為力。（一旦我們弄清楚了，我們會再寫一本書來談它。）不過，的確有些方法可以降低稅賦，財務顧問在這方面可以提供協助。事實上，維持投資報酬率的最佳方法是盡可能減少課稅所得。我們的讀者來自世界各國，收入型態大相逕庭，在此我們無法一一解釋，但納稅策略的確是大家與財務顧問商談時必須關注的要點。

通貨膨脹：誰是贏家？誰是輸家？

　　誰是通膨侵蝕財富競賽中最大的輸家？答案是老年人。他們大多已不再工作，因此無法靠加薪抵禦增長的物價。那些購買固定年金——也就是提供一個固定給付額的商品——的退休人員，會發覺退休金隨著時間過去而嚴重縮水。活得愈久，過得愈窮，因為固定金額的退休金，實際價值不斷被通膨侵蝕。現今醫學如此發達，這些人會比當時購買年金時所期望退休後尚能活的年紀，還要長得多。

　　聯準會很明顯認定退休人士是所謂的「靠利息過活的資本家」（rentier capitalist），他們的存款會逐漸被低於通膨的短期利率剝奪殆盡。什麼是「靠利息過活的資本家」？根據維拉第米爾・雷寧（Vladimir Lenin）的說法，靠利息過活的資本家是指那些「剪折價券、在任何公司都沒有地位、專長是好吃懶做」的人。目前這群人大多是老年人，因此也常被拿來定義為退休人士，他們不再工作賺錢，以退休金和其孳息過活。在真實的世界中，聯準會已針對這批人展開一場無聲息的工資大戰。這可不是像是「向貧窮宣戰」、「向毒品宣戰」那樣的公開宣示，而是一場非其所願，但實際上會讓投資人和存款人承擔更多風險後果的戰爭。從我們的觀察發現，這是一場不尋常、殘酷，而且愚蠢至極的戰爭。

　　我們訪談過的老年人都擔心自己存的錢不夠過活，多數人在我們認為該退休的年紀還得繼續工作，大多是為了經濟因素，而不是不想退休。因

此，人們退休年齡會愈來愈晚。在美國，退休年齡在1990年代中期觸及最低的六十二歲，目前則上升到六十四歲，並且還在攀升中。（說到這兒，我們要回顧一下，在1910年，美國平均的退休年齡是七十四歲。）事實上，自從金融海嘯以來，老年人正在填補多數的職缺，因為他們必須工作以支付帳單。對大多數人而言，退休是遙不可及的夢想。

過去六年間，五十五歲以上的美國民眾就業率節節上升，而年輕世代則正好相反。「嬰兒潮世代」從年輕世代手中奪走工作機會。這是一種新發生的現象，對二十多歲的年輕人來說特別難受。如果問那些支持目前貨幣寬鬆政策的經濟學家，他們為年輕世代做了些什麼，他們會瞪你一眼，然後回答年輕人代表未來或是類似的無聊話。他們根本看不出貨幣政策和二十幾歲、或是三十幾歲年輕人就業率之間的關聯。但只要研究相關資料就會發現，中間的關聯相當密切與清晰。利率這麼低、通膨侵蝕他們所得、生活成本愈來愈高，老年人無力負擔退休生活，只得向年輕一代搶工作，因為他們擁有經驗，也能比年輕人更賣力工作。

多數政客反對通貨膨脹，至少理論上反對，卻極力贊成製造通膨的政策。通膨有其原罪，每個政府都在打擊它，卻又努力實踐它。政客或許是偽善，但一點兒也不笨。國會議員們退休後的退休金早已和生活成本的上升連結在一起，這可比私人公司的退休員工好太多了。許多政府公務員的退休金也隨著通膨增加而提高，政客們這麼做比起買票也高明不了多少。

如果沒有尊貴到成為國會的一員，或是參加一個會隨著物價指數調整的退休金計畫，就必須確保財產是放在對的地方。在下一節，我們會探討通貨膨脹期間表現最好，以及長期以來無論通膨或通縮表現都不差的投資。

我們特別會深入討論年金（annunities）、股票及債券所提供的投資機會。然後我們會告訴大家，即使通膨吃掉多數產業的利潤，也能找到相對高成長公司的方法。也會教大家找出那些保有競爭力、能創造最大利潤的「護城河」（moat）企業。另外，還會檢驗防禦性好的和差的「護城河」，讓大家不致於被表面蒙蔽。最後也是最重要的，我們會提出一些警

示性的原則，作為大家的投資指引，不僅在當下的「紅色教條」，其他時期也適用：別只顧著挑好公司；而應該是選在價格相對其價值是對的時間點出手。

年金、股票和債券

上一次各國政府引爆貨幣戰爭，競相貶值自家匯率的時間是上世紀的1970年代。而上一次由各國央行各自向政府赤字融資的時期也是1970年代。同時，雖然在富裕的國家如美國，溫和的通貨膨脹屬於常態，然而唯一一次讓美國痛苦不堪的高通膨也是發生在1970年代。因此，要理解一旦下一個十年間發生高通膨，最佳的投資方法為何，恐怕得回到那個流行喇叭褲、大衣領，以及金光閃閃的迪斯可舞廳的年代，瞧瞧哪些資產有好表現。

1970年用100美元不論投資在股票或債券，或只是放在銀行定存，在下個十年都會面臨虧損。損失最慘重的是債券，其次是現金，股票稍微好一些，但也是虧錢。在高通膨下的贏家可說是少之又少。

然而，如果觀察1970年代以後至今，會很驚訝地發現，結果並沒有什

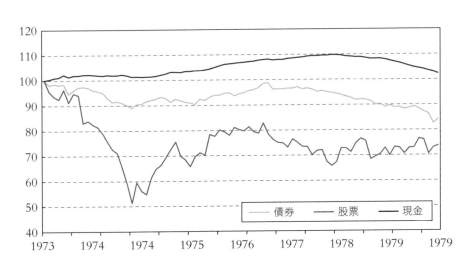

圖11.1　1970年代現金、股票、債券的實質報酬

資料來源：Society Generale.

麼太大的不同。

結果是，即使在1970年代之後，股票優於債券和現金的原則依然適用。**表11.1**整理了股票、債券及現金的長期報酬。長期下來，股票報酬明顯優於長期和短期債券，以及現金。**表11.1**所顯示的是一年、五年、十年、二十五年、五十年、七十五年、甚至八十年的歷史資料。

表11.1傳達了十分清晰的訊息，股票在極長期的投資下勝過債券。但股票波動性大，往往在短期內令人胃痛，但長期下來卻是贏家。然而部分投資人無法忍受股票這樣的大起大落。例如在我們有生之年中，已經親眼見過1987年崩盤、那斯達克泡沫破滅，以及雷曼兄弟破產後引發的大海嘯。許多投資人在危機發生後趕緊把股票賣光，發誓再也不回股市。但即使短期間的起伏讓部分投資人遠離股市，股票的長期報酬還是遠優於債券。

不過，也不能因此就說股票一定會打敗債券，還是有債券的報酬贏過股票的時期。例如，如果在1966年初投資二十年期的美國政府公債，到了2012年底，也就是四十六年後，債券其實是略勝股票一籌。不過要等四十六年，對多數人來說都太久了。而且這是挑選了一段時間所得出的結

表11.1　股票和債券的報酬

	1年	5年	10年	25年	50年	75年	80年
S&P 500							
複合報酬率	15.5%	6.2%	8.4%	13.4%	10.6%	11.5%	10.4%
標準差	5.5%	12.3%	15.3%	14.8%	14.4%	18.5%	19.2%
小型股							
複合報酬率	16.2%	15.2%	13.5%	14.0%	14.5%	15.8%	12.9%
標準差	13.3%	17.3%	22.0%	19.1%	20.5%	28.7%	29.4%
政府公債							
複合報酬率	1.2%	7.2%	7.8%	11.1%	6.8%	5.6%	5.4%
標準差	8.7%	10.3%	9.1%	10.0%	9.5%	8.1%	7.9%
國庫券							
複合報酬率	4.8%	2.3%	3.6%	5.3%	5.4%	3.8%	3.7%
標準差	0.1%	0.4%	0.5%	0.7%	0.8%	0.9%	0.9%

資料來源：Ibbotson

果，這段期間裡經歷過二次重大的空頭時期。

有了這些例子，我們該怎麼看待未來？我們合理的相信現在是股票長期報酬會高於債券的時刻。為何有此信心？因為我們認為，債券已經進入、或是很接近長達三十年多頭的尾聲。利率已經低到不能再低，未來再向下的機會極為有限，只有上升一途。而股市的長期熊市已長達十四年，過去熊市的平均時間為十七年，因此目前的也已近尾聲。然而當本書寫作時，股市價值相對偏高，風險溢價（risk premium）前所未見的低，我們預期這種現象也無法持久。對投資人而言，情勢的轉換最為困難，但目前的確出現了世代交替的情形。

股票和共同基金

多數投資人都假定，當通膨高漲時，股市表現必定優於債市。數十年前，傳統的觀念都認為股市是通膨的避風港，是因為股票背後代表的是公司和實質資產。然而1970年代這個觀念被打破了，當時多數公司發現，成本上升的速度比漲價還來得快，轉嫁永遠慢半拍。美股當時盤整了十年。因此如果考慮通貨膨脹，股市價值其實應該縮水。直到1980年代初期，保羅‧沃克對通膨下手，股市才開始反彈。從1968到1982年間，雖然股市價格盤整，但經過通膨調整後，股價其實是下跌的。**圖**11.2顯示，股市的名目報酬和實質報酬間的差距，隨著時間過去愈來愈大。如果在1966年投資1元美金在股市，要到了二十六年後的1992年，通膨調整後的實質報酬才開始為正。

債券

只要手中握有政府公債，在通膨高漲的環境下都會虧錢。債券是固定收益（fixed-income）的資產，到期收回的金額是固定已知的，債息也是一樣。定期支付的債息並不會隨通膨增加，所有債券持有人都很清楚通膨造成的問題。當美元價值每個月都在貶值，用美元計算利息和本金的有價證券就不可能是贏家。這個道理不需要有經濟學博士學位就能知道。

在1970年代，債券殖利率至少還是上漲的，但今天全球央行齊心協力

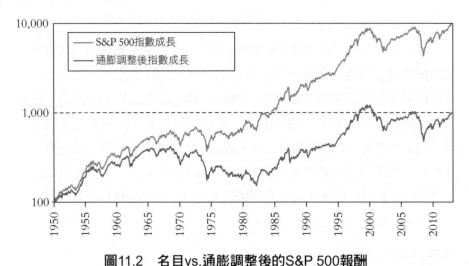

圖11.2　名目vs.通膨調整後的S&P 500報酬

資料來源：Variant Perception，彭博資訊。

將債券利率設限，達到金融抑制的目的。我們已看到結果是如此，政府債券殖利率比通膨還低，債券投資人若持有至到期，可以說保證會賠錢。而且只要通膨上揚，負實質殖利率現象會更加嚴重。

大約十多年前，1997年，美國發行過一種連結通膨指數的債券，但問題是幾乎沒有散戶投資人買過這類債券。不過話說回來，儘管這種債券的供給量少得可憐，但畢竟存在，也有在交易。通膨連結債券比一般債券來得好，只不過並非每個人都願意買。而且，如果通膨真的上漲，這種債券的價格也跟著水漲船高，以反應對未來的通膨預期，這也抵消了這種債券的防禦能力。

年金

年金產品依據合約，能保證終身領取固定金額的給付，換言之，也跟不上通膨的腳步。因為年金是無論受益人活多久都得給付，衍生出來的問題可不小。直到最近美國才出現與物價指數連結的年金商品。不過在歐洲和南美，這種商品早已存在多年，只是在產品設計上，期初給付金額相當低，只有當通膨上揚時給付金額才會提高。

貨幣市場基金和存款帳戶

　　說起來難以置信，在1979年以前，聯準會法規還禁止銀行支付利息給活期存款帳戶，對定期存款利率也設限。因此當短期利率飆到二位數，直逼20%大關，沒人會想把錢放在不付息的存款帳戶裡。今天，金融機構大可提高短期利率回饋存款戶，但事實上利率仍舊落後通膨一大截。只不過比起過去拿不到一毛錢利息，現在的狀況稍稍好一點而已。

買進受惠於通膨的公司

　　現在我們有了股票優於債券和現金的觀念，也知道當通膨真的上揚時，股市未必就有好表現。但下一個問題是：哪些股票能脫穎而出？顯而易見，當通膨高漲時，大家都會想買哪些具有價格轉嫁能力的公司。儘管說來容易做來難，但也並非不可能。

　　再一次提醒大家，通膨有時候並不是那麼容易察覺，但「紅色教條」政策讓通膨問題更加凸顯。而看起來中央銀行並不打算及時收手，全世界因此可能被突如其來的通膨飆升震懾。我們認為未來通膨世界是很有可能出現的。

　　並不是所有公司都能把價格轉嫁給客戶。例如，過去一個世紀最不幸的一個產業是航空業。航空公司最主要的成本就是燃料費用，當油價上揚，飛機燃料成本也跟著大幅增加。有時候油價漲了2倍，不過航空公司可不能因此漲價2倍，因此每當油價上揚，一些航空公司就會破產。華倫・巴菲特有次提到航空業的發明時說：「如果有個極有遠見的資本家當時在小鷹鎮，把奧維爾（Orville）一槍打下來，那可就造福了許多徒子徒孫了。」[5]

　　投資人往往假定商品類股（像金礦業、鑽油業者、銅礦業者等）是高

---

[5] 1903年萊特兄弟（Orville and Wilbur Wright）在北卡羅萊納州附近的小鷹（Kitty Hawk）鎮，由Orville駕駛，成功讓一架飛行器飛行了120英呎，停留在空中12秒，開啟了人類航空時代。

通膨時代最佳選擇,這句話部分是對的。然而,商品類股的表現很少會與商品本身相同。商品類股會經歷榮枯循環,商品價格上漲時類股表現良好,但當價格下跌以及公司之間展開流血競爭時,往往有些公司就會破產。更重要的是,這些公司常常並不賺錢,無法為股東創造好利潤,因為開礦和煉金、油、銅的成本上升的速度比商品價格本身還快。例如,過去幾年金價一度在2011年創下超過1,900美元的天價,後來跌掉600多元,歷經上沖下洗。然而,金礦工人的成本並不會隨著金價走,甚至開礦成本上升速度還快過金價,但金價跌,成本卻不見得跟著跌。投資商品類股的人可能會賺錢,但賺得辛苦,風險也高。黃金公司無法控制其成本,競爭對手也能一樣挖礦。

我們建議最佳的投資,是持有那些無論什麼情況下都能漲價的企業。這些企業擁有的是訂價權(pricing power)。這樣的企業並不多,但也確實有。如果買進這些企業的股票,無論景氣好壞對資產都會有一定的保障。我們會在後面介紹如何發掘這些企業。

華倫·巴菲特曾在寫給波克夏·哈薩威股東的信中,闡述多種能在高通膨下生存的企業型態。那時美國的通膨可是超過10%,發掘這些公司不

表11.2　通膨時期的類股表現

表現較好且打敗大盤的產業	表現較差且落後大盤的產業
鋁業	航空業
貨櫃業(金屬和玻璃)	汽車零件和設備
食品業	汽車業
黃金和貴金屬礦業	電腦硬體
基本金屬	消費金融
天然氣	電子業
能源業(鑽油和設備)	傢俱及家用產品
能源業(國內整合型油商)	零售業(百貨公司)
能源業(國際整合型油商)	貨運業
煙草業	貨車及零件

資料來源:Standard & Poor's, www.forbes.com/2007/11/06/inflation-stock-funds-pf-ii-in_jl-1106newsletterwatch-inl.html

僅能生存下來，重要的是還能持續成長。巴菲特眼中能抵禦通膨的好企業具備了：(1)訂價權；(2)不太需要經常性投資就能維持公司營運。

上一次發生貨幣戰爭的時間是1970年代初期。1971年，尼克森總統擺脫了黃金的束縛，開始讓美元貶值。不久後，幾乎所有國家都跟進。那時，華倫·巴菲特就已明瞭這是一個全然不同的世界，他曾預測「一個持續通膨的世界來臨」。於是他把錢投資在嘴裡吃的東西：1972年，他開始買進一家名為See's Candies的糖果公司。

See's Candies是美國西岸的糖果和巧克力公司，這類公司的好處是，當物價上漲，巧克力也能隨著漲價，但消費者還是會一如往常的買。不像航空公司和鋼鐵廠，巧克力公司不大需要高額的投資。這真是巴菲特的夢幻企業。

或許大家會問這筆投資的結果，答案是非常成功。1972年巴菲特花了2,500萬美元買進這家公司，當時公司盈餘是200萬元。三十年後，See's Candies每年賺6,000萬美元。更重要的是，這段期間See's Candies付給巴菲特的波克夏·哈薩威的股息高達13.5億美元。這就是具有通膨防禦性的好企業。

下一節我們會告訴大家如何發掘像See's Candies這樣的企業。

為投資設下屏障

只要有能力在通膨環境下漲價的企業都具備經濟上的「護城河」。過去許多城堡外都有護城河保護，護城河愈寬，愈能防禦敵人的入侵。而企業也像城堡，也有競爭者不斷攻擊，此時「護城河」就是企業的競爭優勢。最好的護城河不只要寬，裡面最好還養滿鱷魚和毒蛇。當然，一家企業無法真的讓一條養著各種野生動物的河圍繞著，但他們倒是能做些事把競爭對手甩到一邊。

護城河之所以重要是因為不論企業或這個產業多了不起、多有創新能力，它總會面臨競爭。商業的世界就是基於適者生存，一家好企業就足以讓一個低毛利產業垮掉。華倫·巴菲特1999年在《財星》（Fortune）雜

誌上曾如此描述護城河的概念：

> 投資的關鍵不在於分析一個產業如何影響社會，也不在於成長
> 速度有多快，而在於一家公司的競爭優勢。首要條件是：競爭
> 優勢的持續性。其產品和服務有著寬廣的、持續性的護城河保
> 護，才能提供投資人合理的報酬。

無論企業的產品有多棒，整體產業成長有多快，如果沒有護城河保
護，競爭者會很輕易地攻進來並且把它搞垮。這個時候毒蛇和鱷魚的重要
性就顯現了。

建立一道新的護城河不僅困難，而且花錢又費時。相形之下，維持一
條既有的護城河就容易得多，也能省下不少成本，只需要好好保養和定時
餵飽鱷魚就行了。有著護城河的企業能對消費者漲價，但卻不需要再投資
大量的金錢去維持營運及競爭力。一般說來，當通膨高漲時，關鍵就在於
企業能向消費者收多少錢，以及必須花多少錢在本身的營運上，這中間的
差距愈來愈寬。

護城河的型態有五種，在下一節我們會一一解釋並舉出企業實例。每
種護城河都有各自的方式保護企業、防範競爭者、有能力漲價，並綁住消
費者。我們也會列出一些推薦的企業名單，多數企業在美國，也有一些是
海外公司。

敬告讀者

在探討個別企業之前，請詳讀以下警語。切勿看過本書後就盲目
投資（那是邪教的行為）。讀者們應該勤做功課，獨立思考。詳讀我
們提到的企業年報，研究它們對投資人的報告，儘可能去發掘企業相
關的訊息。如果自己不能或不會進行研究，請放下本書或將它留在公
園板凳上就行。

就算再好的企業也有停滯和衰退的時候。我們提到的企業都是具有經濟上的護城河，能夠為投資資本賺取較高的報酬。當讀者讀到本章時，請記住誰也無法保證這個世界不會改變，而且這些企業將永遠屹立不搖。

同時，我們舉這些企業的原意是佐證。沒有人知道當讀者讀到本章時，這些企業的價格是否還會在它們的合理價值上。不論抱持何種觀點，勤作功課才能幫助自己找出合乎我們所提的標準，並且未來價格會反映其價值的企業。

護城河1：無形資產（品牌價值、專利權、政府特許經營權）

儘管看不見摸不著，無形資產卻是企業維持營運和排除競爭者的關鍵點。無形資產大致可分為三類：

◆品牌

企業最常見的無形資產就是品牌。偉大的企業往往有強大的品牌價值。多數消費者比較會選擇可口可樂（Coca-Cola）而不會選一個雜牌可樂。可口可樂能靠賣糖水致富，雜牌可樂就沒辦法靠類似的飲料索取高價。

像是美西食品（American West）[6]、See's Candies擁有人們信賴並喜愛的品牌知名度。1970年代物價上揚時，See's Candies有能力對消費者漲價，因為巧克力愛好者和它身旁的人直覺上就是會選擇See's Candies，而不會買其他雜牌巧克力。

即使有了一條護城河，也不代表可以高枕無憂，連鱷魚和毒蛇都可以不養。沒有持續擴張品牌護城河的企業總有一天會嚐到苦果。很少有一個品牌能夠長久維持顛峰。例如柯達（Kodak）一度是全球最大的軟片公司，但當富士軟片（Fuji Film）開始在奧運會上大打廣告，拓展其品牌知

---

[6] 美西食品為美國著名的飲料公司，以濃縮果汁、鮮榨果汁為主力產品。

名度後，銷售量便逐漸超越柯達。品牌也許在短期內具有價值，但企業必須保護其品牌的定位，以維持市場占有率。這也是為何可口可樂和麥當勞（McDonald）幾乎都是奧運會贊助商的原因。

◆專利權與版權

班哲明・富蘭克林是一位多產的發明家，他發明了雙焦點眼鏡（bifocals）、富蘭克林爐（Franklin stove）[7]，以及簡易的里程表。就算有這麼多的發明，富蘭克林並沒有為他的發明申請任何專利，他主張發明者的權利，並將其納入美國憲法中的條文，保障一定期間的專利權和著作權。許多國家也有類似的法律。

如果有一個專利和一項值得期待的產品，政府就會給予一段期間生產並銷售這項技術的特許權。好產品的專利等於是印鈔的執照，因為它給予獨占的地位。例如像輝瑞（Pfizer）、默克（Merck）、葛蘭素史克（GlaxoSmithKline）或是諾華（Novartis）等製藥公司，手中都有不少其開發出來的藥品專利。

許多科技公司把專利視為強而有力的護城河。高通（Qualcomm）擁有上千個專利權，其中許多當作3G通訊的標準。它是3G分碼多址接入（CDMA）協定技術的領導者，擁有許多技術認證的協定。在全球的通訊版圖中，高通因為在美國的三千多種，應用CDMA和其他技術的專利，數百萬家公司因此必須支付版權和授權費用才能使用這些專利。

專利權是個好的護城河，但也不是一勞永逸。專利權到期就會失效，所以我們要特別關注那些只有一項專利的公司。許多藥廠沒有持續發明新藥，舊藥的專利也到期。另外，專利權常常會對簿公堂，因此應該要確認所投資的企業有好的專利之外，也要有好的防禦能力，專利權的律師最愛打這樣的官司。

此外，品牌和肖像的版權也很有用。迪士尼現在還擁有米老鼠

---

[7] 富蘭克林爐是一種改良式的壁爐，增加火源下方空間，加高煙囪，提高壁爐的對流和燃木的效率。

（Mickey Mouse）以及許多卡通人物的版權。若沒有支付迪士尼費用取得使用許可，任何人都不能用這些人物去製作玩具、拍電影賺錢。迪士尼深知版權是一個金礦，也因此買下了皮克斯（Pixar）、漫威娛樂（Marvel），以及喬治‧盧卡斯（George Lucas）星際大戰中的人物（迪士尼也打過專利權展延的官司，讓專利到期時效得以延長，此法案名為1998年版權期限延長法案，也就是大家熟知的米老鼠保護法案（Mickey Mouse Protection Act）。詹姆士‧龐德（James Bond）呢？哈利‧波特（Harry Porter）呢？其他漫威漫畫的人物呢？誰不想要這些特許權？

◆**法規特許經營權**

　　信評機構像是穆迪（Moody's）和史坦普爾（Standard & Poor's）在次貸危機中為人所垢病，但它們仍是少數被允許提供債券信用評等的公司。所有的債券發行者都需要有信用評等後，退休基金、保險公司，甚至銀行才能買。政府為信用評等的資格設下極高的門檻，因此穆迪和史坦普爾是在政府主導的寡占（oligopoly）市場裡運作。其他較小的信評機構像是伊根瓊斯（Egan Jones）並不能對所有的債券作評等。

護城河1的公司範例

大品牌：迪士尼、可口可樂、賀喜（Hershey）巧克力、蒂芬妮（Tiffany）珠寶、哈雷機車（Harley Davidson）、路易威登（Louis Vuitton），以及擁有雷朋（Ray-Ban）、奧克萊（Oakley）、柏松（Persol）等主要眼鏡品牌的路遜迪卡（Luxottica）集團。

專利權：輝瑞、默克、葛蘭素史克及諾華，幾乎所有的製藥公司都有藥品的專利，例如威而剛（Viagra）就是個金雞母。有些公司有數十種專利提供產品的保障，但要注意那些只有一種專利的藥廠，一旦專利期失效，護城河也就消失了。

法規特許經營權：穆迪、史坦普爾。

版權：迪士尼。

護城河2：網路效應

網路效應是指，服務的價值因為使用網路的人口增加而成長。此處談的網路可以是支付平台，如PayPal和萬士達卡（MasterCard）、社群網路如臉書（Facebook）和推特（Twitter），或是拍賣平台如蘇富比（Sotheby's）和eBay。使用這些服務的人愈多，其他人就愈難進來競爭。

分析網路的原則是，任何一個新加入的使用者，可以讓潛在網路的連結數量呈現幾何成長。

如果只有一個人的eBay有什麼價值？根本沒有。至少得要有買家和賣家才行；不過只有二個人價值也增加不了多少；如果有一百個人的eBay機會就開始不同了；有了一百萬人在線上，其他人就很難和eBay競爭了。賣家會想去買家聚集的地方，買家則想找都是賣家的所在。買賣雙方數量愈多，eBay平台的價值也就愈高。同樣的，Skype也是如此，如果沒什麼人用Skype，你幾乎沒人可聯絡，不過只要愈多人用，能聯絡的人也就愈多。只有幾個人用的Paypal也沒什麼用，如果每個人都在用，幾乎就能買所有的東西。愈多人在用eBay、PayPal、Skype、推特、臉書，它們的競爭者也就愈少。

許多數學家和電腦科學家發展出不同的數學方程式來評估網路的價值，網路公司的價值大多都與使用人數有關。其中比較有名的是薩諾夫法則（Sarnoff's Law）、麥卡菲法則（Metcalfe's Law），以及瑞德法則（Reed's Law）。主要的觀念是，網路價值並不是以算術加法（3＋3＝6）計算，而是以幾何倍數（3×3＝9）來計算；而且人數愈多愈好。

護城河2的公司範例

支付網路：萬士達卡、威士卡（Visa）、PayPal。
擁有大量買賣家的拍賣網：eBay、蘇富比。
擁有大量買賣家的交易所：像是金融交易的芝加哥商業交易所集團（CME Group）、紐約證交所（NYSE）、倫敦證交所

（London Stock Exchange）和德意志證券交易所（Deutsche Borse）。

社群網站：臉書、領英（LinkedIn）。

作業系統：蘋果iOS、谷歌的安卓（Android）、系統開發業者只會對強大的網路開發作業系統，而不會對各個平台各自開發。像是蘋果由iTunes、谷歌經由安卓，均已為其使用者和應用程式開發商創造了強大的網路效應。

護城河3：低成本製造商

有些業務僅僅是靠大量生產增加效率。大企業有能力議價取得折扣，買進大宗商品，輕易地降低成本，小型企業永遠很難在某些原料上面取得低價。企業規模愈大，效率愈高。比較沃爾瑪（Walmart）和那些家庭式的雜貨店，沃爾瑪的效率之高，即使過去值得尊敬的老品牌，像是大西洋與太平洋茶葉公司（Great Atlantic & Pacific Tea Company）──我們這一輩的人應該還記得A&P──在英國，特易購（Tesco）也做了類似的事，德國的阿爾迪（Aldi）[8]和Lidl[9]也是。沒有人想要去跟低價的帶頭大哥去競爭，這些企業愈大，效率愈高。

低成本製造商有能力開創一條企業護城河，因為有能力取得相同資源做出大規模生產的競爭者少之又少。即便是坐擁數百億的資金，也很難再創造出另一個阿爾迪或沃爾瑪。

另一種受惠於低成本製造的型態是擁有綿密運輸網絡的物流業。如果只有少數客戶，很難壓低運送商品和包裹的成本。然而，如果客戶數量大，就可以將物流集中化處理，有效率地到達很遠的範圍。這就是為何優必速（UPS）和聯邦快遞（FedEx）能把小型運送公司趕出市場的原因。

---

[8] 阿爾迪為德國著名的食品折扣商店，在國內連鎖店達5,000家，海外也有超過1,000家據點。年營收約340億美元，是德國最大的食品連鎖零售企業。

[9] Lidl為德國另一家發展快速的折扣連鎖超商，成長速度甚至比Aldi還快。全歐洲已有7,200家商店。Aldi和Lidl曾合作將沃爾瑪趕出德國。

有些低成本的製造商是擁有自己的礦脈或油井，能便宜進行開採和提煉。每個礦脈的開採成本都不同，擁有極高品質的銅礦或金礦，甚至在接近地表附近就能開採，開採成本就會比競爭者低許多。然而，前面也提過，我們一般而言並不推薦持有長期商品類股，因為商品股票總是在商品行情好的時候飆漲，在商品價格跌時崩盤。

護城河3的公司範例

具有規模經濟：沃爾瑪。
物流業：優必速、西斯科（Sysco）[1]、亞馬遜（Amazon）。
製造業：英特爾（Intel）。
低價資源商品：Compass Minerals[2]、自由港邁克莫蘭（Freeport McMoran）[3]。
說明：1.西斯科成立於1969年，是北美最大的食品物流業者，在北美地區約有四十二萬個據點。為咖啡館、飯店、醫院、學校提供餐點運送服務，包括冷凍肉品、海鮮、蔬果、零食及環保餐具等。
2.Compass Minerals為美國主要肥料業者，提供農業作物用的化肥。像是硫酸鉀、氯化鎂等。
3.自由港邁克莫蘭為美國重要的礦業公司，包括銅、金等重要的礦產。

護城河4：高轉換成本

多數企業最怕的是漲價後客戶就轉投入競爭者的懷抱。不過，有些企業深知他們的客戶沒那麼容易離開，即使客戶真的這麼做，隨之而來的事也會讓客戶頭疼（像是時間、金錢、對本身業務的干擾），更換廠商變成一件麻煩事。

能提供重要服務的企業是很難擺脫的。所有的現代大型企業都依賴強大的資料庫處理會計報表、存貨追蹤等等的工作，要拿掉這些既有的系統再換上另一個新的，是相當困難且會造成營運上的風險。如果轉換不

當，會讓整體運作停擺，引發客戶的抱怨。沒有任何一家企業會如此。同樣的，依靠整合型軟體，像是資料運算、稅務或是會計處理都知道，更換供應商會造成營運的重大阻礙，也不會有任何專業經理人希望如此。

大家都知道時間就是金錢。銀行之所以能夠對客戶收取高費用，是因為他們知道轉換銀行得耗掉客戶許多時間：更換銀行帳戶就是更換所有的支付機制、工資明細及信用卡等等。多數人都希望事情一件一件慢慢來，而不是一夕之間全都改變。

護城河4的公司範例

整合型軟體：甲骨文（Oracle）、歐特克（Autodesk）[1]及微軟（Microsoft）。

企業營運關鍵解決方案：ADP[2]、Jack Henry[3]、Fiserv[4]、Intuit[5]、Sage[6]。

說明：1.歐特克為全球3D設計、工程及娛樂軟體領導廠商。

2.ADP（Automatic Data Processing）為全美交易轉帳數據處理服務供應商。

3.Jack Henry為銀行及金融機構軟體供應商。針對美國銀行、信貸協會、其他財政非財務機關，提供聯合電腦系統，以進行資料處理服務。

4.Fiserv為專門為金融機構提供資訊管理解決方案的供應商。服務項目包括交易處理、外包、軟體及系統方案等。

5.Intuit為美國最大理財軟體公司。服務項目包括研發財務、稅務相關軟體。

6.Sage為會計、客戶關係軟體開發龍頭廠商。

護城河5：規模有效性

競爭往往會壓低利潤，但如果身處於一個規模夠小或是夠封閉的市場，也許不會有足夠的誘因去吸引競爭者進入。經營企業會創造利潤，但新的競爭者往往會拉低所有業者的利潤水準，甚至低於資金成本。

　　有些行業有地理位置上的天然獨占性。有些東西的運輸必須花費高額成本，因此笨重或廉價的產品最適合區域型的運輸業者獨占，因為其他競爭者無法提供便宜的運送服務。這也是為何採石場和地區性垃圾清運總是沒什麼競爭的緣故。當然取得採石場和垃圾掩埋的許可是很不容易的，但只要一旦到手，這個地區幾乎就是獨門生意。

　　另一種具有地理獨占優勢的像是機場、跑馬場、體育館。機場也受惠於網路效應，班機起降愈頻繁的機場，航空公司愈會把它當作連結的樞紐。大型、營運佳的機場旁邊不太可能再蓋個小型機場。只有少數的大城市像紐約和倫敦能同時擁有一個以上的機場，而又能夠維持獲利。

適合投資的企業

地理位置的天然獨占：採石場、機場、跑馬場、美國運動賽車協會（NASCAR）、油管公司。

利基市場：國防工業、陸博潤（Lubrizol）[1]、葛萊（Garco）[2]、瑞頌製藥（Alexion）[3]等等；地區型寡占像加拿大、英國、澳洲的銀行。

說明：1.陸博潤為生產化工產品的商家，項目包括塗料、特殊紙、管材、特殊聚合物等。

　　　2.葛萊為嬰幼兒用品製造商，包括安全座椅、推車等。

　　　3.瑞頌製藥為生物製藥商。致力於罕見疾病藥物。例如治療溶血型尿毒症等。

　　表11.3為讀者整理得更為詳盡且全面。讀者們只要花點時間思考，並作些研究，一定能發掘出我們沒有提及的企業。箇中樂趣只有自己知道。

表11.3　護城河能有多寬？

保護來源：	無形資產	轉換成本	網路效應	成本優勢
寬廣護城河	可口可樂：只是一罐糖水，但消費者就是會買單。	甲骨文：要把與資料庫緊密結合的甲骨文換掉，會造成大災難。	芝加哥商業交易所：光是結算（clearinghouse）功能就足以維持高交易量。	優必速：陸上運輸網的邊際成本低，但資本報酬高。
狹窄護城河	胡椒博士（Dr. Pepper）：思樂寶（Snapple）品牌優良，但缺乏規模經濟，致損害利潤。	Salesforce.com：極受歡迎的網站，但使用者的轉換成本不高。	紐約證交所：泛歐交易所（Eruonext）股票交易量可互通，且競爭者正在分食市場。	聯邦快遞：航空快遞業務的高成本占營收比重仍然很大。
完全無護城河	寇特公司（Cott Corporation）：私有品牌的飲料只是一種商品，無法創造品牌忠誠。	資訊巴士軟體公司（TIBCO）：高端軟體，但面臨著一體化（all-in-one）的強烈競爭。	騎士資本集團（Knight Capital Group）：網路業者，鮮少受惠於接買賣交易單（order-taker）或市場撮合（market-maker）。	康威運輸（Con-way）：貨運業十分零散，難以創造規模經濟，建立護城河。

資料來源：晨星（Morningstar）。

留意假的護城河

　　另外有一種企業常顯露出其優勢的特性，但這種護城河的型式是錯誤的。要特別注意那些標榜有卓越的管理能力、極佳的執行力、優良的產品、高市占率、舉辦廣告行銷活動、或是站在流行趨勢尖端的企業。這些特性或許會有暫時性的優勢，但隨著時間過去這類優勢會逐漸消退，或是被競爭者複製。這些特性從未為他們贏得長久可持續的護城河。

　　如果企業沒有護城河，無論其產品是多麼炙手可熱，終究會面臨競爭而消失。只要獲利夠高，永遠會吸引競爭者進入，賺取低一些但仍可觀的利潤。任何產業只要分大餅的人愈多，每個分到的利潤就愈低。

　　投資人如果低估了產業競爭的狀況，恐怕得付出可觀的代價。查爾斯‧孟格說得最傳神：「從極長期的角度來看，歷史告訴我們，任何有機會能存活下來企業當中，對企業主的認同所占的份量愈少愈好。」舉一個科技業的例子。Palm在個人數位助理器（Personal Digital Assistant, PDA）

市場可算是先趨，1990年代末期，Palm Pilot受到極大的歡迎，幾乎人手一台。投資人也親眼見過Palm公司的市值在2000年秋季衝到300億美元。但過不多久競爭者Handspring、SONY、惠普（Hewlett-Packard）也分別推出自家的PDA。最後，PDA竟然被毫無關聯的iPhone和其他智慧型手機取代。如果再看看智慧型手機，iPhone獨占鰲頭達五年，直到後來三星和其他安卓系統的手機以強大的競爭力進入市場。在科技業，幾乎沒有什麼是永遠存在的，這就叫進化。

在對的時間出手

華倫・巴菲特有一次曾說：「以普通的價格買進一家高價值的公司，比用高價格買進一家普通公司要美妙得多。」在投資活動中，找出企業的護城河只能說是做了一半，剛開始而已。賺錢與否的關鍵在於在好的價格買進。在此我們想強調的是，在做每個投資決定時所必須考慮的準則：當賣出股票時，獲利多寡是決定在買進的價位上。

如果用高價買進，即使是一家好公司也不容易賺到錢。前面提過沃爾瑪是一家擁有低成本護城河的企業，即便真是如此，如果付給沃爾瑪的股價太高，要賺錢也很難。

看看沃爾瑪過去十五年的股價表現（見**圖11.3**）。在1999至2000年間全市場為了達康（dot-com）公司瘋狂時，沃爾瑪的股價也飆到本益比40倍的水準，市值超過2,500億美元。不管是什麼好公司，40倍的本益比也太高了。確實，十年來，沃爾瑪還在持續成長，獲利仍在增加，股利也發了不少，公司每件事的狀況都不錯。但今天，股價卻沒有太多成長。投資人為了成長付出過高的成本。

買進高品質資產還會賠錢一點也不稀奇，許多投資人過去幾年都經歷過。在高價位買進高品質資產，期望價格還能更高，恐怕不像是長期成功的秘訣。希望這不會是大家的投資策略。

想想更合理的方法吧，讓投資本身具有安全性和獲利性的重要原則之一，是企業價值相對優於其價格。沒有付過高的價格買進股票，獲利的機

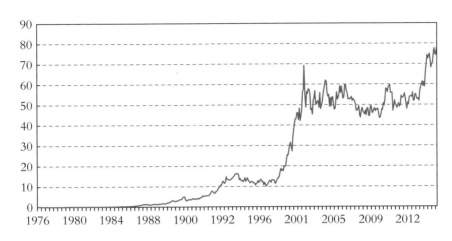

圖11.3　沃爾瑪上市以來的股價表現

率就會大增。

　　請看**表11.4**。如你所見，付出的價格愈低，潛在的報酬愈高。在股市裡以合理的本益比買進，平均而言是會賺錢的；只要買在本益比超過24倍的價位，不管買什麼幾乎都可以保證賺不到錢。這件事告訴我們：永遠不要用過高的價格買股票。

表11.4　不同本益比下的股票報酬

S&P 500 本益比	S&P 500指數平均年化報酬率（%）				
	1年	2年	3年	5年	10年
<8倍	13.6	10.6	8.5	10.2	11.1
8-10倍	8.3	10.9	12.3	12.0	9.0
10-12倍	12.3	12.9	11.5	8.0	8.3
12-14倍	8.9	8.8	6.7	6.2	7.4
14-16倍	11.4	7.3	6.5	6.8	6.5
16-18倍	3.3	1.8	2.3	3.1	2.6
18-20倍	3.5	3.4	3.5	4.0	3.1
20-22倍	2.4	5.8	7.4	8.2	6.2
22-24倍	-4.8	4.2	7.2	2.4	2.0
>24倍	-3.3	-2.5	-2.9	-0.7	-1.2

說明：本益比P/E＝Price－Earnings Ratio

資料來源：Henry Mcvey; KKR, www.kkr.com/company/insights/global-macro-trends-1

　　成功的投資者不必然是天才，華倫‧巴菲特不只一次強調天份並非最重要的因素：「投資不是智商160和智商130之間的競賽。」他觀察到：「如果你非絕頂聰明，你所要學的是控制那些讓投資人陷入困境的緊張情緒。」通常人們最大的問題不是頭腦，而是情緒。投資人往往樂於追逐熱潮，並且在貪婪和恐懼之間強烈擺盪，情緒從狂熱到恐慌。他們在股市上漲時付出高價買進，卻在下跌時傾巢賣出。偉大的投資家豪爾‧馬克斯指出：「投資最大的錯誤不在於訊息或分析等因素，而在於心理面。」要成為好的投資人不是要變得更聰明，而是更能控制情緒。

　　多數人在股市上漲時興奮不已，在下跌時又恐懼莫名，這時保持冷靜和反向操作的眼光相當不容易。如果是個長期投資人，看到股市下跌應該高興才是。股票代表的是實體企業，當沃爾瑪大打折扣時，人們會很高興的去搶購衣服、襪子或平面電視；同樣地，當股票價格下跌時，也應該很高興的去買好企業的股票才對。買賣股票不是買賣幾頁投資報告或是螢幕上的線圖，而是買賣一個實體企業的一部分——甲骨文、可口可樂還有優必速——用很低的價格。想像股市的賣壓像沃爾瑪的折扣：價格愈低愈好，愈高愈差。

　　低價買股的機會並不常有，低本益比和低廉的股價往往只有在危機發生，投資人感到恐慌時才會出現。過去四十年間最佳的投資時點都發生在下跌時：1973年油價飆漲後的崩盤；1982年當人們在國會山莊焚燒保羅‧沃克的肖像時；1992年柯林頓競選時說：「笨蛋，問題在經濟。」的時候；2002年達康泡沫破滅，沒人要碰股票時；以及2009年雷曼兄弟破產，人們害怕另一次大蕭條出現時。

　　要分析這些少見的良機，得先知道股市具有極長期循環的特性，稱為長期牛市（secular bull market）和長期熊市（secular bear market），平均每個循環期長達十七年。在每個循環當中，市場是從高點跌到低點，再從低點回升到高點。每個長期循環裡都有多次牛市和熊市，上下震盪極為劇烈。在長期熊市裡，多頭的投資顧問（通常就是那些要你買他們的基金的那些人）都會告訴你熊市已經結束了。說的沒錯——不過還要等到下個危

機才是。

在下跌過程中，通常需要三次熊市洗禮，價格才會一路跌到個位數；只要跌到這裡，我的老天，接下來的循環就只充斥著快樂和美好。只要做到這樣，在下一個十七年每個人都會是投資天才（平均而言）。現在回頭看看1949或1982年的股市，那是多麼棒的買點。在長期牛市中也會見到幾次回檔修正，直到股價衝到最高點。然後，市場就會向下修正，時間長達十七年，就像1966年和2000年初。即使如今在本書寫作之時，股市頻創歷史新高，我們也不認為應該涉入這趟危險之旅。也許這次不一樣，但我們認為在長期牛市開始之前，未來應該還會出現好幾次大修正。**表11.4**告訴我們，買在價格低點，未來的報酬才會高。握有現金就是一種擁有買權（call option），等待好的價格時點，就像華倫・巴菲特永遠在等待好的價錢才出手，買進股票放入自己的投資組合裡。

預期未來進一步的修正並不是說現在要遠離股票，恰恰相反！總有地方的股市開始出現牛市，其他地方則創新高，進入了長期熊市。也就是說，面對牛市和熊市總要有些不同的應對策略。在熊市中成功需要做更多功課，需要謀定而後動而非亂槍打鳥。但請注意：現在所處的長期熊市（假設我們是對的）即將結束，美好的牛市蓄勢待發。我們即將再一次成為投資天才。

牛市和熊市可以是另一本書的主題（事實上，墨爾丁在這個題目上寫過二本），在這裡我們不會提到細節。而www.thecoderedbook.com網址中，我們有提供一些免費的連結給讀者。

同時要強調，成功的投資關鍵永遠是價值、價值、價值。也就是和多數在電視與理財媒體上的投資人採取不同的態度。

而壞消息是，「紅色教條」政策會為經濟帶來更大的不穩定和動盪。中央銀行會把事情搞砸，我們也會面臨更多的危機。不過好消息是，如果有足夠的耐心，在下一個危機來臨時，會讓各位有機會買到折扣大拍賣的股價。讓我們幾乎想對那些中央銀行家說聲謝謝。

● 本章重點

在本章中，我們學到了：

1. 通貨膨脹會讓大家更窮。它不會一夕之間發生，而是經年累月讓你的財富價值減半，即使是溫和通膨也是如此。存款增加的速度應該要比通膨侵蝕的速度要快，才能保障購買力。

2. 通貨膨脹懲罰存款人，但卻能讓債務逐漸消失。

3. 通貨膨脹對債券和現金的傷害遠大於股票。債券和現金是用貶值的美元來支付債息和利息。但股票是代表了實際資產，企業在通貨膨脹時有能力漲價。

4. 股票投資會比債券來得好，但在通膨的環境下，並不是所有的股票表現都會好。有些企業會面臨成本上升，利潤受到侵蝕。

5. 買進那些有護城河的企業非常重要。護城河能使企業具有擺脫競爭者、並且對消費者漲價的競爭優勢。擁有護城河的企業能獲得高於平均的資本報酬率。

6. 五種護城河的類型分別是：無形資產、網路效應、低價優勢、高轉換成本，以及規模有效性。

7. 即使是好企業也別高價買進，要用合理的價格才對。如果高價買進，就算是偉大的企業也會成為極差的投資。

CHAPTER 12

商品、黃金，以及其他實體資產

> 如果發明會讓人類增加對自然法則的控制力，貨幣的實際價值
> 在某些意義上拿來衡量勞動力，比衡量商品要好得多。
>
> ——阿弗雷德·馬歇爾（Alfred Marshall）[1]

> 礦產是地上的一個洞，以及站在旁邊的那個騙子。
>
> ——馬克·吐溫（Mark Twain）

有一個關於愛爾蘭的笑話。有個遊客在愛爾蘭問當地人如何前往都柏林（Dublin），當地人回答：「先生，如果我是你，我不會從這裡去。」今天，同樣的回答也適用在商品和其他實體資產的投資上。

理論上，中央銀行無法印出玉米、石油或銅礦，商品原物料會是中央銀行採行「紅色教條」政策下的最佳去處。商品過去在通膨和貨幣貶值時曾經是極佳的投資。許多學術研究也支持通膨高漲時應該投資商品。例如，華頓商學院的蓋瑞·戈頓（Gary Gorton）教授和耶魯大學的基爾特·魯文荷斯（Geert Rouwenhorst）發現：「商品期貨和通膨、非預期通膨，以及通膨預期改變之間都具有正相關。」

但是，就像人生一樣，端視從那兒開始起步。如果今天投資人都不知

---

[1] 阿弗雷德·馬歇爾（1842-1924）：英國經濟學家，是經濟學界重要的人物。他發展出經濟學基本的供需法則、邊際效用、生產成本等概念。

道該投資哪些資產類別,把錢放在商品會是個好主意。通常,在「紅色教條」下,投資商品原物料會帶來驚天一擊的效果,報酬也會特別地好。例如,上一次全世界面臨貨幣戰爭時,糖價在1966至1974年間從1.4美分暴漲到66美分。但今天,商品原物料的吸引力已經無法和十年、甚至十五年前相比,2013年也不是1999年。如果這本書在十年前出版,我們會寫得完全不同。(事實上,墨爾丁在1999年他的第一本書當中已經寫過。當時他非常喜歡商品原物料,也建議買進公債。如今的變化真大!)

讀者們可能會對本書的警示感到訝異,金融抑制並不會帶動商品和黃金。我們會指出它們何時是好的投資時點,何時是不好的,以及如何反映在自己的投資組合當中。

商品原物料的超級循環已結束

不論什麼時候開始投資,一定得留意那些全球投資大師們的動向。各位一定會想找到那總是預測準確,在泡沫和崩盤發生前就看出端倪的人。

目前全世界最知名的投資人之一,吉姆・羅傑斯(Jim Rogers),本身就是個傳奇人物。羅傑斯早年和索羅斯從量子基金(Quantum Fund)開始,自1970年代就獲得成功。他本身的經歷已難以企及,不只在於他長年對市場的深入看法,他的投資眼光也是極長期。

我們來看看他對商品原物料投資的看法。

2004年,羅傑斯寫了一本名為《羅傑斯教你投資熱門商品》(*Hot Commodity*)[2]的書,聲稱全世界已進入了商品原物料的多頭市場,他更是早先一步進入商品原物料的投資。他創立了自己的商品原物料指數,讓所有人有商品投資的依據。從這個角度看起來,他算是個言行合一的人。除此之外,他從1998年起也陸續在《華爾街日報》、《霸榮》(*Barron's*)

---

[2] 劉真如譯(2005),羅傑斯著。《羅傑斯教你投資熱門商品》(*Hot Commodity*)。台北:時報出版。

和其他期刊撰文，強調商品熱潮再起。在他的書中曾寫道：「我們意識到歷史和基本經濟法則都站在我們這邊：供需失衡創造了歷史上少見的商品投資牛市環境，商品原物料應該至少會一路漲到2015年。」在他寫這段文字的前五年，商品價格已經漲了190%，而之後四年也持續上漲，足見其眼光極為正確。

在《羅傑斯教你投資熱門商品》一書中，羅傑斯指出，20世紀曾經出現過三次商品原物料多頭（1906-1923、1933-1953、1968-1982），每個多頭平均持續超過十七年。而其中二次多頭與貨幣戰爭同時發生。1933至1953年的多頭和1930年代的貨幣戰爭有關，1968至1982的多頭則和1970年代的貨幣戰爭並存。即使在大蕭條期間，經濟成長緩慢，商品原物料還是隨著貨幣貶值，以及政府拉動物價以抗通縮而上漲。

羅傑斯不僅在商品大漲的新世紀之初作出了正確的判斷，他也特別指出，投資人應該關注它何時結束。對於投資人該如何意識到盛宴結束？他寫道：

> 當你看到報紙頭條大幅報導發現新油田，或是在大城市郊外爭相設立風電廠；新的礦區待開發，各種商品儲藏量在增加；這些都是基本面改變的訊號——這時就應該把錢移出商品原物料了。多頭即將結束。

他接著寫道：「在我看來，多頭好光景至少可以維持十年。」這段話寫於2004年，而這本書出版至今也快十年了，全世界也已改變許多。照書中的觀點，2014年就滿十年了。**即使「紅色教條」政策對商品投資幾乎都是正面的，目前的榮景也應該是尾聲了。**（我們也在此時提出了警告！）

最近一次商品大多頭始於1999年，到現在也已經十四年了，商品的平均價格也漲了超過2倍。奈德戴維斯研究機構（Ned Davis Research）指出，歷史上的多頭平均時間為十六年，價格漲幅為205%。十五年前許多種商品原物料都面臨短缺，因為沒有發現新的礦脈和油田。今天，太多礦

藏被開採，鐵礦砂、銅、鋁、鋼鐵在中國堆得滿坑滿谷。同時，歐洲國家致力發展風力發電場、太陽能板，以及許多儲存能源的技術。美國每年開挖數千口新頁岩氣井，還有更多的開採計畫在排隊。過去發生的短缺和低價，如今價格高漲，更多的原油、鐵礦砂、煤炭、鋁的供給被開發，這就是今天市場的樣貌。

商品價格到高點了嗎？如果看看過去幾個世紀的十年平均線走勢，今天的價格已經相當高了。**圖12.1**顯示，我們已經在商品價格循環的歷史高點。當十年平均線都漲得很高，我們距離高點也就不遠了，商品多頭也即將結束。

商品市場榮景到崩壞的循環早有記載，大衛・傑克斯（David Jacks）教授在他的研究中指出，商品的循環期往往很長。不同的商品原物料會有不同的長期趨勢、中期循環，以及短期的起伏。他很喜歡商品投資，但同樣也指出：「歷史的證據顯示，當前的商品超級循環很可能接近高點；在一些類別上，商品價格高於長期趨勢的現象應接近終點。」

這些說法都會令投資人困惑。通常在「紅色教條」下，投資商品原物料是最好的資產保護方式，但本書寫作之時，幾乎所有的商品循環已過高點，未來數年恐怕都很難提供多好的報酬。盛宴即將結束，賓客們都已喝醉快要回家了。當商品泡沫破滅，將會是一番淒涼的光景。

我們花點篇幅來看看商品循環的起落。在多數的市場裡，當價格上升和下降，市場供給量通常調整得很快。例如，如果有很多人突然要買本書，對出版社來說多印些書是很容易的。不需要幾個星期就做得到。

但是商品原物料就不同了，增加供給花的時間要長得多，有時要花上好幾年。以鐵礦砂為例，2000年時，鐵礦砂價格非常低，很多礦區因此停止開採。但當中國開始成長，對鐵礦砂的需求大增，價格開始大漲，然而供給卻無法很快跟上。通常要花好幾年去找到新礦脈、取得開採權、修建從礦區到港口的鐵路、還有找到可以運送給客戶的船隻。全世界的供給都跟不上中國的需求。經過十年，鐵礦砂價格漲了10倍。鐵礦砂價格的暴漲是過去數十年間最大的泡沫之一：就像1970年代的黃金、1980年代的日經

這次有不一樣？
過去200年間，商品價格從未像最近10年間漲勢又快又急，而且還不會崩盤。

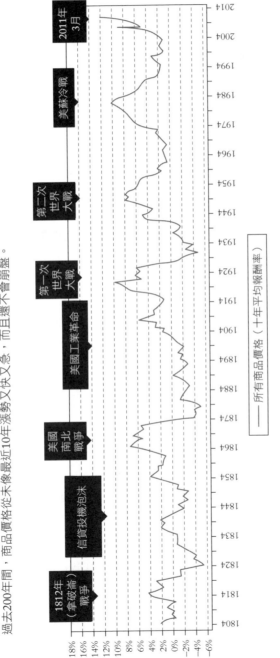

圖12.1　商品市場長期報酬已相當高

資料來源：Hackett Advisors, Maclean, http://hackettadvisors.com

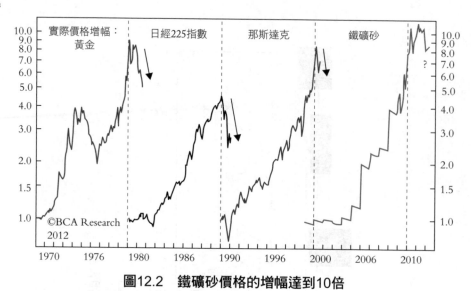

圖12.2　鐵礦砂價格的增幅達到10倍

資料來源：BCA Research, Bank Credit Analyst.

指數，以及1990年代的那斯達克。

　　如果有人從沒看過鐵礦砂價格因為中國和亞洲國家需求而大漲的文章，那他一定是活在洞穴裡。這些是每個泡沫都會出現的現象：人們認為這次不一樣。永遠會有動人的故事和理由，支持那些過去的好日子在未來會變得更好的言論。尤其是具說服力的業界翹楚所寫的。人們很難想像榮景即將結束，這只是人類的天性。

　　這是鐵礦砂的榮景，而我們即將進入崩壞的一面。高漲的價格激勵鐵礦砂公司把產能擴充到極致。過去一年間，全球最大的鐵礦砂公司計畫投資2,500億美元在新的礦區，這是過去十年所有新產能的總和。價格毫無意外開始走跌，這數十個投資計畫也因而擱置，跌勢恐怕一發不可收拾。許多鐵礦砂公司可能因此破產，許多礦區也因此停擺。

　　鐵礦砂是個例子，告訴大家投資商品原物料最好在超級循環的起點，而不是在朝向終點時。在商品的「榮景—崩盤」循環下，長期投資的報酬並不佳。我們的好友，在法國興業銀行擔任策略分析師期間獲得高度好評，現任職於Edleweiss基金公司的迪倫・葛林斯（Dylan Grice），曾撰文描

述商品投資。他提出一個很好的觀點，說明為何商品價格不會長期走升：

> 為何商品原物料具有實際的風險溢價？價格難道不會走跌嗎？
> 今天一英斗的小麥、一塊鐵礦砂，或是一塊銀錠，和一千年前
> 的一英斗小麥、一塊鐵礦砂，或是一塊銀錠完全一樣。唯一的
> 差異是今天的製造成本便宜許多，人類的各種創新降低了生產
> 成本。因此當進行商品投資時，其實是投資人類的智慧。雖然
> 過往的成績並不保證未來結果，但到目前為止，人類的智慧克
> 服自然限制卻有很好的紀錄可尋。商品原物料的多頭市場其實
> 就是一個個產業瓶頸，而我們也成功地將這些瓶頸克服。歷史
> 上多數的牛市最終都會回到它的起點。

葛林斯指出，押寶在商品原物料其實就是和人類的智慧對賭。當價格
上揚，人類就會找到方法生產更多的小麥、挖出更多的礦藏，將過去探索
不到的資源給弄到手。

圖12.3顯示，自1870年至今商品原物料的長期表現並不佳。雖然在牛
市中商品價格大幅彈升，但長期卻沒有為投資人增加太多的價值。

擺脫動態的榮景與崩壞，商品原物料還有個更重要的問題。價值投資
之父班哲明‧葛拉漢曾定義投資與投機的差異：「投資操作是經由透徹的
分析，擁有本金的安全性與滿意的報酬。凡不符合這些要求的操作就是投
機。」商品原物料本質上就是一種投機。

商品原物料本身並不會產生報酬，也不會付利息給投資人，只有在認
為價格會上漲時才會買。華倫‧巴菲特曾寫道：

> 投資商品原物料的問題在於，是在賭有人會在六個月內繼續買
> 單。商品原物料本身根本無法為投資人創造什麼……投資人買
> 了一塊東西，然後希望別人在二年後付出高於期望收入的價格
> 買走，這和一般投資真是截然不同的遊戲。

投資可口可樂的股票是擁有其實質資產的一部分，也能從公司獲利中

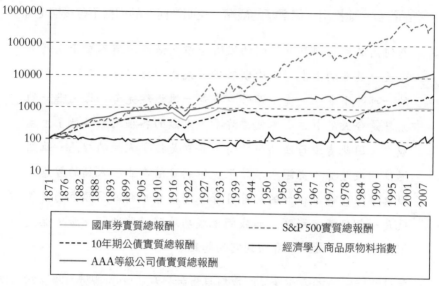

圖12.3　商品原物料的長期報酬接近零

資料來源：Dylan Grice, Societe Generale.

分得股息。（正在寫本段的當下，可口可樂宣布股息率為2.6%。這比十年期公債殖利率高得多了。歡迎來到「紅色教條」的世界。）[3]

　　如果你本身是個投機者，也對商品市場夠瞭解，當然可能經由買賣原油或銅礦大賺一筆。像是馬克・瑞區（Marc Rich）、安德魯・霍爾（Andrew Hall）、麥可・法瑪（Michael Farmer），以及大衛・禮利（David Lilley）都靠商品原物料投資賺進數億美元。但那是他們的看家本領，也知道原油、銅礦、穀物的內線消息。大多數人沒有這麼多時間和精力，以及瞭解這些商品供需變化的管道；大多還是用自己的錢投資，並非拿來投機。這麼做的壓力比較小，晚上睡得也比較好。

　　商品原物料價格可能難以續漲，但並不意味它就不是個值得放進投資

---

[3] 當時（2013年4月）可口可樂公司宣布第一季股利為每股0.28美元，換算股利率約為2.6%，而那時美國十年期公債殖利約為2%；2014年5月，美國十年期公債殖利率上升到2.6%，可口可樂股利也增為每股0.305美元，換算股利率為3%。

組合中的好資產，只是這方面應該讓專家來管理，千萬別自己在家閉門造車。這個產業是全數都在期貨市場中交易的，通常我們稱之為管理期貨（managed futures）。

管理期貨基金的交易不只會做多，也會放空。它是一種典型的跟隨趨勢（trend-following）的基金，坦白說上漲或下跌並不是重點，只要價格在動就行。規模夠大的基金會在數十個交易市場內買賣數十種不同的商品，只要價格在動，就能進行買賣。這些基金通常都有一堆數學和物理學博士聚在一起，開發出更能跟隨趨勢的系統。

許多研究顯示，管理期貨與股票和債券之間沒有太大的關聯。只要看圖形就知道，管理期貨的走勢和其他市場截然不同。追逐當紅的商品不但沒什麼用，而且成本也高。比較好的方式是選擇一些感覺良好的經理人，然後跟著他們。

最大的買家步履蹣跚

在《Endgame：終結大債時代》一書中，我們對日本下了這樣的標題：「一隻尋找擋風玻璃的飛蟲」，沒有比這句話更適合的了。但是對於中國，我們卻很難找到足以媲美的形容詞。每個榮景未必會以崩盤作收，而經過了二十年的耀眼成長，中國似乎也遇上了瓶頸，在本書出版時也許就能看到。這對商品原物料來說會是大麻煩，當中國開始降低對商品原物料的消費，商品的超級大循環就可能反轉。

中國是當前全球最大的商品原物料消費國，需求量之大前所未見。許多商品像是鐵礦砂、黃豆，全球超過一半的出口都到了中國，全世界沒有一個國家像中國一樣饑渴，從銅礦、鋼鐵到水泥。

中國崛起的故事已為人所熟悉。對一個人口超過十億的國家而言，中國有太多事情要跟上，以提高人均所得；有數億人口等著就業，中國採取了出口至歐洲、美國，以及亞洲鄰國的策略來驅動成長。當中國經濟進入工業化，數億勞工離開鄉村到了東部的大城市，這個工業化和城市化的過程範圍之廣、速度之快，人類史上所未見。對修橋鋪路、發電廠、高樓大

廈，以及工廠的需求，讓中國成為全世界最大的商品原物料買家。中國各項建設需要銅礦、鐵礦砂、鋁土和水泥；也需要成堆的黃豆、玉米和小麥來餵飽所有勞工。

中國的問題在於成長和投資已走到極限，無法再持續下去了。著名避險基金支點資本（Pivot Capital）[4]曾提出一份完整的報告，名為〈中國投資榮景：大步邁向未知的未來〉（China's Investment Boom: The Great Leap into the Unknown）。文中提到：「不論從持續性或強度來看，中國目前的資本支出榮景已超過全球前一次的大轉型（great transformation）時代（例如戰後的德國和日本，以及1980至1990年代的南韓）。」支點資本同時指出，中國的成長是極為誇張且失衡的；更糟的是，這是由大規模的債務泡沫支撐的，現在這個泡沫就快破了。

有些圖表可以更清楚地顯示中國成長的樣貌。請看**圖12.4**，中國的投資占GDP比重在最近幾年高達50%，這比我們看過的，無論是日本、德國，或是南韓工業化過程的高點還要高。就算中國真的需要橋樑、工廠或是港口，這也未免太多了。多數國家的成長歷程較之中國要平衡得多，像是家庭消費成長和基礎建設投資亦步亦趨。然而在中國，國內消費相對低得多。這好像練成大塊的二頭肌，卻搭配細長的雙腿那般的畸形。

中國建設得太多、也太快，未來也不太可能再買這麼多的原物料（但食物例外）。當中國要平衡其經濟成長，結果便會是商品原物料價格下跌。北京大學光華管理學院的教授，也是知名的中國經濟觀察家麥可·派提斯（Michael Pettis）就觀察到：

> 過去二十年間，更精確地說是最近十年間，幾乎中國所有的需求增加都來自於極端不平衡的成長模式。當中國經濟再平衡（rebalance），朝向可長可久的成長軌道時，會自動讓成長低於商品原物料的增幅。

---

[4] 支點資本為位於摩納哥的避險基金公司，最近幾年不斷指出中國經濟面臨資本支出下滑和銀行業危機，硬著陸的機率大增。

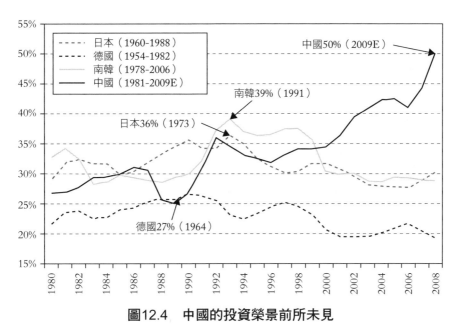

圖12.4　中國的投資榮景前所未見

資料來源：支點資本。

　　在**圖12.5**中可以看到中國到底買了多少原物料。其中有些像是鐵礦砂和黃豆，中國占了全球65%的貿易量。此外，中國也買了全世界超過一半的棉花、三分之一的銅。

　　過去十多年，中國的原物料採購量遠遠超出國內所需，如今存貨堆積如山。中國已累積了大量的銅礦、鐵礦砂，以及其他關鍵原物料，並且很快在國內形成存貨壓力，這當然會對全球價格產生影響。這股趨勢已造成工業用金屬的價格下跌，就算價格反彈也不太可能回到過去的頂點。

　　外界對中國最憂慮的地方是：這些榮景大多建立在失控的信用擴張上。債務堆砌出來的金融危機就像在流沙上蓋城堡，許多分析師，像是吉姆・查諾斯（Jim Chanos）[5]、麥可・派提斯、派崔克・奇帆克（Patrick

---

[5]　吉姆・查諾斯（1958-　）：全球最大空頭避險基金尼克斯聯合基金公司
　　（Kynikos Associate）的總裁，以放空投資聞名。

百分比

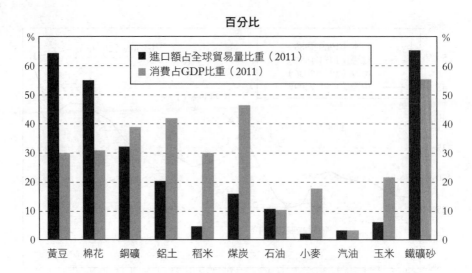

圖12.5　中國是多數商品原物料的最大買家

資料來源：EIA; UN Comtrade; AME; U3 Department of Agriculture; NAB.

Chovanec）[6]不約而同提到，中國的債務泡沫已大到難以補救。例如，根據史坦普（Standard & Poor's）的估計，中國企業的債務占GDP比重已達到134％，比美國的78％、日本的87％、澳洲的71％都高得多。中國的總債務水平到底有多少很難得知，但惠譽（Fitch）估計，如果加計「影子銀行」，到2012年底為止大約占GDP的198％。影子銀行是那些借短期資金，投資長期資產的機構總稱，它們不是存款機構，不受法規管轄（這讓我們想起2007年美國所遭遇的影子銀行問題）。中國政府債務並不高，根據惠譽的估計約占GDP的49％（2012年底）。但西班牙在房地產泡沫破滅前也差不多如此，到了危機發生後債務水平才大幅增加。

　　商品原物料的超級循環應該已經結束，最大的買家停下腳步了。作為投資人，除了管理期貨可在價格下跌時獲利之外，不該再追逐商品投資。

---

[6] 派崔克‧奇帆克（1970-　）：Silvercrest資產管理公司首席策略分析師。

金價的實際驅動者

只要寫到貨幣戰爭和「紅色教條」的書，不能不提到黃金價格。而不論我們怎麼寫，都會讓許多人抓狂。黃金像是一個宗教：信者恆信，不信者恆不信。而我們肯定會收到憤怒的回應。（請直接寄到出版社，他們好一併送去碎掉。如果圖文並茂者例外，因為那會增加我們的閱讀樂趣。）

世界上有兩種人，一種是金本位支持者（gold bugs），他們認為貨幣只能忠誠且純粹以黃金作為準備，到今天這些人還在盼望金本位制復辟。他們認為史上最大的悲劇就是只拿政府的承諾與信用作為紙鈔的準備。

另一種人則是極度蔑視金本位者，見不得這些「蠻荒時代的遺跡」被拿出來說嘴。這二種人彼此互看不順眼。（一位任職於全球主要財金報紙的記者告訴我，討論黃金的文章總是獲得廣大迴響，並在推特和臉書上不斷被分享。但是幾乎沒有人能理性評論黃金。）

黃金是個傻瓜才會做的投資。華倫・巴菲特曾說：「黃金就是從非洲或其他地方挖出來，熔化之後再挖個洞埋起來，然後花錢請人站在附近巡邏。它根本沒有用處。從火星上看下去根本搞不清楚這些人在作什麼。」

巴菲特的比喻只說了一半。我們用貨幣來作類似的比喻：「樹木是從奧勒岡（Oregon）州或其他地方砍下來，化成紙漿後製成鈔票，放到ATM裡，然後拿來交易。它根本沒有用處。」鈔票本身並沒有用處，但它具備了交換、價值儲藏、計價單位等功能。貨幣只有在拿來交易其他有價值的東西時才有用。黃金看起來笨重，但它具備了交易媒介的基本需求。早期的人類用石頭或貝殼，牢裡的犯人則是用香煙，過去幾千年來的社會都用黃金。但今天我們用的是美金、歐元和日圓。黃金也只有在拿來交易其他有價值的東西時才有用。如果今天能用黃金買下能成長並創造收益的公司那就更好了。

在「紅色教條」和貨幣戰爭的環境下，我們認為黃金應該是一種「中央銀行的保險」。我們有健康保險、火災險、壽險等等，但希望永遠都不會用到它們。儘管如此，我們還是一直在買各種不同的保險，因為我們都無法預知未來。在完美的世界裡，黃金應該是收藏家的寶貝、閃閃發光的首飾，或是工業用金屬。但因為世界並不完美，中央銀行可以印鈔讓貨幣貶值，黃金對特定貨幣的漲跌，代表著一般大眾對貨幣背後政府長期支付能力的信心。在美國，黃金可能只占投資組合的一小部分；如果今天在日本，我們可能會多買黃金、美元，或是任何非日圓計價的資產。如果是交易員，買黃金棄日圓非常合理。如果住在阿根廷，持有任何非披索（peso）計價的東西都很合理。

到底什麼因素驅動金價？判斷金價的最佳指標是儲蓄所獲得的實質利率變化。身為投資人，每天都能選擇抱現金，還是擁有閃閃發光的金條。影響決定的因素是能從存款中獲得多少實質報酬。如果有實質報酬，就不會去買沒利率又不配息的黃金。然而，如果通貨膨脹高於利率，抱現金的實質報酬為負，這時擁有實質資產像是黃金就不失為是個好主意。

過去數十年來，實質利率和金價之間有著簡單明瞭的關係。有個簡單的經驗法則名為「吉普生矛盾」（Gibson's Paradox）[7]，假設投資人預期實質報酬率應為2%，該法則得出實質報酬每增減1%，金價就會反向波動8%的關係。如果今天實質利率為4%，金價就會下跌16%；如果今天實質利率為0%，金價就會上漲16%。這個關係在過去四十年都成立，**圖12.6**就顯示了實質利率和金價之間緊密的關聯性。

在本書寫作的當下（譯註：約在2013年4至5月間），金價已從2011年夏季的歷史高點回落超過30%，該是討論黃金的牛市是否結束的時候了。

---

[7] 「吉普生矛盾」為英國經濟學家Alfred H. Gibson於1923年在《銀行家雜誌》（*Banker's Magazine*）發表的理論。他指出當貨幣數量增加，透過價格預期和所得效果，會使物價上升，利率跟著上揚。使得貨幣數量和利率間產生同步上升的矛盾現象。

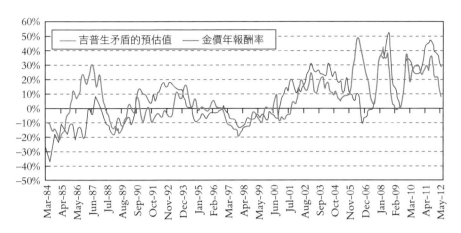

圖12.6　金價可以用實質利率的變化來解釋

資料來源：Variant Perception，彭博資訊。

許多投資人早已被跌跌不休的金價嚇得坐立難安。不到一年的時間，交易員從極度樂觀變為極度悲觀；投機者更開始放空黃金期貨。然而，金價雖然下跌，實體黃金的需求卻依然強勁。根據黃金礦業服務公司（Gold Field Mining Services, GFMS）2012年的「黃金調查」報告指出，中央銀行的黃金淨購買量是五十年來最高。許多新興國家的黃金持有增加2倍。同時，儘管金價下跌，全球黃金的買家仍然在囤積金幣和金條。幾乎所有官方鑄幣廠的金幣都被搜刮一空。許多投資人相當困惑──怎麼去看這種彼此矛盾的現象？

　　最基本的看法是，只要實質利率是負值，金價就還會上漲。如果真要賭，我們會認為金價很有可能持續回升。中央銀行已告訴我們，在可見的未來仍維持利率為負。里昂證券（CLSA）的克里斯多福‧伍德（Christopher Wood）寫道：「全球央行仍在競相更加『非傳統』，在這種情況下，黃金仍會被視為是最為純粹的「貨幣」，沒有被眼下紙鈔貨幣體系所污染。」他認為未來幾年的黃金目標價格是3,500美元。在各位倒抽一口涼氣的同時，要知道伍德是最受尊敬的總體分析策略師，早在次貸和銀行危機發生前就提出警告，比那些早就清楚次級貸款的中央銀行家要

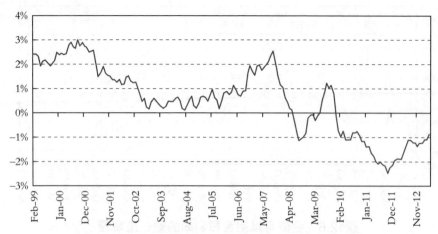

圖12.7　全球實質利率（中央官方利率減去通膨率）

資料來源：Variant Perception，彭博資訊。

早得多。

　　黃金已經下跌，因為沒有一樣東西的價格是直線上漲的。即使過去十年漲了10倍的大泡沫也會面臨大修正。例如，那斯達克指數在1990年代從400點漲到5,000點，然而當中在1998年曾一度下跌將近40%，後來才再上漲5倍，請看**圖12.8**。另一個在大漲前修正40%的泡沫是原油，從2006年的80美元跌到2007年的50美元。當時大家都認為原油的牛市結束了，但後來卻從50美元直接漲到148美元。現在黃金也極有可能位於下一個大漲前的主跌段，像是1998年的那斯達克和2006年的原油。

　　在本書放到各位讀者手中之時，我們應該已經知道金價多頭是否已結束。我們的看法是，只要央行堅持「紅色教條」政策，金價就不會差。如果一旦實質利率轉為正，中央銀行決定縮減資產負債表的規模並升息，金價就不妙了。不過，要等到央行回頭的那一天恐怕仍是一條漫漫長路。

圖12.8　那斯達克泡沫

資料來源：彭博資訊。

圖12.9　輕原油現貨價（2006-2007）

資料來源：彭博資訊。

本章重點

在本章中，我們學到了：

1. 當中央銀行大量印鈔時，商品原物料的短期報酬會很不錯，但卻無法持久。長期投資商品原物料等於是和人類的智慧對賭。人類永遠能找到方法挖出更多的礦產，或是種出更多的作物。如果今天要投資商品，最好是經由管理期貨。

2. 實質（經通膨調整後）的商品價格是基於開採或種植的供給變化而起伏。短期間內，商品價格能因為供給短缺和技術瓶頸而上漲。然而在長期，新的供給就會在高價時出現。

3. 商品原物料的榮景和崩壞循環會持續數年，原因是新的開採和新耕地的投資所造成。礦產的開採循環會比較久，因為開採新的礦藏往往需要比較長的時間。農作物循環比較短，因為農夫今年可以決定明年種多少玉米、小麥或黃豆。

4. 黃金價格和實質利率最為緊密連結。當通貨膨脹高於利率時應把銀行帳戶裡的錢拿來買黃金，因為黃金會上漲；當通貨膨脹低於利率時應保有現金，因為黃金會下跌。

結語

　　當我們決定寫《紅色警戒》（*Code Red*）時，就希望能寫出一本大家都看得懂的書。亞伯特・愛因斯坦（Albert Einstein）曾說：「事情應該力求簡單，但不能過份簡化。」[1]我們嘗試在本書做到這一點。

　　我們希望讀者能適應「紅色教條」，能更熟知並瞭解全球經濟正在發生的變化。我們期望能給予大家一些筆者個人的智慧結晶，但也認知自己並非絕頂總明。我們不是基金經理人或億萬富豪，只是保留一股好奇心，把它寫下來，並且把複雜的觀念簡單解釋。但這畢竟受限於我們的天賦。

　　我們深知自己的長處和不足，在先天的條件下，我們認為給大家最好的建議是二位投資界的傳奇人物。他們都是億萬富豪，也有數十年的投資經驗，相信能夠有更多的心得和智慧傳承。在本書中多次引用華倫・巴菲特和霍爾・馬克斯的言論，如果讀者能從中學習，本書就值回票價。

　　無須多言，華倫・巴菲特是史上最成功的投資者。有些人可能賺得多一些，但沒有人能像他一樣有如此長期且穩定的報酬。有時能聽到他對個別公司的看法，但只要談到全球總體投資，他的話更值得細細推敲。1994年他在波克夏・哈薩威寫給股東的信中，提到在全世界快速變遷的通膨、通縮，以及戰爭環境中的投資心法。無論周遭的變化如何，都不會改

---

[1] 原文是：Make things as simple as possible but not any simpler.

變他的投資本質：

> 我們會忽略對政治和經濟的預測，這對許多投資人和經營者來說只是換來一項代價昂貴的焦慮。三十年前，沒有人能預測到越戰會愈演愈烈、工資和物價被管制、二次石油危機、總統會辭職下台[2]、蘇聯解體、道瓊指數一天能跌508點，或是國庫券殖利率在2.8%到17.4%間劇烈震盪。
>
> 但是，令人驚訝的是——這些爆炸性的事件對班哲明・葛拉漢的投資理念幾乎沒有影響。而這些事件也都為那些好企業提供了極佳的買進價格。如果讓未知的恐懼改變了我們的資本配置，我們的成本將十分可觀。事實上，當總體事件的憂慮達到最高峰時，通常就是我們買進的最好時機。恐懼雖是追求亮點的敵人，卻是講求基本面的良友。
>
> 可以確定的是，未來三十年間，各種不同的恐慌事件仍會不斷發生，我們不會去預測，也不會從中攫取暴利。如果我們確定企業狀況與我們過去買進時相差不遠，外部的突發事件對我們長期投資結果的影響是微乎其微。

巴菲特的意思是他根本無法預測未來，即使世界改變，只要有足夠的耐心，在別人恐懼時買進便宜股票，就能高枕無憂。這應該是大家能得到的最好建議，但困難的是不讓情緒左右。

最偉大的投資者從不裝作能洞悉未來，他們總是保持謙遜及中立。因此總能在面臨不確定性的時候做出好的投資策略。

巴菲特十分重視橡樹（Oaktree）資金管理公司的霍爾・馬克斯寄給他的評論。他們的投資哲學如出一轍。我們最為激賞馬克斯在「我們能為你做的」（"What We Can Do for You"）一文當中的一段文字，讀者能在該公司的網站上找到這篇文章，我們高度推薦讀者們仔細閱讀一遍。他把

---

[2] 指尼克森總統因「水門事件」辭職下台。

我們所不知道的觀點列舉出來：

> 我們做不到的是看見未來，尤其是總體經濟的未來。這句簡單
> 的話能衍生出許多意義，它含義深遠，我們也希望將來會有更
> 多的意義：
> 我們無法得知全球經濟將怎麼走；
> 我們無法得知未來市場是漲、是跌；以及漲多少、跌多少；
> 我們無法得知哪個市場或哪個子市場（sub-market）表現最好；
> 我們無法得知在特定市場中哪支股票的表現會最好。

如果自認沒有水晶球，也無法預知未來，這句話將會讓投資管理方式截然不同。他同時寫道：

> 愈清楚自己無法預知未來：
> 愈會將自己的投資分散，廣泛押注，確認不會漏掉贏家，更重
> 要的是，不會過度押在輸家上；
> 愈不會試著用短期內投機來增加績效；
> 愈不會用融資。

不需要洞悉未來也能成為好的投資人。只要確認藉由分散投資，即使在不確定的未來中也保有穩定的投資策略，保持耐性、關注長期、而且不要用槓桿操作。

不過，難道這也意味著讀了這本有關未來的書是沒用的嗎？並不是。許多人以為價值型投資人就會忽略總體環境、忘卻大方向、只由下而上（bottom up）關注個別公司而已。這並不合情理。真實狀況是，要對自己生活及投資的經濟、政治和社會環境有充分的瞭解才行。

在未來的數月和數年間，中央銀行和政府將創造許多投資機會。舉個極端的例子來說，如果住在日本，應該要慎重考慮將投資分散在海外。過去數十年來被視為安全投資的主權債，在許多國家都會出現問題。因此瞭解所投資地區的環境相當重要。瞭解總體經濟環境對於選擇投資組合

的貨幣計價單位格外有用，也能幫助大家決定增持（overweight）或減持
（underweight）哪一類的資產，或者乾脆避開。

只根據過去績效組成的投資組合會導致一些問題，最典型的問題如同
感恩節與火雞。直到感恩節前，火雞都快樂地在農場中生活著。人們對牠
好得不得了，除了飼養牠之外，任何需要都會被滿足。過去的表現讓火雞
們只覺得生活美滿。

大多數的讀者只利用總體經濟變化去做投資組合的微調也會出現問
題，但總體經濟對於大方向的配置和評價面是相當有用。確實，只要善用
它們，任何事都會水到渠成。

保持耐性，用便宜的價格買進優質標的。時時刻刻提醒自己，同時動
手做些研究。這樣才能在眾說紛紜的市場裡保持清醒。當下一個危機發生
——無論是「紅色教條」推到極致還是突然叫停——只有具備足夠耐性且
和市場反向操作的人才賺得到錢。

保持耐性是很乏味的，遠不如看CNBC或彭博資訊。也不像每天上演
美式足球賽的金融市場來得刺激。但乏味卻是安全的、並且很有效。慢慢
變富有比起暴發戶當然來得無聊，但踏實得多。

我們真誠地希望讀者們，如果認同我們的想法，可以上www.
thecoderedbook.com看看我們最新的感想。

讀者也可以登錄墨爾丁長達十四年的免費週刊 www.mauldineconomics.
com。坦伯和其同事也在 www.variantperception.com為機構法人客戶、家
庭企業，以及避險基金發表研究心得。

後記
墨爾丁的一些投資感想

生命總是充滿不可逃避的現實，缺乏智慧的人想要躲開，其他人推說不知道，這些都只是不願面對而已；然而嘴上說著推托之辭，心中卻早已接受現實。一時的逃避只會在另一頭遭到更大的打擊。如果只是在表面上躲開，充其量不過是抵抗命運和逃避自我罷了，將來的報應會足以致命。

——勞夫·沃爾多·愛默生（Ralph Waldo Emerson）[1]

只有萬分之一的人瞭解貨幣的問題所在，而我們天天與他為伍。

——金·胡伯（Kin Bubbard, 1868-1930）[2]，美國幽默作家

我在夏末的蒙大拿州（Montana）平頭湖（Flathead Lake），看著夕陽西下，趁著付梓之前把《Code Red紅色警戒》全稿讀過一遍。在互

---

[1] 勞夫·沃爾多·愛默生（1803-1882）：美國思想家、文學家、詩人及散文作家，是美國19世紀文化獨立的代表人物。一生熱愛自然，崇尚自我與精神價值，鄙棄拜金主義。

[2] 金·胡伯（1868-1930）：美國記者、幽默作家，也是漫畫家。他為美國報業創造的Abe Martin of Brown County漫畫風靡美國長達二十六年。

古的落磯山脈和平靜無波的湖面中，我驟然發現一個在不久的將來又一次
讓市場徹底震盪的完美風暴。而本書的另一位作者，強納森‧坦伯，大方
地讓我再加入一些個人的心得，作為本書的結尾。

我們無法冒險

在2008至2009年金融海嘯最高潮時，中央銀行的政策決策圈裡是什麼
樣的一番景象？我們知道沒辦法回到五年前，做出更好的決定，唯有看著
每季不斷出爐的訊息且戰且走，這些訊息沒有一個是好的。大型銀行在帳
面上已經崩潰，銀行間拆款市場不復存在，空氣中充滿恐懼。想到這裡也
許心頭感到恐慌，但這種想像有助於我們瞭解下一個危機發生時的情景。

從這個（2013）夏天發生在債券專家吉姆‧畢昂可（Jim Bianco）
和前英格蘭銀行貨幣決策委員會成員大衛‧布蘭奇法爾（David
Blanchflower）之間的爭論，可以清楚窺見中央銀行家在危機時刻的心
境。這是發生在8月間緬因州盛大湖河畔（Grand Lake Stream）所舉行的
經濟學家和基金經理人的年度柯托克營（Camp Kotok）集會上[3]。畢昂可
是當今世界上備受尊敬的債券和利率市場翹楚；而布蘭奇法爾則是達特茅
斯（Dartmouth）學院的教授，擁有顯赫的資歷。他並不在乎作為一個反
對者，在英格蘭銀行的貨幣政策會議的三十六次會議中間，他有十八次投
下了少數的反對票。他從十六個國家，400萬人，長達八年得出了「工資
曲線」（the wage curve），確定工資和失業率之間是負向的斜率關係，與
一般公認的總體經濟理論相反。「菲利普曲線（Phillips curve）是錯的；
基本面告訴我們就是這樣。」布蘭奇法爾如此宣稱。

畢昂可和布蘭奇法爾之間的爭論起因很單純，問題圍繞在聯準會政
策，以及眼下該如何做。該不該縮減（taper）量化寬鬆？還是甚至更寬

---

[3] 柯托克營：Cumberland Advisor主席David Kotok邀請約40位財經學家、基金
經理、分析師和媒體人士在8月份第一個週末，於緬因州盛大湖河畔的Leen's
Lodge舉行的垂釣活動，談論財經與政治問題。

鬆？畢昂可認為，量化寬鬆所造成的問題遠大於解決問題；布蘭奇法爾則反駁量化寬鬆是個好政策——雙方都說出真話，也都提出很好的理由。

在他們問答之間我們著實上了一課，讀出在未來的危機來臨時，貨幣政策將如何因應。畢昂可提出強烈質疑，認為應該讓大型銀行倒閉，而非紓困。這個針對丹尼（Danny，布蘭奇法爾的暱稱）的問題本質上是：「畢昂可是對的嗎？如果讓銀行倒閉破產後重整是否會更好？我們會不會因此有較快的經濟復甦，而非現在所見的低成長、高失業的情景？」

布蘭奇法爾針對畢昂可的質疑強烈回擊：「並不是他是對的讓我們憂心忡忡，而是我們不能冒著他可能出錯的風險。如果他錯了，而我們什麼也沒做，全世界就完了，而且所有的錯都會在我們身上。我們必須有所行動。」

這番話點出了關鍵，也就是在下一個危機會發生的事：「我們不能冒著他可能出錯的風險。」不管喜不喜歡，他話中隱含的簡單事實就是當前中央銀行的主流經濟思維。這種思維模式會讓他們在下一個危機發生時做出同樣的政策反應，如同最近幾次所看到的一樣：低利率、貨幣寬鬆、大規模注入流動性，以及金融抑制。

幾件不可能的事

現在，我們讓思路暫停一下，介紹在本書第九章出現過的法國地球物理學家、複雜體系的研究人員迪迪兒・索奈特。索奈特是瑞士聯邦理工學院（Swiss Federal Institute of Technology Zurich），管理科技與經濟學系教授，亦為創業家風險協會（Chair of Entrepreneurial Risk）的主席。

索奈特的立論是經濟體系基本上存在不安定，這是緣自於人類的貪婪，這讓市場泡沫和崩盤不會消失。

我非常推薦他所有的研究，但此處僅針對他與同僚彼得・考威爾（Peter Cauwels）近期出版，名為〈永久貨幣機制的幻覺〉（The Illusion of the Perpetual Money Machine）的研究，我將引用簡介中的部分文句。該論文用《愛麗絲夢遊仙境》（Alice in Wonderland）作為開頭：

「沒用的，」愛麗絲說：「不可能的事沒人會信。」

「我敢說你的練習不夠。」皇后說。「當我像你這麼大的時候，我每天花半小時去練習。嘿！有時候我在早餐前就能想通六件不可能的事。」

追求夢想從來就不是童話故事中小女孩的專利。歷史上關於傑出科學家和有遠見的投資人追尋科技聖杯（holy grain）的故事斑斑可考：例如建造「永動機」（perpetual motion machine），那是一群古靈精怪的小孩，手中有了新奇的玩具，就開始幻想能發明一些東西讓自己名利雙收。像是不用任何動力就能運轉的機器，如此一來就能永遠解決能源問題。

到了19世紀中葉，熱力學（thermodynamics）解答了一切。不可能什麼都不使用就能產生動力。動力的來源可以是木材、瓦斯、石油，甚至人力，在人類歷史上都用過，但從來沒有一種資源是取之不盡用之不竭。

那麼財富呢？有可能憑空創造嗎？當然，中央銀行能印出白花花的鈔票，或是用電子化方式，在資產負債表後面再加一個零。但這種貨幣創造的方式有沒有更深一層意義？別說奧地利學派的經濟學家，就連常識都知道，貨幣創造量若大於實際需求量，就會形成通貨膨脹。針對這一點，我們認為這個問題現在更加敏感，特別是瞭解2007年以來所有非常規的發展之後。就算財富和能源一樣無法憑空取得，二者仍有根本上的差異：少部分熱衷於永動機的科學家對整體而言影響不大，但金融操作卻是當前經濟困境的潛在原因。

捷克經濟學家托瑪斯・桑切克（Tomáš Sedláček）認為，既然能從早期的問題當中理解出舊經濟思維，應該也能從現今的經濟思潮中梳理出當下的問題所在。眼下就有個很好的例子，過去三十年經濟不斷成長，乃基於金融創新，而非紮紮實實經由更好的管理、產品的改良，以及發明與創造所帶來的實質生產力增長。這無形中造就了價值能憑空創造的幻覺。就像是在早餐前幻想永動機的神話。

回到現實層面。我認為我們應該回到二次大戰後，那個標誌著長達

二十五年的重建和第三次工業革命的年代，開發出電腦、機器人，以及網路。新的基礎建設，創新和科技引領生產力持續增加。在那個年代，金融業的增長與實體經濟相當。到了1970年代布列頓森林協議終止，油價和通膨震撼全球後，生產力開始停滯，經濟成長開始依賴消費。1980年代，消費的主力變成小額存款人、大量金融利潤，以及房價上揚和債務膨脹所帶來的財富效果。並且伴隨著法規鬆綁和衍生性金融商品的蓬勃發展，將風險擴散到全世界。

結果就是以泡沫和崩潰結束：1987年10月19日全球股市泡沫和大崩盤、1980年代的存貸危機（saving-and-loan crisis）、1991年日本大規模房地產與股市的泡沫破滅，導致「消失的數十年」、1994和1997年新興市場泡沫崩潰、1998年長期資本管理（LTCM）公司危機、2000年的網路泡沫破滅，以及近期的房市危機，金融資本化（financialization）經由特殊投資工具（special investment vehicle, SPV）產生各式各樣的泡沫，以不同的縮寫型式，像是CDO、RMBS、CDS……還有股市泡沫、商品和原油泡沫，以及債務泡沫，彼此共生共榮，直到2008年達到最高潮，讓金融體系差點完全毀滅。

每次市場過剩看起來都被政策「解決」了，但事實上卻是為下一個市場過剩鋪路；每次崩盤都拿寬鬆的貨幣政策來對抗，但卻埋下了新泡沫和未來再一次崩盤的種子。這些危機不僅沒什麼秘密，眼下這場危機和停滯的經濟，又稱為大衰退（Great Recession），其原因也非常清楚，都是基於「永動機」式的思考，對政策懷抱太多美好的幻想所造成。

「用創造問題的思維無法解決問題。」這句話引自愛因斯坦對於廣泛接受的數學邏輯遇到矛盾時的回應，其思維架構必須擴大到不會出現模稜兩可的說法或謬誤才行。但自2008年來實行的政策，從超低利率、量化寬鬆，以及其他金融煉金術手法，基本上都源自過去三十年的模式，也就是將加諸於實體經濟上的金融資本化問題。它並不期望擺脫貨幣創造的實質財富，而追求唾手可得的幻覺，如今在歐洲主權債和銀行危機中仍然可見。我們實在需要另一種新的思維。

在一片批評中央銀行決策的聲浪中，我們回想到布蘭奇法爾的宿命之聲：「我們不能冒著他可能出錯的風險。」

姑且不論中央銀行最高層的經濟思維，面對下一場危機來臨時——而且一定會來——任何一國，央行的反應都差不多一樣。它們都會再次運用手中有限的工具：降低利率、量化寬鬆、各式各樣的紓困機制——簡言之，它們會對存款人採取金融抑制的手段，用各種更好的名稱。

我們試著找出一些存款人應該得到回報，而非被懲罰的例子；像是金融抑制只會發生在極端情形；或是這種道德風險應可接受。但實情是這些手中握有權力的人只相信自己崇尚的經濟理論架構，不會冒險犯錯。他們只會做他們過去所做的。在一個全然不同的世界來臨前，我們不應期待任何政策上的改變。

我認為，相信索耐特也同意，目前的政策只會增加整個體系的不安定，導致不久的將來另一個重大的資源錯置。在下一個十年中間，幾乎如出一轍的，人們會競逐上揚的房價，追尋狂飆的股市。那些柏南克們只會作一些政策微調。存款人和退休人員仍會被壓迫、市場仍舊扭曲、政府也會做出超出能力範圍的花費，再次迷失自己。

如同索耐特所說：「每次市場過剩看起來都被政策『解決』了，但事實上卻是為下一個市場過剩鋪路；每次崩盤都拿寬鬆的貨幣政策來對抗，但卻埋下了新泡沫和未來再一次崩盤的種子。」

最後會變得怎樣？今天中央銀行的信念與1999年網路泡沫或2006年只漲不跌的房價時幾乎一樣。有這種強而有力的論述支持——中央銀行能夠支持資產價格，並且有效地止住金融危機（削去尾端風險）——市場氣氛會在景氣循環好轉時驅使價格推升到更高，但基本面卻是歷史上最弱且最不安定的（受到債務去槓桿化和人口結構老化的拖累）。

最終，整個體系的安定只能依賴中央銀行家的信用和政策回應，以防止小型的回檔變成大規模的崩潰。我的好友穆罕默德·伊爾—艾朗曾寫過有關中央銀行這個「品牌」的重要性，同時警告信念破滅的危機。市場永遠會過度反應，如果中央銀行失去了大眾情緒的控制能力時，非常有可能

跌得比基本面狀況還要多。

這不只是主權國家的信用在面臨債務爆掉時的沉重負擔，中央銀行的信用和誠信也變得十分脆弱。今天，我們看到有人把柏南克的頭像戲謔式地印在美鈔上，上面寫著："In Ben We Trust"[4]，但這個笑話說的卻是真的。不論是英格蘭銀行的馬克・卡尼、歐洲央行的瑪利歐・德拉吉，還是聯準會下一任主席（譯註：即珍娜・葉倫），當涉及到全球安定時，中央銀行的位子就變得炙手可熱。全世界第一次不再關心企業製造的商品或提供的服務。而只關注中央銀行端出來的快錢大餐。

只不過，當印出來的鈔票不夠，市場風氣轉向了會怎麼樣？央行早已經調到了超寬鬆模式，在面對下一場危機時，他們還能做些什麼來說服市場一切還在掌握之中？如今已有諸多跡象顯示下一場危機的引爆點。我們想到其中一項是政治風暴，像是南歐國家拒絕更進一步的撙節（如果義大利和西班牙被迫提前改選，這就有可能發生），或是德國的態度轉變。萬一歐洲央行必須兌現承諾，採取直接貨幣交易（Outright Monetary Transactions, OMT）來無限量購買義大利、西班牙，和／或法國的短期債券，德拉吉唯有擴大歐洲央行的資產負債表才行，而德國憲法法庭也將毫不考慮限制OMT的規模，如同它對歐洲金融穩定機制（European Financial Stability Facility, EFSF）一樣。這樣爆發的危機等於是宣告德拉吉嚇唬人的心理遊戲結束。

如果這還不夠，金融抑制時代就快變成貨幣戰爭了。

貨幣戰爭的規則一：千萬別說這是貨幣戰爭

我們在2011年初寫完《Endgame：終結大債時代》這本書，這本書引發的風潮直到我們開始談論下一本書時還沒有退燒。創作一本書對身心的煎熬仍歷歷在目，我們至今仍不敢多想。而《Endgame》這本書給我們的啟示很清楚，我們正朝向一個寬鬆貨幣政策不能出錯的世界前進。

---

[4] 在美鈔上原來印的是："In God We Trust."。

對一個國家來說，處理既有和新發生問題的最好方法是自發性的成長，像是政策和經濟情勢的互相配合來增加出口。至於捷徑是政客和企業家所喜歡的。讓貨幣貶值，使得本國生產的成本暫時比全球市場低，不但能提高營收（還有稅收），還能增加就業，這種情況誰不愛？

特別是還有大量債務和槓桿、財政赤字、成長減緩甚至衰退，以及潛在的通縮壓力時，讓貨幣貶值一些會是個暫時性的好主意（此處特別強調「暫時」）。

回到2011年，我們決定要寫一本關於貨幣戰爭和結束量化寬鬆的書，時間點設在2014年底，屆時發生的事會影響往後五年。

不久後，日本開啟了下一個全球貨幣戰爭的第一槍，這比我們預期中要快，也讓我們加緊趕工寫作。

這些事都說明了，再用功的分析師也無法預測未來。

我們現在要做的是建構未來可能發生的一些情境。在多方因素的交互作用下，我不太可能完全命中；但如果希望本身事業和投資有個好位置，對未來的發展最好有個底。如果情況變了，計畫也才能跟著變，跟著結果才因應永遠不是個好方法。我們會在www.thecoderedbook.com上面隨時更新我們的想法。（當然，在前線臆想"Thoughts from the Frontline"上也會同步更新！）

在此容我表達一下我的猜測。凱因斯曾說：「當情勢改變，我也跟著變……。」以下是我在眺望蒙大拿州的湖畔時的心得。

全球有四個國家的央行有能力對全世界發動貨幣遊戲：美國聯準會、歐洲央行、英格蘭銀行，以及日本央行。而中國因其經濟規模夠大，也被列為候備人選，但因為它的貨幣未能流通，影響力多少受限。有朝一日貨幣流通，中國的影響力會超過前面幾個。

其他國家相對而言無異螳臂擋車，它們只能對量化寬鬆做出因應。就某些方面來說，由於它們先天上的經濟條件，雖然也想調整其幣值，但量化寬鬆對其民眾來說是苦大於樂。量化寬鬆對比較小的經濟體而言將無可避免的在短期內轉化為嚴重的通貨膨脹。

從日本開始

從日本的角度來看，日圓實在是太強勢了。1960年代1美元可以兌換350日圓，2011年底居然觸及78日圓——升值了450%。面對升值的困境，日本一度試著提高生產力和競爭力因應。直到幾年前，日本還保有大量的貿易順差，過去二十年也一直維持著極低的利率。（通常低利率會伴隨著弱勢貨幣，而非強勢。）

日圓vs.美元（1971-2013）

日本經歷過全世界史上最大的泡沫，眼睜睜看它在1980年代末期破滅，歷經二十四年的經濟瘟疫，而非一般短期的崩壞。當然，當中還有僵屍銀行、金融抑制，以及過去從未見過的財政赤字。

但現在，日本人來到了這趟旅程的終點。日本的債務負擔太高了，讓政府支出遠超過所能承擔的能力，也使得原本的貿易盈餘變成了龐大的貿易赤字。這個國家的人口已經老化，開始侵蝕民眾的淨儲蓄。本書第三章中提到，最有可能被提及的就是日圓匯價，日本將試著將通縮壓力出口給全世界。

正當此時，日圓已貶到100日圓兌1美元，過去六個月貶值了25%，從歷史的角度來看，這應該已不算是適當的修正而已。

開個玩笑，看看1970年代至今貿易加權（trade-weighted）後的美元匯率走勢。美元起初一路走升，然後從高點貶值50%，幾乎回到原點。如果今天的美元比三、四十年前還要強3至4倍，出口會變成什麼樣子？美元僅僅失衡了20%至30%，政客和工會就寫了雪片般的信件給財政部長。如果美元升值1倍，然後再升1倍呢？國會和K街（K Street）[5]的呼聲恐怕要震耳欲聾了。

美元貿易加權指數（1973-2013）

在第三章裡，我們認為日圓在未來三到五年間將毫不留情地貶到120圓、然後130圓、再到150圓，甚至更低的價格。過程可能不會太急太陡（如果大家認為每年15%至20%的貶勢屬於正常的話），但日圓匯率走貶的趨勢再清楚也不過。

全球對於日圓貶到120圓的時候可能感覺還好，除了嘴上挑剔和抱怨一些而已。但如果到了135圓、150圓時呢？總有一個時點會開始反撲，從國家、企業到工會將聯袂要求保護工作權和競爭力。

弱勢日圓將造成亞洲其他國家的問題。南韓最為脆弱，因為在許多產業中，韓國是用同樣的價格和日本競爭。面對此情此景，韓國政府能做的極為有限，單方面進行量化寬鬆只會造成自身的通膨壓力，必須更有效率

---

[5] 「K街」指的是美國首都華盛頓特區西北區的K街，這裡代表了各大企業的利益，於華府的遊說團體。

才能維持市占率。同時還可能面臨北韓如1988年前蘇聯模式崩潰的多重困擾──這很有可能。1986年，只有少數人認為鐵幕（Iron Curtain）將會傾倒，蘇維埃（Soviet）帝國將會分崩離析。

越南、台灣、印尼，以及其他亞洲國家（中國除外）將或多或少面臨同樣的弱勢日圓的問題。它們必須十分注意在日本的直接投資，因為愈來愈多的日本人只會把存款移往其他地方。而天性驅使他們傾向投資在鄰近的亞洲國家中。這會造成這些國家匯率兌日圓變得強勢，進而對出口形成壓力。

諷刺的是，中國可能是全世界唯一能面對貨幣戰爭的國家。許多美國國會議員指責弱勢人民幣，而中國境內也有大量的錢等著出海。對中國人而言，與其讓貨幣緩慢流出，還不如直接面對（這裡指的緩慢，像是讓嬰兒自己學走路一樣），展現中國對全世界各地區的龐大需求。這會造成人民幣對美元進一步弱勢，也為亞洲其他國家製造更多的問題。

中國會如何因應？相信他們到時會說：「我們完全做到你們要求的，讓貨幣流通，讓市場機制決定價格，現在就是如此。如果市場告訴我們貨幣被高估了，怎麼能又來怪我們？」到時且看舒默（Schumer）和葛拉漢（Graham）[6]二位參議員，會不會因為人民幣匯率變化而氣到昏倒，相信這是一片肅殺氣氛當中的一點樂趣。

另一個實際會發生問題的是德國。第三章也提到，德國比其他國家更直接與日本面對面競爭。在某些情況下，日圓貶值會造成這個出口占GDP 40%的國家相當大的衝擊。

德國當然可以藉由提高生產力來因應，這也是它唯一的選擇。身為歐元區的一員，德國無法經由貨幣寬鬆來面對。容許我在此提供一個十分投機但很有趣的情境。德國出口商希望歐元弱勢，但德國卻不希望歐洲央行印鈔票。然而，德國領導人心知肚明，如果歐元要維持現有的貨幣聯

---

[6] 指的是民主黨籍紐約州參議員Charles Schumer，與共和黨籍南卡羅萊納州參議員Lindsey Graham。二人曾聯名立法要求歐巴馬總統將中國列為匯率操縱國。

盟，未來財政勢必也要形成聯盟才行。歐元聯盟分裂對誰都沒好處，對德國而言尤其如此。歐元對所有國家來說都是非生即死的存亡之戰。如果德國和其他財政健全國家聯合起來，說服周邊國家接受財政緊縮方案，以換取共同承擔債務，歐洲央行就有可能將赤字貨幣化——歐元就可能開始貶值。

這種情境需要歐元區的成員國放棄手中很大一部分的財政自治權給布魯塞爾（譯註：歐盟總部所在地），這將是未來幾年歐元存在與否的核心問題。從負面來解釋，當周邊國家的債務問題持續下去，歐元區將進入區域內的貨幣戰爭。

這時如果法國發生財政危機，情況就會變得更險惡。到時德國勢必被要求讓歐洲央行吃下法國的債券，如同對義大利和西班牙一樣，而法國也會被要求進行如同義大利和西班牙一樣的財政撙節。這將是決定歐元是否存亡的最終時刻。

我相信歐元最終會存活下來，但我承認自己並沒有太大的信心。歐元從來就不是經濟上的貨幣：它是根據政治宣言而產生的，是一種政治貨幣。歐洲的問題在於貨幣聯盟最終勢必要求財政聯盟。如同在美國境內不同州之間能平衡彼此的預算，歐洲各國也會進入歐洲財政聯盟。不過多數歐洲國家的福利津貼（entitlement）問題和美國差不多糟——甚至更糟，不經過一番政治上的鬥爭，歐洲財政聯盟不太可能出現。

在本身預算受到極大的財政限制下，德國還會不會幫其他歐洲國家買單？法國會把預算權拱手讓給布魯塞爾？這都是關乎未來歐元這場實驗能否走下去的關鍵問題。而這些問題會隨著貨幣戰事從亞洲蔓延開來，而且很快迫近到眼前。一些歐洲政客認為，回到各國原本的貨幣是一件容易的事。的確，歐元區還有許多國家還在用自己本國的貨幣，就像義大利的民粹主義人士畢普·格里羅（Beppo Grillo）認為，在賽普勒斯（Cyprus）的歐元，和在德國的歐元已經不一樣了。而格里羅所發起的運動在前次選舉中獲得了25%的選票。

英國已清楚表明未來將維持英鎊弱勢，英鎊兌美元已從高點貶值了

25%，我預期未來數年間仍將持續。事實上，我早已提出長期歐元和英鎊兌美元都將來到平價（parity，意指1：1）。這不大會在明年發生，但遲早會看到。

回頭看看商品貨幣，加拿大和澳洲的幣值如果出現升值，很快就會感到壓力。這兩個國家都面臨房市泡沫，未來隨時可能會爆，中央銀行也將降息和讓貨幣貶值。

美國呢？美元是全球的準備基數，也是貿易的媒介。如果美國開始減少美元的供給會發生什麼事？今天看起來仍然是個無謂的猜測，但如果美國愈來愈朝向能源獨立，對外購油的需求下降，我們預期以下的事就會發生：美國未來十年內將成為原油出口國。今天美國能源相關產品的出口已經大幅增加，2013年夏天，休士頓港已成為美國最大的出口港，超越了紐約。能源和化工產品出口是最大的原因。

美國頁岩氣的蓬勃發展已是事實。每一季都有美國各地新油井和原有油田擴產的報導，每年官方都在修正美國境內的油氣蘊藏量，每次估計都大幅上修。原本計畫用來儲存進口液化天然氣的儲存槽現在變成拿來出口。只要美國天然氣價格維持在4美元左右，而日本還要14美元，不需會計師都看得到中間的套利機會。

我們同時也在見證美國製造業回流，有多重原因。中國相對的工資優勢正在消失，將中國製造的產品運到美國的成本正不斷提高，新的製造工具與技術使得美國生產的成本降低，而且也無需擔心物流問題。

從這些角度看來，我認為美元潛在的升值幅度會比目前市場預期的還來得強。這不是本身造成的，而是政客、出口商、工會交疊的力量。1930年代初期的經濟衰退，後來因為貿易保護主義盛行演變成大蕭條。一個國家採取保護主義後，其他國家就會起而效尤，全球貿易很快就會停滯下來。多年來我不斷提出，對未來最大的憂慮是保護主義的心態。

保護主義在經濟下滑期間是個很好用的工具，當日圓貶破150圓大關，政府和央行看起來無意踩剎車。這股日圓貶值恐慌不止會發生在美國，還會蔓延到所有國家。我真誠希望大家冷靜下來，阻止保護主義運動

和導致毀滅性結局的全球貿易戰出現。

我們還有好多條路可以選擇，這恐怕得再寫一本書才說得完。如果等不到下一本書出版，我誠摯邀請各位登錄我免費電子週報，我將試著把全球版圖一塊塊拼起來。各位可上www.MauldinEconomics.com註冊。

對企業主和投資人而言，除了對於眼前的風暴保持警戒外，還得專注於在眼前出現的機會。面對當下環境最好的態度是審慎樂觀，儘管不久的將來很可能困難重重，我仍是樂觀以對。我樂觀的原因是整體人類不斷前進的動力，每個人都想要過更好的生活，下一代更代表了我們的未來。用投資的術語來形容，我可以說是做多人性（long on humanity），但放空政府（short government）。

生物科技、機器人、自動化、人工智慧、通訊、奈米科技、全球化貿易、新能源，以及所有新的服務和發明都將鋪天蓋地改變我們及下一代、甚至下下代的生活，只要我們願意嘗試它們的可能性。最終，這些正面的發展將掩蓋政府和中央銀行的短視近利。但回到「紅色教條」的另一端，企業經營和投資理念都需要超越過去的老模式。

讀者經由本書可跨出瞭解我們所在環境的第一步，為自己整理出一份計畫。坦伯和我也會持續在www.thecoderedbook.com上提供最新想法。期待能從中看到我們的未來，同時與大家分享心得。

Money Tank 系列

Code Red—紅色警戒：危機下的財富生存之道

Code Red: How to Protect Your Savings from the Coming Crisis

著　　者／John Mauldin and Jonathan Tepper
譯　　者／唐祖蔭
出 版 者／生智文化事業有限公司
發 行 人／葉忠賢
總 編 輯／馬琦涵
主　　編／范湘渝
地　　址／22204 新北市深坑區北深路三段 260 號 8 樓
電　　話／(02)8662-6826　(02)8662-6810
傳　　真／(02)2664-7633
網　　址／http://www.ycrc.com.tw
 E-mail ／service@ycrc.com.tw
 I S B N ／978-986-5960-08-7
初版一刷／2015 年 04 月
定　　價／新臺幣 380 元

國家圖書館出版品預行編目資料

Code Red 紅色警戒：危機下的財富生存之道／
John Mauldin, Jonathan Tepper 著 ; 唐祖蔭譯. --
初版. -- 新北市 : 生智, 2015.02
　面；　公分. -- (Money Tank 系列)
譯自：Code Red: how to protect your savings
from the coming crisis
ISBN　978-986-5960-08-7 (平裝)

1. 理財　2. 投資　3. 金融危機

563　　　　　　　　　　　　　104001880